フランス著作権法と文化政策

文学的美術的所有権をめぐる論考

長塚真琴

[編著]

ミネルヴァ書房

はしがき

　本書は，筆者がこれまで発表してきたフランス著作権法に関する7本の著述を，1冊にまとめたものである。7本の内訳は，翻訳2本，資料紹介（部分的に資料の全訳）1本，講演ないし講義の記録1本，そして論説が3本である。

　7本の中には，フランス語で公表された講演録の新訳が1本含まれているが，他は全て初出があり，初出年の最も古いものは2002年である。初出で引用した書籍がその後改訂された場合も，初出当時の版からの引用のままとなっている場合がほとんどであり，読者に負担をかけることをお詫びしたい。引用したウェブページのURLは，2024年11月末において有効であることを確認した。

　各章は，初出の時期だけでなく，テーマも，想定読者ないし聴衆も，また文体も多様である。数ももっと多いはずだったのだが，原稿提出〆切までに書けたものだけが残ったというのが実情である。本書でできたことは記述的な外国法ないし比較法の研究にすぎず，それを踏まえた日本法への提言―例えば，職務著作制度の廃止や著作権契約法の導入―に直接関わる論説はない。これについては，可能なら別の本を残したい。

　では，本書には何が書かれているのだろうか。

　第Ⅰ部は，筆者のフランスの恩師が2004年に著作権法学会でおこなった講演を翻訳した，単一の章から成る。そこでは，5世紀をかけて「文学的美術的所有権」が形成されていく過程が描かれている。そして，歴史的考察を踏まえて，著作者人格権の本質が解明されていく。「文学的美術的所有権」は，単に著作物の経済的利用の独占権であるにとどまらない。著作者人格権の保護こそ，その最大の特徴であるといえる。

　今日，翻訳の学術的価値に疑問を呈する向きもある。しかし，別の言語でなされた緻密な思考を，その言語と日本語との違いを身に染みて知っている生身の人間が，書かれた内容をよく理解した上で，日本語で読めるようにする営みに，価値がないとは到底思えない。

　「文学的美術的所有権」は過去の遺物ではない。フランスでは著作隣接権を

含む広義の著作権を，今でもこの名で呼んでいる。フランスの著作権法は今日，Code de la propriété intellectuelle（CPI）すなわち「知的所有権法典」の第1部にある。この部の名称は「文学的美術的所有権」であり，そこに収められた規定の多くは，「文学的美術的所有権に関する1957年3月11日法」として，立法されたものである。

　本書の第Ⅱ部以下は，「文学的美術的所有権」を実定法とする国のあちこち（あるいは街頭，あるいは図書館）で，著作権法の解釈・立法や，文化政策をめぐって起きていることを描写しているともいえる。

　第Ⅱ部もまた，歴史的考察から始まる。第2章では，19世紀の終わりに，著作権の最重要国際条約であるベルヌ条約が，文学者らによって自主的に作られていく様子が，文豪ユゴーをキーパーソンとして描き出される。また，同条約の創設と以後の改正の原動力となってきたALAI（国際著作権法学会）が結成される過程も描かれる。

　第3章では，街頭で写真や映画を撮影する際に，美術や建築の著作物が付随的に写り込む問題を扱う。写真や映画が出現した頃から，それらをデジタルデータでオンライン共有できるようになった現在まで，長い期間が対象となっている。日本では1970年の現行法制定の際に権利制限規定が設けられたが，フランスでは1791年法・1793年法下から付随理論という判例法理が用いられており，ごく最近になってやっと，個別の権利制限規定が作られるようになってきた。ここでは，付随理論の定点観測を通じて，権利制限に関するフランス法の一筋縄ではいかない考え方を，可能な限り明らかにする。

　第Ⅲ部では「文学的美術的所有権」としての著作権法と，文化政策との関係に光を当てる。1980年代に，ジャック・ラング文化大臣により「文化的例外」が提唱された。2013年5月に発表されたルスキュール報告書はその第二幕と位置付けられ，大きな反響を巻き起こした。第4章ではその序文を全訳した後，80項目にわたる提言の骨子を背景情報と共に紹介し，この時期のフランス文化政策の基本方針を明らかにする。

　第5章では，図書館におけるコピーをめぐるフランスの法的枠組を解明する。
　その前半では，図書館利用者個人が自らのスマートフォンで資料撮影することが，図書館内でも自由とされている実態と，このような行為が私的複製補償

金制度でカバーされていることを明らかにする。同制度はラングの文化政策の一環として1985年に導入され、2001年よりデジタル複製全般に拡大された後、反対論を乗り越えて定着し、現在では莫大な文化財源になっている。なお、反対論の強かった時期に発表されたルスキュール報告書には、代替案としてネット接続機器課税のアイディアが書かれていたが、それは実現しなかった。

　後半では、館内コピー機による複写は日本と違って権利制限の対象にならず、許諾に基づいておこなわれているが、複写を許諾する著作者の権利が集中管理され、図書館利用者の利便性と、著作者の報酬確保が両立されていることを明らかにする。

　フランスの著作権法は文化政策の一環であり、政策が異なる日本では同じことはできないとの説に接することがある。しかし筆者にはむしろ逆に、著作権が「文学的美術的所有権」であることが、フランスの文化政策のあり方を規定しているように思われる。時の政権の政治思想と関係なく、常に文化への公費支出を惜しまず、財源確保にも積極的なそのあり方を——。この仮説の検証は今後の課題であるが、本書第Ⅲ部はその準備のつもりで執筆した。

　第Ⅳ部では、欧州デジタル単一市場（DSM）指令（2019年）の前後における欧州とフランスの法的状況の一端を紹介した。

　同6章では、フランスの恩師と同世代の、同じくお世話になった研究者の講演録を訳し下ろした。内容は、DSM指令の基礎となった重要な欧州著作権判例と、著作者人格権の強い保護などの特色を示すフランス判例の紹介である。原文がオンラインで公開されているので、フランス語の対訳教材として、大学院教育において使えるかもしれない。

　第7章では、欧州でDSM指令15条の立法を主導したフランスが、国内でも指令の検討過程と並行して立法を進め、指令成立のわずか数ヵ月後の2019年7月に「プレス隣接権」を国内法化した様子を紹介する。続いて、その後足かけ6年にわたる競争法事件を経て、Googleから記事利用の対価を引き出したフランスのプレス出版社・通信社の姿を描く。そして、今後の立法の見込みについても、最新情報を提供する。最後に、競争法と、著作者の権利=「文学的美術的所有権」との協働関係について考察し、本書全体の結びとする。

　このように、本書は体系性を求めたものではなく、どこからでも読めるよう

になっている。翻訳と論述には細心の注意を払い，フランス語がわからないと（あるいはわかっても）理解に時間のかかる複雑な事象を，ていねいに説明したつもりである。部分によってはファクトの羅列になっているきらいがあるが，各章の具体的テーマに専門的関心がある読者にとっては，資料的価値があろう（巻末には細目次と索引もある）。現に，本書のいくつかの章は，特定の研究者や研究者志望者に読まれることを望んで書いた。しかし，そうした「内輪」以外の読者は，本書から何を得られるのだろうか。

　筆者としては，興味のある箇所から本書を読んだ読者に，「文学的美術的所有権」をもつフランス社会において，文化の各領域で起こったことや，今起きていることが伝わるよう願うのみである。また，財産権ならぬ「文学的美術的所有権」を巻頭に収める「知的所有権法典」が，日本流に「知的財産法典」と呼ばれることがこれからますます減っていけば，望外の喜びである。

　本書は，科学研究費補助金「著作物をめぐる創作者と投資者の権利に関する日仏比較研究」（若手研究（B）14720026），「自営創作者のための著作権法試論——フランス法からの示唆」（基盤研究（C）18K01383），そして「職務著作制度と著作権契約法制の再検討——フランス法からの示唆」（基盤研究（C）23K01207）の成果である。

　また，母校かつ勤務先の一橋大学からは，2022年度に特別研究休暇をいただいた。おかげで夏の間にフランスの国公立図書館や大学図書館を回って，第5章の記述に反映することができた。また，この期間がなければ，極度に遅筆な筆者は，これほど小さな書物でさえ，まとめることはできなかっただろう。そして本書は，令和6（2024）年度一橋大学法学研究者選書として出版助成を受けた。

　母校に勤めていると時間感覚が狂い，いつまでも学生のような気分になる。しかし現実には，知的所有権法への関心を抱きつつ，故・久保欣哉先生が山部俊文先生と共同指導されていた商法・経済法ゼミに加わってから，もう35年が経過した。スタッフとしてここにいる時間にも終わりが見えてきた。教育・研究・校務を誠実に果たすことで，感謝を形にしたい。

　ミネルヴァ書房の本田康広氏は，筆者が最初にめぐり会った編集者である。それまで，どれだけ動いても出版社を見つけることができなかったため，本田

はしがき

　氏のほうから初めて連絡が来たときは，天の助けのように思われた。以後は，常に打てば響くような反応があり，安心して執筆を進めることができた。本書が何とか形になったのは，本田氏のおかげである。

　本書を父・長塚進吉に捧げる。父の名と筆跡と朝日新聞社出版局での人間味あふれる仕事ぶりは，鈴木一誌・知恵蔵裁判を読む会編の大著『知恵蔵裁判全記録』（太田出版，2001年，絶版）に残っている。
　2024年上半期に話題となったNHKの朝の連続テレビ小説「虎に翼」には，娘の型破りな生き方を手放しで応援するコミカルな父親が出てきた。父はあれほどではなかったが，筆者の翼を折ることは一度もなく，様々な資源の配分において2人の弟たちと差を付けることもなかった。
　筆者がこれまで出会った女性の同業者の中で，その道に進むことを父親に反対された人は，誰一人いない。実際に話した中では，一人の例外もない。そうした幸せな娘たちがどんどん増えていくことを願い，そのためにできることは何かを自問している。

2024年11月28日
　一橋大学国立キャンパスの，かつて久保先生のいらした研究室にて

　　　　　　　　　　　　　　　　　　　　　　　　　　　　長塚真琴

　　追記：本書初校後の2025年1月26日に，「もうひとりの恩師」斉藤博先生が天に召
　　　　された。間に合わなかったことをお詫びしつつ，本書を謹んで先生のご霊前
　　　　に捧げる。

フランス著作権法と文化政策

文学的美術的所有権をめぐる論考

目　　次

はしがき

第Ⅰ部　文学的美術的所有権の500年史

第1章　フィリップ・ゴドラ
　　　　「著作者人格権の一般理論——フランス法を例に」……3
　序論　3
　Ⅰ　著作者人格権を内包する所有権の一般理論はいかに形成されたか　7
　Ⅱ　著作者の知的所有権の中核をなす著作者人格権　39
　結論　59

第Ⅱ部　19世紀以降のフランス著作権法

第2章　ユゴー・国際著作権法学会（ALAI）・ベルヌ条約　………83
　はじめに　83
　1　文豪ヴィクトル・ユゴーと著作権法　84
　2　ベルヌ条約の誕生まで　87
　3　著作権の国際条約とALAIの役割　92
　おわりに　98

第3章　美術や建築の写り込み・写し込み
　　　　——判例による権利制限と近時の立法 …………………107
　はじめに　107
　1　旧法下における付随理論の誕生　109
　2　1957年法における付随理論の立法の見送り　112
　3　1957年法下の判例法理としての付随理論　115
　4　非公開の場所における写し込みへの拡大適用　117
　5　EC情報社会指令の国内法化と排他権の限界説の登場　120
　6　テロー広場事件・Être et avoir事件破毀院判決とその後の展開　124

7　2016年の2つの立法　133
　8　今日における付随理論の守備範囲
　　　――近時の立法の適用のない場合　136
おわりに　141

第Ⅲ部　現代フランスの文化政策と著作権法――本の世界を中心に

第4章　文化的例外の第二幕
　　　――2013年ルスキュール報告書の序文全訳と解題………147
はじめに　147
　Ⅰ　「総括」の序文　149
　Ⅱ　「総括」の見出し，資料，提言　151

第5章　図書館利用者によるコピー
　　　――私的コピー報酬と複写権法定集中管理との併存………171
はじめに　171
　1　利用者による私的コピー　173
　2　図書館による私的ではないコピー　186
　3　大学図書館や公共図書館における運用　199
おわりに　204

第Ⅳ部　欧州デジタル単一市場指令の前と後

第6章　指令を準備した判例たち
　　　――アンドレ・リュカ「フランスと欧州連合における
　　　近年の重要な著作権判例に関する考察」………209
　1　著作者の概念　210
　2　財産的権利　211
　3　著作者人格権　220

目　次

 4 財産的権利の利用　*220*
 5 権利の防衛　*224*

第7章　プレス隣接権法とそのエンフォースメント
   ――フランス・プレスとGoogleの闘争 …………………………*231*

 はじめに　*231*
 Ⅰ プレス隣接権法の制定過程と概要　*233*
 Ⅱ Googleによる抵抗とプレス隣接権法のエンフォースメント――4つの競争委員会決定　*242*
 Ⅲ 立法者や政府の動き　*266*
 おわりに――日本法への示唆　*274*

 索　引　*279*
 細目次　*283*

初出一覧

第1章　フィリップ・ゴドラ（翻訳：長塚真琴）「著作者人格権の一般理論——フランス法を例に」『著作権研究』32号（2005年分，2007年5月刊行）102-172頁

第2章　「著作権の歴史と国際的保護」CRIC市民のための著作権講座第85回「基礎からわかる著作権の今」（2013年9月6日，さいたま市大宮区）（口頭発表のみ），「ベルヌ条約の成立過程と基本精神」『音楽著作権法入門——2018年度日本音楽著作権協会（JASRAC）寄附講座報告書』（国立音楽大学，2019年）129-141頁，「ベルヌ条約をはじめとする著作権の国際条約」『音楽著作権法入門——2019年度日本音楽著作権協会（JASRAC）寄附講座報告書』（国立音楽大学，2020年）139-149頁

第3章　「フランスにおける不文の著作権制限としての付随理論について」『パテント』65巻1号（2012年1月）22-34頁

第4章　「文化的例外の第二幕（デジタル時代の文化政策）——フランスのルスキュール報告書第1巻の構成と80項目の提言」『情報学研究』（獨協大学）3号（2014年1月）126-135頁

第5章　「複写権の法定集中管理と図書館における複写——フランスの法と運用」『現代の図書館』40巻4号（2002年）239-247頁

第6章　訳は本書のための書き下ろし。原文は，André LUCAS, OBSERVATIONS SUR QUELQUES GRANDS ARRÊTS RÉCENTS EN DROIT D'AUTEUR EN FRANCE ET DANS L'UNION EUROPÉENNE, *Hitotsubashi Journal of Law and Politics* 46 (2018), pp. 33-46. https://doi.org/10.15057/29045 より入手可能

第7章　「フランスの2019年7月24日プレス隣接権法と対Google競争法事件」『一橋法学』20巻1号（2021年3月）163-181頁，「プレス通信社とプレス出版社のために著作隣接権を創設する2019年7月24日の法律2019-775号」日仏法学31号（2021年10月）179-183頁

凡　例

〔見出しについて〕
- 原則として，節がアラビア数字（1，2…），項がカッコ数字（(1)，(2)…），小見出しがマル数字（①，②…）である。
- 第1章・第7章には節の上の階層があり，ローマ数字（Ⅰ，Ⅱ…）で表した。
- 第1章のみ，マル数字のさらに下の階層にも小見出しがあるが，それには附番していない。また，段落の通し番号を囲み数字で表した。
- 第4章は資料紹介であるため，原資料の見出しの付け方をそのまま採用した。Ⅰ・Ⅱが節の上の階層，A・B・Cが節，1・2・3が項，a・b・cが小見出しにそれぞれ相当する。

〔原語併記と注について〕
- 重要な語句の原語は，適宜（　）内に併記した。
- 第1章と第2章については，注および参考文献を各章末にまとめた。それ以外の章については脚注を付した。
- 第1章と第6章には，原注のほかに訳注も存在する。訳注は第1章では章末にまとめ，第6章では本文や原注の中に〔　〕を付して書き込んだ。

〔字体について〕
- 第1章と第6章には，原文が斜体の語句や文章が存在する。これらについては原文を確認し，原著作者が強調の意図で斜体にしているところを太字とした。条文・判例・文献からの引用，作品名の掲記，ラテン語や英独語などの表示に用いられる斜体は太字にせず，引用部分は「　」で囲んだ。
- 第1章の原文に存在する太字やイタリック傍点付きの語句はゴシック体とした。また，下線付きの語句や文章には下線を付した。

〔細目次〕
- フランスの研究書に倣い，小見出しの確認用として巻末に細目次を付した。なお，第1章の見出しは，どの階層においても対になっている。これはフランスの博士論文の目次の作り方として，伝統的に指導されてきたものである。

第Ⅰ部
文学的美術的所有権の500年史

第1章
フィリップ・ゴドラ「著作者人格権の一般理論
――フランス法を例に」

序　論

1　最初に確認すべきことがあります。著作者人格権はその重要性にもかかわらず，現在の国際舞台には登場しません。これは驚くべきことです。20世紀の世界史は，著作者人格権を重視する方向へと発展するはずだったのに。というのも，ベルヌでの採択とベルリン改正で国際法的根拠を備えた後，1928年のローマ改正により，ベルヌ条約には6条の2が追加され，著作者人格権の原則が導入されたからです[1]。この条文の射程は控えめに解するのが望ましいと思われます。そこでは，「著作者人格権」という表現さえ用いられておらず，氏名の尊重に関する権利と，著作者の名誉または声望の尊重に関する権利しかとりあげられていません。しかし，原則は確立され，他の国際条約法（*jus conventionis*）と同様に，それを**発展のための最小限度**とすることが意図されました。第二次世界大戦の野蛮の後にみられた文明への希求から，注目すべき進歩が生まれました。1948年12月10日の世界人権宣言27条2項は，「すべて人は，その創作した科学的，文学的又は美術的作品から生ずる精神的及び物質的利益を保護される権利を有する」と定めています。創作者の**精神的利益**がその**物質的利益**とは別個に認められたのみならず，それは**人権**として認められました。これは1789年のフランス人権宣言が明示的にはできなかったことです。なぜなら，その当時はまだ，著作者人格権に関する十分な理論化がなされていなかったからです。27条2項の導入に困難が伴ったことは事実です。アメリカが断固として抵抗したため，同項は，より大きな権利としての**文化への権利**（同条1項）の内部に位置付けられるという条件の下でのみ，導入が認められました。文化への権利

とは，（受動的方法で）文化を**享受する**権利でもあり，同時に，（能動的方法で）文化に**参加する**権利でもあります。その（見え見えの）意図は，コピーライト（*copyright*）ではおなじみのやり方で利益のバランスに言及し，著作者人格権を骨抜きにするような対立構造を演出することです。しかし，**人権**の問題である以上，この**能動的方法**は出版者などの著作物利用者（exploitant）には認められませんし，この受動的方法は，コピーライトの法体系でいう「**消費者**」たる公衆の権利と混同されてはなりません。なぜなら，──アメリカのお気には召さずとも──世界人権宣言において著作者人格権がしっかりと認められたことに変わりはないのですから。

2 対照的に，1950年の欧州人権条約は，知的所有権，特に著作者の権利について一言も触れていません。10条において**表現の自由**が規定されているだけです。**創作の自由**は明らかに，**表現の自由**の中に位置付けられます。しかしながらこの条約は，創作を所有権的に構成することがもたらす帰結については，沈黙を守っています。これは後退とみるべきでしょうか？　決してそうではありません。2つの要素を考慮しなければなりません。1つは，制定時期が世界人権宣言と接近していることです。たった2年前に採択された宣言に盛り込まれたことを，繰り返す必要はなかったのです。そしてもう1つは，それは**条約**であって宣言ではないということです。著作者の権利を対象とすることは，厳密には，締約国に，著作者人格権の承認を義務付けることに他なりませんでした。この要求は，コピーライト諸国，特にイギリスに条約加盟の扉を閉ざすことになり，それは，**ヨーロッパ条約**としては不都合なことでした。このように，1948年の宣言が確認したことからの後退はほとんどありません。そして，それとほぼ同じ言葉は，1966年12月19日の社会的・経済的・文化的権利に関する国際協定15条にもみられます。また，より厳粛さの少ない他の諸宣言，すなわち，80年代中盤まで何年かおきに定期的に出され続けたもの（完成に至らなかったものも含む）の中にもみられます。しかし90年代を通じて，流れは唐突に逆向きに変わります。たいへん特徴的なのは1995年のマラケシュ協定（TRIPs協定）9条1項で，それは以下のように定めています。「加盟国は，1971年のベルヌ条約の第1条から第21条まで及び附属書の規定を遵守する。ただし，加盟国は，

同条約第6条の2の規定に基づいて与えられる権利又はこれから派生する権利については，この協定に基づく権利又は義務を有しない」。

3 この規定はあらゆる点で異色のものです。はじめに，WIPOの管轄に他ならない事項が，WTOの枠組の中で採択された点です。WTOは**貿易交渉**を秩序づけたり推進したりする使命しかもたず，諸条約を制定したり解釈したりすることはできないはずです。これは言ってしまえば，世界的な広がりをもつスーク（souk）(iii)です。次に，この規定は著作者人格権を棚上げしているのではなく，排除しています。これは見事な初仕事です。この時までは，コピーライト諸国を困らせたくない時には，著作者人格権に言及しないのが慣例でした。初めて，国際条約の条文に，**締約国は6条の2の最低限を遵守する義務がないこと**が書かれたのです！　最後に，この規定は，著作者人格権は知的所有権の支柱ではなく，そうしたければ認めてもよい**任意のお飾り**の1つだという考えに基づいています。たった1つの真摯な，全世界が認めるべきものは著作財産権で，これでみんなが**ビジネス**をするというわけです……。この策略は，ベルヌ条約を一方的に解釈し，そのダイナミズムをひどく破壊しているだけでなく，明らかに世界人権宣言に違反しています。いったい何が起こったというのでしょうか？　法律家たちが，彼らが創作者の人格的利益を保護してきたのが間違いだったことに，突如として気付いたのでしょうか？　人々が，このような法律構成を拒むことを宣言し始めたのでしょうか？　世界の多くの国が，著作者人格権の導入に反対したのでしょうか？　そのようなことは全くありません。

4 知的所有権に関する世界各国の法はほぼ全て，程度は異なりますが，著作者人格権を承認しています。これは特にベルヌ条約のおかげです（それだけが理由ではありませんが）。ただ一国，アメリカだけが激しく抵抗しています。80年代の終わりにベルリンの壁が崩壊し，それと共にソ連も崩壊しました。アメリカは世界でただ1つの超大国となりました。アメリカにとって**多国間主義**が意味を持っていたのは，主として（他にも理由はありますが），東側諸国があったためでした。以後，あるのは彼らの利益，彼らの視点のみとなりました。その結果が現下のイラクの惨状です。しかし，軍事の局面で目立つことは，少し

は隠されているとしても，法の領域において同様に明白です。彼らは，もはや国際協調も，国際法も，国際諸機関も考慮せず，彼らの意思を押し付けてきます。例えば，彼らはベルヌ条約を批准し，それをきっかけにWIPOに資本投下し，そこに彼らの論理を浸透させ，彼らの条約案を成立させ,WIPOの権限を奪って自らが君臨するWTOに与えました。それにもかかわらず，彼らはベルヌ条約6条の2を全く適用していません……。TRIPs協定第9条は，各国の立法における著作者人格権の後退や，それに対する不信を表しているわけではありません。それは，国際関係におけるこの新たな状況を定式化したものにすぎません。力のない国際社会は，アメリカのベルヌ条約違反をそのまま通用させています。全てのWTO加盟国は1971年改正ベルヌ条約を批准しなければなりません（なぜならアメリカにとっては，特にコンピュータ関係の創作において，世界的独占が必要だからです）。しかし，アメリカが6条の2を適用する**義務はありません**（なぜなら，アメリカは国内でも，またアメリカ系企業が著作権による独占を活用しうる国でも，6条の2の適用を望んでいないから）！　尊大の域を超え，これは**地政学**と評価するべきでしょう。

5　その目的は，特に，**アメリカ流のコピーライトを世界中に広げることです**。それは「知的所有権」ではなく，単に，**投資の成果であり模倣ではないものの利用に関する法的独占権**です。この政策はグローバリゼーションの尖兵で，うまくいけば，その推進者に少なくとも2つの著しい利益をもたらすでしょう。この政策により，まず，アメリカ資本の**法人**は，世界中の最も投資しがいのある国々から**人の創作性を収奪し**，**自らの利益だけのために**，世界中でその創作を利用して回ることができるようになります。次に，この政策は，アメリカ製品の浸透（アメリカモデルの支配とまではいわないまでも）に抵抗する世界の諸文化を，その競争力により押しつぶすことでしょう。これら全ては，もちろん，全体の繁栄と利益分配を下地にしておこなわれます。グローバリゼーションとは，全員が腹いっぱい食べることができる盛大な祝宴であるはずですから。ただ，富が最も強い者のほうへ吸い寄せられるようにできているシステムが，どうやって同時に富を分配するのか，誰もわからないだけです……。そして，貧者が祝宴にありつこうとすれば，彼らはさらに貧しくなる他ないといわざるを

えません。しかし，**投資者に独占を与えること**，すなわち製品の製作に関する競争を禁止することは，アメリカが国際的な行動において至上の価値としている**自由主義**（起業と競争の自由）に，真っ向から反しています……。

6 著作者人格権はどうしたとお尋ねでしょうか？　以上のことは，著作者人格権と大いに関係あるのです。この経済的，社会的，文化的不公正は，**著作者人格権を組み込んだ真の所有権のある所には生じない**のです。著作者人格権が直接，不公正と戦うことを目的としているわけではありません。そうではなくて，**著作者人格権は，不公正を生み出さない知的所有権という全体的構想の中に統合されている**のです。そして，そのためにこそ，著作者人格権はあるところでは**忌み嫌われ**，あるところでは**賞賛されます**。著作者人格権という具体的制度は，深い水の中に沈んだ氷山の一角にすぎません。見えないところで揺れているのは，相容れない2つのシステムのゆくえです。1つは，ほんの一握りの者を利するために，**単一文化と単一経済**が世界を排他的に支配することを目指しています。もう1つはあらゆる文化の開花と，それらがもたらす**あらゆる価値**（経済的価値を含む）**の分配**を目指しています。

7 それゆえ，始めに**所有権の理論**の形成過程を分析することが重要です。もちろん著作者人格権の様々な属性も説明しますが，私はそれにこの報告の第Ⅱ部をあてます。著作者人格権は所有権の理論の中で育まれたのであり，また，それなしでは2つのシステムの対立はここまで鋭くはならなかったでしょう（Ⅰ）。探求はフランス法に関するものとなります。もちろん，それだけが研究に値するからではありません。その形成過程がたいへん意義深いだけでなく，最も著作者人格権の保護の厚い法の1つであることが，世界的に承認されているからです。だから当然，著作者人格権の研究の場としては，適切であるといえましょう。

Ⅰ　著作者人格権を内包する所有権の一般理論はいかに形成されたか

8 著作者人格権に対して，これほど活発で浅薄な反応がみられるのはなぜで

しょうか。理由の1つは、それが歴史と集団意識に深く根を張っていることです。もし、あえてフランス史を知らずにおくならば、1957年のフランス著作権法は、創作行為を簡潔かつ知的に理論化したことについて注目されるだけでしょう。しかしそれでは、同法がどうしてそうなったのかを知らぬまま、同法の本当の射程の脇を通りすぎることになります。それでは、同法は他のものと変わらないテクストの1つにすぎなくなってしまいます。そこで、まず同法がどのように形作られたのかを1でみて、その後、2でこの理論の法的表現をみていきたいと思います。

1　排他権の誕生

9 知的所有権の前提は、印刷術が首都パリにもたらされてから、たいへん短い間に（だいたい40年ぐらいで）整います。しかし、以後3世紀にわたる過程を通じて、常に互いに混じりあい寄生しあう2つの問題を、区別しなければなりません。1つは(1)でみる**利用の独占権**という概念の出現。もう1つは、(2)でみる**所有権**の概念です。

(1) 利用の独占権という概念

10 私たちは、「知的所有権」や「利用の独占権」といった概念にたいへん慣れ親しんでいるため、それらは当然昔から存在しているだろうと考えがちです。しかし、そんなことは全くありません。ローマ人は法律に秀で、その貢献は今でもヨーロッパのいくつもの民法の中に生きていますが、彼らは同様のものを全く有しませんでした。しかし、**無体の財**という概念を、彼らは知っていました。このことは、**無体所有権**——無体物に対する所有権——の概念が、**知的所有権の概念**——まして独占（それが「所有権」なのは比喩にすぎません）の概念——とは異なることを示しています。おそらく、以下のような反論があることでしょう——大量複製手段がなかったから、利用の独占権という概念を作り上げる**具体的な利益**は存在しなかったのだと。確かに、印刷術が火付け役だったことは否定できません。しかし、それだけでは十分とはいえません。写本者のアトリエというものがあり、手書き複製がなされていました。それは中世には

もうあり，特に大学からの需要に応えて，旺盛に生産を続けていました。さらに，古代人は劇場を立派に運営しており，そこでは著作物が大量に利用されていました。知的所有権や利用の独占権といった概念が生まれる機会はありました。私見によれば，これらの概念が生じなかったのは，むしろ，法的状況がそれらの出現を阻んでいたからでした。

11 というのも，ローマ時代においては，人々は物ではなく権利についてだけ，無体の所有権を観念していたからです。この所有権は，それが物質的ではないもの（権利）を対象とするために，「無体の」といわれるだけです。その構造とその権利内容は，有体物所有権の場合と同じです。これに対して知的所有権は，有体物の所有権とは完全に断絶しています。なぜなら，それはある物に対する直接の特権を確立するというよりは，他人の活動に対する権力として位置付けられるからです。ところで，ローマ時代の権力理論は，全体の利益を図る行為に用いられる公的な力の属性（*auctoritas* と *potestas*）を，国家に留保するというものです。私人の権力は——奴隷にはまさに及ぶのですが——，その財産の枠を超えて及ぶことは決してありません。王権の一部が物（封地）に化体し，それを排他的に用いることができるという考えが現れたのは，封建時代の社会様式が築かれてからでした。この考えが，利用の法的な独占という考えをどのように生み出していくかをみるのは，興味深いことです。

封建社会の経済的枠組

12 この考えの生成と，同業組合主義という経済秩序——それじたい封建秩序に根を下ろしたもの——と，特権という法的手段とは，切り離すことができません。封建社会は，垂直的には階級制度に，そして水平的には細分化によって成り立ちます。たった1つの統合要素は，王という共通の封建君主です。詳細には立ち入りませんが，様々な職業が，たいへん早くから，王の庇護を基盤として形成されます。そのためには，各種職業は王権を要し，一方で，王はそこに税源を見出します。こうして，同業組合が形成されます。「職業」単位で王に忠誠を誓い（このため，同業組合のことを王室宣誓ギルドともいいます），王に税金をまとめて払うことを約束します。これにより，王は同業組合にその活動の

独占(12)と内部の自治(13)とを認めます。この状態に形式を与えるのが**特権** (*privilège*) です。王権とのこのつながり(14)により，同業組合は国家機構に組み込まれます。それらは，公式行事には必ず代表を出し，また，少なくとも基本的な供給に携わる同業組合は，**公共奉仕**(15)という形で維持されました。商人や職人は「合理的な利益」しか追求することが許されず，不均衡の状態を作り出したり，それを利用したりすることはありませんでした。つまり，需要と供給の法則は，常に制約を受けていました。より多くの利益を得るために談合すると制裁を受け，商工業者が欠乏を逆手にとって，彼ら自身の生計が立つ以上の利益を得ることはできませんでした，等々……。この主題に関する注目すべきモノグラフィーの著作者は，同業組合のことを「半公共組織」と位置付けています。(16)

|13| 同業組合の内規は，**新構成員指名**の条件を定め，構成員間に**交誼**と**平等**の原則を課していました。この原則が年功によって緩和されることはほとんどありませんでした。**競争**は排除され，**公共の利益** (*interêt public*) の追求を目指すキリスト教道徳の強い影響の下，リスクと利益は**相互に** (*inter pares*) 均等配分されました。極端な一例として，1694年のパリの銅板印刷業者の規則が挙げられます。構成員は共通の基金をもち，親方は誰もがそこに収入の3分の1を拠出しなければならず，基金は2週間ごとに全構成員の間で平等に分配されました。必ずしもここまでいかなくとも，行動はたいへん制約され，平等主義的でした。商売の場所も規格化されていました。公共市場では，場所はくじ引きで(17)決まり，1人の親方はそこに板1枚分の場所しかとることができませんでした。(18)顧客の争奪は，禁止とまではいえませんが，たいへん厳しく規制されていました。広告チラシは禁止され，安売りの品を札で目立たせることも禁じられていました。(19)触れ役 (*crieurs publics*) が同業組合の商品の情報を公衆に知らせるために叫ぶことは合法でしたが，商人が客引きをするのは，顧客が隣の店を離れてからに限られていました。そして，いくつかの都市では，顧客の気をひくためにわざと咳やくしゃみをすることさえ，禁じられていました。(20)現代の広告慣行とはたいへんな違いです！　**誠実さ**，**愛想のよさ**，**価格**(パン以外は自由でした)，(21)そしてノウハウ(製造方法は厳密に統制されていましたが)をめぐる競争(22)だけが，可能でした。

第1章　フィリップ・ゴドラ「著作者人格権の一般理論——フランス法を例に」

14 印刷術がフランスにもたらされると，印刷業もこの仕組みに統合されました。しかし，新しい同業組合は作られませんでした。最初の印刷機は，1470年にウルリッヒ・ゲーリンク（Ulrich Gering）によって，パリのソルボンヌ大学に設置されたことがわかっています。印刷術が書店同業組合の属性の1つとみなされたことは確かで，その書店同業組合自体は13世紀以来，大学に属していました。(23) 印刷術は手書き写本に替わり，必然的に書店同業組合の活動領域に組み入れられました。上記のような計画経済と自律の文脈に照らせば驚くべきことですが，同業組合の規則は，彼らのうちで最も進取の気性のある者を内部の競争から保護することができず，16世紀初頭には，この競争は目に見えて浪費的で反生産的なものとなっていきました。(24)(iv) しかし，このことには十分な理由があります。最初の，そして最も明白な理由は，同業組合の規則が，**販売過程における競争**を排除していても，**生産過程における競争**は排除していないことです。反対に，そこでは機会の平等が行き渡っていました。原材料の**独占**は，公共の利益に反するとして非難さえされました。(25) ところで，印刷業者にとっては，印刷機を回す対象である著作物は，単なる**原材料**にすぎません。さらに，フランスにおいて印刷術が生まれたパリ大学は，教育の使命を果たす必要上，印刷に関するあらゆる独占に長い間反対し続けました。

15 しかし，推測するに，同業組合は間もなく危機に気づいたに違いありません。すなわち，封建システムの本質をなす地域的細分化のせいで，この問題は同業組合自身では解決しえないことに。同業組合以外にも職業を組織化する方法があったばかりではなく，同業組合は**誓願が立てられた都市**でのみ有効でした。そして，全ての都市に同業組合があるわけではなく，もしあったとしても，全ての職業が対象とは限りませんでした。例えば16世紀において，リヨンの印刷業者は同業組合を組織していませんでした。しかしながら，仮にそれが作られていたとしても，構成員たる親方への同業組合の権威は，その都市においてのみ及ぶものだったことでしょう。(26) 書籍がいったん合法的に製作されてしまうと，それらは，行商人の特権の下で流通することになりました。要するに，同業組合が裁判権を有する領域の中に，「シャンブルラン」(chambrelans)(27) に難攻不落の隠れ家を提供する**特別な区域**があったわけです。そこに同業組合による

11

統制を及ぼすことは，たいへん困難でした。パリだけでも，このような自由地帯が6つあったことがわかっています……。このように，同業組合内部で困難を克服することは，絶望的に無理でした。それどころか，同業組合はパリの書店と地方の書店との対立を激化させる役割も果たしていたのです。

書店の特権の誕生

16 問題は，その本質に基づいて解決されました。王ただ1人が，その王国全体に威光を広げたのです。彼のみが，同業組合にその地位を与えることも，また，それを廃止したり特権を剝奪したりすることもできました。そのため，同業組合特権の例外は，それ自体君主特権という形をとらなければならなくなりました。つまり，ただ1つの解決策は，王の**個別的特権**でした。「個別的」というのは，企業家に同業組合規則の相互的な義務を免れさせるためであり，「王の」というのは，同業組合が本来なら**公共の利益**の追求者として有すべき権威が失われたので，それを取り繕うためでした。このようにして，同業組合の**集団的特権**に，**書店の特権**といわれた**個別的特権**を重ね合わせる考えが普及しました。つまり，印刷業をすることの集団的特権を得た同業組合構成員のうち，**書店の特権**を得た者だけが，一定の作品を印刷できたのです。王権は新たな収入源を見出しました。また，それは，検閲をおこなう機会でもありました。カトリックとプロテスタントの教義をめぐる紛争は，出版統制の強化を正当化しました。ここに**利用の独占権**の概念が完成しました。

17 問題の解決にまつわるこのような歴史は，その本質をはっきりと明るみに出します。**権力を具体化した公文書**（acte）——同業組合規則に対応して常に書店に適用されます——は，「**個別の法**（*loi privée*）」に他なりません。特権による利用の独占権は王権の一側面を含んでおり，このことは心に留めておかなければなりません。与えられた権力は，有体物の所有者に認められる権利とは**本質的に異なっています**。有体物の所有者は，その物に対して**事実上の**権力を，直接に行使します。法制度は，第三者が闖入した際に，この一対一の結び付きを防衛することに尽きています。これは**物権**（*droit réel*）です。利用の独占権においては構造が逆です。独占の権利者によって行使される権力は**純粋に法的**

第1章　フィリップ・ゴドラ「著作者人格権の一般理論——フランス法を例に」

なものです。なぜなら，その直接の目的は，**保護される物**に関する第三者の活動[33]だからです。**物**は法律構成の要素ではありますが権力の対象ではなく，**事物を理由として**（ratione materiae）特権の限界を画するだけです。企業家の排他権はそのような目的に限定されます。権力の射程に，大いなる違いがあるのです。窃盗は物が発見されたところに生じますが，海賊版は海賊業者が活動するところに生じます。窃盗は同時には1件しか生じませんが，**多数の海賊業者が同時にあちこちにいることはありえます**。盗人は盗品に関して**無権利**ですが，海賊業者は，自ら製作しまたは**その資金**により製作させた複製物について，従物取得による**所有権**を有します。海賊業者もその職業の正規構成員に他ならず，彼を訴追する者と全く同じように，操業する権利を有します……。同業組合の規律だけを基準にすれば，書店の特権は，いわば法外なものなのです。

18 他人の企業活動に対するこの権力は，君主の公文書のみにより与えられたことがわかりました。**公権力**の一部分が，一介の私人によって，**個人の経済的目的**のために代行されることの背後には，**計画経済**の文脈と**封建システム**が不可欠に存在しました。これはローマ法では考えられなかったことです。このように公権力を排他的に委任することは，**封地**（fief）をモデルにしていました。その完成形において，**領主**は，司法権を得，貨幣を鋳造し，租税・通行税・渡河税[34]を徴収し，バナリテ[35]（banalités）[36]を払わせ，領土内で募兵しました。要するに領主は，全ての公権力の属性を，土地の私的所有権に付随するものとして行使していたのです。理論上は，直接または間接に王にまで達する忠誠の誓いを立てることにより，彼はこれらの属性を**公共の利益**のための事業へと変化させました。しかし実際には，彼の私的利益が公共の利益に優先することのほうが多かったのです。12世紀以降はローマ法が再びおこなわれるようになり，この権力がローマ法からみて変則的であることは，誰の目にも明らかとなりました。そして，王政が軍事的脅威により弱らせた領主から支配権を奪う様は，ほとんど不法取得の様相を呈しました。つまり，王政は17世紀まで，封建領主がもつこうした公権力の断片を，王その人，すなわち公共の利益の体現者[37]を中心に国家を構築するために，我慢強くかつ外交的な巧みさで窃取し続けました[38]。特権はそのための道具でした。一方で，特権のモデルは，その固有の論理に従っ

て動き，その論理は君主制権力と矛盾なく機能しました。すなわち，**封地**はどんどん細分化されつつ，無限に増えていきます。**通行権**のようにそこから権利を独立させ，それをもって他人を封ずることもできます。**土地を基礎とする**――それが通常の場合です――ことのないものは，**空中封領**(39) (*fief en l'air*) となりました。このように構成されたものは，純粋に経済的であるゆえに，平民に移転できました。さて，**書店の特権**の権利者となることは，個別の権利すなわちある著作物を複製する権利**をもって封じられる**ことに他なりませんでした。これはすなわち，作品の利用から生ずる果実を受け取る権利です。このプロセスは，一方で王権の回復に，そして一方でブルジョワジーの経済的勃興に通じるものだけに，ますます受け容れられました。にもかかわらずその本質は封建的であり，それを生ぜしめた経済秩序に依存していました。封建制はフランスに固有のものではないので，このような書店の特権は，ヨーロッパ全土において制度化されています(40)。

(2)所有権という問題

|19| 所有権の問題は，**重要**であり**厄介**でもあります。それはまず，**正当性**の鍵を握っているので**重要**です。19世紀に至るまで，この原則の正当性に異議を唱えることを，誰も考え付かないほどでした。所有者であるということは，権利を纂奪した場合以外は，法にかなっているということと同義です。所有権が援用されるのは常に，その権原の正当性を補強するためです。しかし，それは同時に**厄介**でもあります。なぜなら，我々が考えていることは，ローマ法以来その唯一のモデルである**物権**と完全に混同されており，そこからうまく切り離されていないからです。人は確かに所有権を援用しますが，それが何に適用されるのかも，それが正確には何で構成されているのかも知りません。論者の利益や分析のままに，それは**独占の所有権**になったり，**作品の所有権**になったりします。一方で，**物権**の影響は，**独占**の性格を規定します。それは**永続**しなければならず，権原と一体化しており，権原と共に移転します。媒体（原稿）の所有権が権原と混同されることもまた，珍しくありません……。領主権が土地と共に移転すると考えられていた封建制の時代であれば，そのような混同も許されるのですが……。この問題が完全に整理されて明らかになるのは，封建制が，

第1章　フィリップ・ゴドラ「著作者人格権の一般理論——フランス法を例に」

そこから独自の経済モデルを作り出した後，ついに廃止されてからでした。それまでは，全ては偶発的な出来事に左右されました。フランスとイギリスにおける議論のなされ方の違いは比較に値します。なぜなら，非常に対照的だからです。その結果もたいへん重要で，その代償はいまだに，世界規模で支払われています……。

イギリスの場合

20 ヨーロッパ大陸で書店の倒産が相次ぐのをみて，ロンドンの書店同業組合は，独占権をその構成員の間で分配するようになりました。この措置は首都に限られていたため，地方の書店による競争はなくなりませんでした。しかし1557年，マリー女王はロンドンの書店カンパニー(Compagnie)[41]に，王室のために**検閲実施に協力する**ことを条件に，**王国全土に及ぶ印刷独占権**を与えました。これで全てが変わります。それまで，職業統制手段の1つにすぎず，それに王権の保証がついただけだったものが，国家的な政策手段になります。もはや，**王室から特権を与えられた書店**か，原稿を登録した後に，**カンパニーの印刷ライセンス**を得た者以外は，出版はできなくなりました。その後，王の特権はたちまち姿を消し，後にはもはやステーショナーズ・コピーライト(*Stationers copyright*)[42]しか残りませんでした。これと**特権**とは，**全国に及ぶ点**と**公権力**によって保証される点が共通していますが，その付与のされ方が大きく違っています。ステーショナーズ・コピーライトの付与が，ロンドンの書店同業組合に委ねられたからです。出版者は，当事者と判事を兼ねたようなものです。その結果は徹底的でした。**著作者**と**地方の出版者**は，独占権の付与から完全に排除されました。資源の管理がそれによる利益を独占する者に委ねられた状態を前提に，自分たちの利益のために，ロンドンの書店は，コピーライトの期間を定めました。それは直ちに**永遠**とみなされ（特権においては全く例外的なことです），コピーという語のあいまいさのために——原稿という意味も有するせいで——，多かれ少なかれ意図的に原稿の物理的所持と混同されて，それはたちまち**所有権**として通用し始めました。こうして，ロンドンの書店は，**彼らだけの間で**，王国全土に流通する**あらゆる作品の印刷に関する永遠の独占権**を分かち合ったのです。この独占権を彼らは，媒体から分離していない所有権とみなします。[43]

15

第Ⅰ部　文学的美術的所有権の500年史

21 この災禍に満ちたシステムは1世紀半も続き，社会にとってたいへん高くつきました。17世紀の終わりには，本は貴重で高価なものとなり，そのことは国の知的発展を妨げました。その反面，検閲の有効性と妥当性は，ここまでの犠牲を払ったことに見合うものではありませんでした。そこで，特にロック（Locke）の支持を受けつつ，システムの変革に向けた動きがはっきりと現われ始めました。しかし，慣習法が支配する国では，これほど長く定着した極端な慣行は，簡単に変えられるものではありません。**立法のみが**，その適切な手段でした。(44) こうして，変革への意志は，1710年のアン女王法（*Statute*）として結実しました。これは，後世に現れるあらゆるコピーライトのシステムの原型です。しかし，どれほど熱意ある法だったとしても，それが歴史から逃れられないことには変わりありません。その目的は明らかに，ロンドンの書店による所有権という密室の扉を破壊することでした。ところが——君主制というものはいつもそうですが——，いったん確立したことを徹底的に変えるのは，たいへん困難でした。

22 そのため，新法の狙いは，同業組合による独占付与を**公衆の利益**（*intérêt du public*）と両立させることに限定されました。この際に誰も，公衆の利益が問題になっていることに異を唱えなかったでしょう。それこそが，法を通じた王の介入を基礎付けるからです。しかし，非合理な慣習であっても，公共の利益（*intérêt public*）に基づいた君主の介入がない限り，適用され続けなければなりません。そのため，コピーライトの原則そのもの，すなわち同業組合が付与機関であることは，見直されませんでした。しかし，このスタチュートリー・コピーライト（*statutory copyright*）は多くの点で改善されていたので，それが文化の市場を窒息させることはなくなりました。要するに，それは著作者に付与され(45)（それは常に印刷業者に再譲渡されることになるのですが），そして短期間すなわち出版から14年間存続し，著作者が存命の場合に限って一度更新できました。法の発布を境として，改正前の制度に従う著作物については，21年間とされました。法の定める期間が過ぎた後は，（ロンドンのかそうでないかを問わず）他の書店が参入できるように，**排他性は消滅する**ものとされました。このように，**公有財産**（*domaine public*）が形成されること，それにより本の発行部数が増え

て価格が下がることが目指されたのです。⁽⁴⁶⁾

23 こうして選択された期間は，この当時の人が，**投資**に**適切な利益**を上乗せして回収するのに必要と判断したものです。独占の存在意義は，従って，間違いなく，**投資**でした。企業家による労働と金銭への投資でした。そしていつも，著作者による徹夜の労苦，根気仕事，出費が口実とされました。この法の目的はただ，貪欲なロンドンの出版者の食い物にされた書籍市場を正常化することだけでした。**所有権**へのあらゆる言及は，**意図的**に避けられました。当時，所有権は永遠に存続する以外にありえないと考えられていましたし，さらに，ロンドンのカンパニーによる市場の独占において，所有権が果たした役割が大きいことは，誰の目にも明らかだったからです。だから，著作者がコピーライトを得るのは，書店と同じ客観的な理由，すなわち**投資**のためです。それは，作品の創作性のためではありません。それは，著作者が文化に貢献したからではありません。このことは，今日の我々にとって後退にみえるかもしれませんが，当時のイギリスの状況では，著作者と公衆のためになる前進でした。しかし残念ながら，「アナゴ」⁽⁴⁸⁾の悪意と横柄な力は立法者の想像を超えており，彼らは王室を軽んじ法を守りませんでした……。

24 独占期間が過ぎても，ロンドンの書店は彼らの今までの実務慣行を全く変えませんでした。彼らの法解釈では，スタチュートリー・コピーライトは，永続するコモンロー・コピーライト（*common law copyright*）――著作者が原稿と共に必然的に彼らに**譲渡した**もの――を補強する付加的で一時的な保護にすぎませんでした！⁽⁴⁹⁾ こうして，1710年法の狙いは，完全に骨抜きにされてしまいます。そして，そうなったのは**所有権**への悪しき関連付けのせいでした……⁽⁵⁰⁾。その理屈が完全に退けられるのは，1774年のドナルドソン対ベケット（Donaldson v. Becket）事件高等法院判決が，スタチュートリー・コピーライトはコモンロー・コピーライトを排除すると判示してからにすぎません。この事件の結果は，望ましいものではありましたが，重大でした。⁽⁵¹⁾つまり，これによって確かに1710年の立法者が望んだ目的は復活するのですが，同時に，コモンローにおいて**著作者の所有権**をめぐって発達しつつあった省察は，完全に断たれてし

第Ⅰ部　文学的美術的所有権の500年史

まいます。この省察は，フランスで著作者の権利へとつながっていくことになるものです。ただ，コモンロー・コピーライトも，いくつかの修正を経れば，**真の著作者の権利**へ向けて発展できたかもしれないのですが……。従って，後にはもはや，投資に基づく**利用の独占権**と，**所有権**に対する際立った敵意しか残りませんでした。**所有権**は，この分野では**濫用**と同義語であり，ロンドンの書店は濫用をおこなっているとして非難されたのです。

フランスの場合

25 フランスにおいては，**まさに反対の方向への発展**がみられます。特権は公権力（王およびその代理人）しか授けることができません。そして当初より，特権が直接著作者に授けられることは珍しくありませんでした[52]。それによる結果は，さほど重要ではありません。なぜなら，同業組合システムの下では，著作者は，自身で印刷業者を兼ねていない限り，印刷業者に特権を譲渡するほかないからです。しかし少なくとも，そこから得ることができる金銭以外に，特権には象徴的な効果がありました。それはアンシャン・レジーム下における，君主の**自由裁量行為**そのものであったにもかかわらず，マリオン（Marion）の時代からデリクール（D'Héricourt）の時代まで，そこには，ある主題が繰り返し浮かび上がってきます。王にはその好む者に書店の特権を与える自由はない，という主題です。自然法の優越的原則がそこに対峙します。もし作品の**創作者**が特権を望みまたは拒むなら，彼は出版者に対し優先権を持ち，それを通じて間接的に，その意思は王にも認められる！　フランス王権が**絶対的な神授権**であった時代背景に照らせば，このような考えは過激思想といわざるをえません。

特権の設定的効力の消滅

26 ところが，王権裁判所であるところの複数の高等法院（Parlement）が，これに同意します。さらに，ルイ16世自身も，それを認めるのです[54]！　彼は1790年に，大革命により囚われの身になってから，それを認めたわけではありません。彼はそれを1777年に，まだ君主制の礎石をぐらつかせるものがない頃に，彼自身の顧問会議（Conseil）が下した裁決において認めます……。これは，フランス人の集団意識の中で，**書店の特権が自由裁量的な特権設定行為**ではなく

第1章　フィリップ・ゴドラ「著作者人格権の一般理論——フランス法を例に」

なったことの，たいへん明白な証拠です。この変化は，特権そのものに由来するわけではありません。特権の性質は，他の法分野では変わりませんでした。この変化はまさしく，**創作の本質により課されたもの**であり，創作が君主制そのものに，ある一定の法的状態を要請するのです。公序のため必要とされ，異議申し立ては受けなかった検閲の王権は別として，**所有権を生じさせるのは創作行為**であり，特権はそれを**確認する**にすぎず，それを**設定する**ことも**授与する**こともありません。

27 1586年にマリオンが用いた表現は意味深長です。彼は，**著作者の領主権** (*seignerie de l'auteur*) について語っています。この時代の言葉では，この言い方はただ象徴的だったわけではありません。それは法的な内実を伴っていました。**封建理論においては**，**領主権からは2つの封領** (*domaine*)(55) が生じます。さらに正確には，領主 (seigneur) はまず**卓越封領** (*domaine éminent*) を有します。それは彼の貴族の身分と切り離すことができません。封領のもつこの属性が，彼が公権力的特権を有することの根拠となります。一方，**実益封領**(*domaine utile*) は，彼が封地を経済的に利用することを可能にするもので，卓越封領によって必要となる様々な費用を，封建領主は，貴族の身分を保つのに必要な賦課(56)として，徴収することができます。実益封領は，農奴(57)を使ってそこから収益することも，**自由人**(58)へ譲渡することもできました。マリオン自身はそこまではっきりとは言いませんでしたが(59)，この図式は黙示的に著作者に転用できます。著作者の**卓越封領**（その「貴族の」身分）は，**創作行為そのものに基づきます**。王によって与えられた特権は，卓越封領を確認し，後で書店に譲渡できる権原の中に**実益封領**を組み入れるものにすぎません。

28 従ってこの**所有権**は，同時代にあっては，その**構造**よりもその**法源**によって注目されました。実際それは，慣習からも，法からも生じません。王は法を免れていたからです。それは，貴族の称号を得ることとは，なおさら同視できないものでした。なぜなら，封建的階級制度に基づくあらゆる資格は，王の裁量で生じるからです。それは結局，**事物の秩序**，この時代の考えに従えば，**神が望む秩序**として位置付けられました(60)。注目すべきことに，この位置付けは，

19

著作者はその所有権を王と同じ源から得ており，その結果，王は**絶対君主**であるが故にその臣民に全く借りはないものの，もし王が著作者の所有権に異議を唱えるなら，その権力そのものが信用を失いかねない（なぜなら彼の絶対性も神に由来するから），という帰結をもたらします！……この帰結はついに，特権の更新の際にも適用されることになりました。特権が期限切れになった場合，それは，著作者またはその相続人のところに戻ってきて，著作者はそれによって，新たに利益を得ることができたのです(61)。

29 絶対王政のひどく厳格な社会に，これほどの目覚ましい状態がなぜ生じたのでしょうか？　説明は，語源そのものの中に見出すべきです。「プロプリエテ＝所有権」はラテン語のプロプリエタス（*proprietas*），さらにプロプリウス（*proprius*），すなわち，「他人と分かちあわないもの」，私たち自身に「固有の」，個人的なものという語から来ています(62)。ところで，おそらく人格そのものを除いたら，人にとって，その**創作**以上に「固有の」ものがあるでしょうか？　**所有権**は，従って，**本質的に固有なものに関する法的状態**にすぎないのです。この理由付けは簡単には退けられません。この所有権には，その他の所有権のどれよりも，異議申立の余地がありません。有体物の所有権は必然的に，他人が享有していた既存の要素（変形が加えられている場合もありますが）を**奪います**が，創作物の所有権は，創作者によって**完全にもたらされた物**に生じます（それが創作という言葉の意味そのものです）。有体物の所有権にあっては，人は素材を自分のものにしますが，無体所有権にあっては，物は人格から，さらに正確にいえば**個性**から生じます。さらに，無体所有権は，自らもたらしたものを分かち合い，それへのアクセスを禁じたりはしません。一方は求心的で，一方は遠心的です。一方はねたみ深く，一方は献身的です。おそらく，**配分的正義**の思想もまた重要だったことでしょう。価値を作り出した者がそれを享受することは，きわめて正義にかなっています。しかし，それだけではこの規範の急進性は説明できません。労働は，この時代においては創作行為と大差ないことも多かったのですが，同じ扱いを受けませんでした。ローマ法に従って，労働は原材料に混入し，その果実は自動的に原材料の持ち主つまり領主に帰属しました。

第1章　フィリップ・ゴドラ「著作者人格権の一般理論——フランス法を例に」

30 創作の本質をなすのは**人格**であり**個性**であるというこの思想は，明確さを増しながら急速に承認されていきます。この思想は，死亡した著作者がある書店から本を出すことを明確に嫌がっていた場合，王はその書店に特権を与えることはできないと判示した1586年3月15日判決の理由付けの行間から，読み取ることができます。1725年には，パリの高等法院におけるまた別の事件に際して，デリクールは以下のように書いています。「原稿は，著作者の人格との関係で，彼にとってまさに**固有**の財産であり，お金よりも，家具よりも，さらに土地よりも，奪うことが許されないものです。それは彼にとって人格的な労働の産物なのですから，自分の望むように処分することで，望みどおりの**名誉**の他に，彼自身および彼と血縁や友情や知己によって結ばれた人々の必要を満たすだけの**利益**をも，もたらすものでなければなりません」。全てが言い尽くされています。しかし，この論が真に法の形をとるのは，ずっと後のことになります。この思想は，大革命まで，しばしば繰り返されては反論されることになります。特にランゲ（Linguet）は，「原稿は，作家が自らの実体の一部を外に現したものである」と書いています。この構想は，著作者の権利に関するフランス史を通じてずっと隠れひそみ，20世紀になって，創作行為の一般理論の中に統合されます。そこでは，基準としての創作性が，「**人格の痕跡**」として定義されます。

1777年の裁決における所有権思想の統合

31 しかしながら，著作者の所有権をめぐる議論は，フランスでもイギリスでも，**物権**（動産に関する有体物所有権）モデルとの混同によって毒されたままでした。そこからは，**永続性**の他，書店への**全面的な譲渡可能性**が導かれます。これがなされると，著作者の所有権の本質は失われてしまいます。しかしながら，たいへん政治的なことですが，その法的効果が上記のように損なわれていたからこそ，所有権理論は栄えたのです。パリの出版者らは，著作者らが地方の出版者らと争った際，全面的に著作者を支持しました。なぜなら，彼らは首都に立地しているから，著作者らは彼らと契約を結び直し，特権に組み込まれた所有権を，彼らに譲ってくれるだろうと考えたからです！　同業組合主義の下では，**独占**——所有権の「実益封領」はそれでできています——が特権に由

来することが前提となるので，全面的譲渡という帰結を免れるのは困難です。^(69)たぶんその帰結は，特権を譲渡しないで**貸与**することにより，免れることができたのかもしれません。しかし，私たちが知る限り，そういうやり方は実際にはおこなわれませんでした。同業組合の決まりに守られていたことを思えば，書店が著作者の特権の「賃借人」に甘んじようとしなかったであろうと，容易に想像できます。より根本的には，**著作者の所有権**が封建秩序において明確に分解されていたこと，すなわち，著作者は**卓越封領**を保持し，書店は特権によって具体化された**実益封領**を譲り受けるとされていたことが，問題の解決を導いたといえるでしょう。しかし，このモデルがいかに疑いなくみえたとしても，^(70)それは決して首尾一貫したものではありませんでした。それに反対する様々なファクターがありました。まず，著作者の所有権は，一方で**貴族的**でありつつも，「平民的な」本質をも有するものでした。そこでは，卓越封領と実益封領の分解は強制されず，自ら出版をおこなった著作者も，その地位を**剥奪**されるわけではありませんでした（著作者が自ら著作物を利用することが，同業組合主義のために困難だったことは別論です）。また，アンシャン・レジームが終わるまで，創作者の所有権は決して**特権と切り離して**考えられることはありませんでした。所有権は特権保持者に対抗——所有権を認めさせることさえも——できましたが，所有権の価値も存在も，**特権を通じてのみ**生じました。結局，封建時代の法においてあれほど親しまれていた分解のプロセスは，**特権そのものについて**おこなわれ，著作者の所有権についてはおこなわれませんでした！^(71) この妥協は，一時的な特権——更新はできるとしても永続するようにはできていませんでした——のうちに，永続する所有権を併合するものでした。しかし，17世紀の後半から，著作者がその所有権を最終的・全面的に譲渡できるという考えは，次第に地歩を失っていきます。全面的譲渡は，1777年8月30日に国王顧問会議で下された6つの裁決——全体として，フランス最古の知的所有権法典を形成するもの——によって採用されたシステムで，公式に姿を消しました。少し説明しておく必要があります。

32 特権には，**経済的機能**と**政治的機能**が同じぐらいありました。それは，王による**検閲**を可能とし，投資者に**独占**を保障します。君主制は，特権を放棄す

る状況にはありませんでした。しかしながら君主制は，すでにみたように，著作者が自然法上の所有権を有すること，君主といえどもそれに異議申し立てはできないことを認めていました。特権に関する裁決は，一方で書店の特権に関する伝統的な企業家の論理と，他方で芽生えつつあった著作者の自然法上の所有権という論理との，難しい調整を目指しました。調整の原則は，裁決の前文に示される毅然とした思想に現れています。すなわち，創作者と投資家の諸利益は，まず区別され，次に序列付けられなければならない，と。こうして，裁決は後世にいう著作者の権利全般にわたる理論的基礎を確立します。のみならず，それは，革命後にフランスの無体所有権理論が発展する基礎となった原則をも含んでいました。

33 伝統に従い，特権を書店に直接付与することも続けられました。しかしそれは，著作者がすでに亡くなっている著作物に限られました。地方の出版者らの利益と，競争を通じた公衆の利益を考慮し，絶対的な排他性はもはや通用しないとされました。**特権**は，複数の者に同時並行で授与される**許諾**と化したのです。これは，市場を正常に機能させるための手段でした。著作物の利用には**許諾**が必要とされることで，競争は完全に禁じられるわけでも，完全に自由とされるわけでもなくなります。許諾を得る者は，競争にさらされたり，そうでなかったりします。興味深いことに，王が投資家の特権について規定するとき，コピーライトの立法者と同じ与件を考慮した事実が，ここにみてとれます。もちろん，王は明らかにその先を行っていたといえるのですが。王は，古いタイプの独占を制限するだけでなく，それをあっさりと廃止しました。この解決は，所有権が市場を規律する仕組みを先取りするものでした。違っていたのは，非排他的な**許諾**を出すのが**著作者**ではなく**公権力**だったことだけでした。

34 一方，著作者の存命中は，書店が直接に特権を授与されることはなくなりました。書店は著作者が特権を手放すことに合意した際に，**それを著作者から手に入れる**ことしかできなくなりました。ここに，**著作物利用者は創作者の権利承継人**（*ayant cause*）でしかないという，たいへん現代的な考えが現れます。書店への原始的な特権付与はなくなりました。この点は根本的です。なぜなら，

著作者はこの譲渡交渉の機会にこそ，その権利を活用しうるからです[78]。そして，著作者がその権原を手放すことを強制されないように，著作者がその**著作物を自ら小売りする**ことが，裁決の１条文により認められました。譲渡の強制を許すと，せっかくの新たな法秩序が根本から骨抜きにされてしまうからです。これは，同業組合主義を大きく変更するものでした[79]。1778年の確認的裁決は，この流れをさらにその先へ進めます。この裁決は，著作者に，**特権を譲渡しないまま**，好みの印刷業者および書店に，自らの作品を**印刷させ**，**販売させる**ことを認めます。著作者の手の中で，独占は知的所有権の性質を強めていきます。それは**永続し**，**相続できる**ようになります。所有権が独占を吸収し，独占の性質は，著作者がそれを出版者に与えることを確かに望んだ場合にのみ，現れるようになります。しかし，このような恩恵は，著作者が自ら利用に伴う**経済的リスクを冒さなければならない**ことを意味します。もし彼が自ら企業家として振舞うことを望まないなら，特権を譲渡するより他に選択肢はありませんでした。

35 そしてこの譲渡が**決定的でした**。著作物利用者は，**創作者の生存中または最低保障として10年間**（特権許可状に記載があればさらにそれ以上の間），独占を保障されました[80]。つまり，利用者に移転された独占は，**永続的ではなくなる**のです。これは全くもって論理的なことです。しかしこの裁決は，たいへん激しく批判されました。特に，著作者が持っていれば永続するはずの独占が，書店に移転すると著作者の生存期間のみに限られてしまうことが，非論理的でおかしいといわれました。確かに非論理性はあったでしょう。しかし，それは指摘された点についてではありません。独占を死後の授与（attribution *post mortem*）によって投資家に与えることはできなかったのに，著作者自身が譲渡すれば立派に投資家に授与されうると——昔から——されていたこと。そして，著作者が特権を譲渡しないまま亡くなった場合には，その相続人らの手に渡った「独占としての所有権」は，書店の有するそれとほぼ同じ性質を有すると解されていたこと……。これらの点が問題でした。本当のところ，このような結果を避けるには，特権を廃止するより他に方法がなかったのです。反対に，存続期間に差があったことこそが，この法律構成の精妙さを示していました。**独占は明**

らかに，**所有権とは関係ない法的道具**であると考えられていました。創作者の所有権とつながっている間は，独占は所有権の手段となって，所有権の特徴を身につけていました。しかし，書店に移転されると，独占は企業家が用いる反競争的道具としてのむき出しの性質を取り戻したので，その存続期間を限定する必要があったのです。権利者による扱いの違いは，**独占と共に所有権まで移転しえないこと**を示したのであって，その論理に弱点はありません。異なる利益には異なる法的手段をと，裁決の前文はまさに言いました。暗黙のうちに，裁決は，「著作者の所有権」の処分不可能性を定め，それを**死因帰属**（*dévolution à cause de mort*）にのみ服するものとしたのです。「所有権―特権」の対のうち，著作者は特権しか書店に譲渡できませんでした。批判ではなく賞賛すべき手法で，**特権に基づく所有権**（*propriété du titre*）と**創作に基づく所有権**（*propriété de la création*）とは区別され，そこから，**文学的美術的所有権**（*propriété littéraire et artistique*）が構成されました。イギリスにおいては，移転によって生じる余剰は，投資者に法的独占を確保する以上のものを残さないように，所有権から削られていきました。しかし，フランスにおいては，2つの概念の区別が，所有権思想――特権ではなく創作に由来するもの――の真の発展を可能にします。この所有権思想だけが，大革命によって特権が廃止された後も残っていくことになります。再三にわたる辛辣な批判にもかかわらず，王があるうちは特権もなくならなかったからです。

|36| 緩慢でいくぶん反王権的な，この創作者の権利の出現は，その過程にたいへん特徴があります。なぜなら，より上位の原則の名において専制に抗しており，最終的には**1789年の人権宣言**，すなわち「立憲者の憲法」へと至ることになるからです……。このことから，人権宣言が文学的美術的所有権に明示的に言及していなくても，それが承認されるまでの歴史は，まさしく**人権**の歴史であったといえます。さらに，人権宣言は，「所有権」に言及しており，これは，当時の人にとっては，間違いなく著作者の権利をもさすものでした。歴史の有為転変のために，イギリスとフランスでは，正反対のアプローチがとられることになります。

2 自由主義に直面する「独占」

[37] フランスにおいて，世界を揺さぶる大事件が起こります。大革命です。それには，フランス，イギリス，アメリカの3国の運命が容赦なく結びついていました。世界はそのつけをいまだに払っています。国王ルイ16世は，イギリス王国に対して蜂起した人々を強く支持しました。フランスからの戦費支出によって，アメリカ植民地は独立を勝ち取ることになりますが，フランスの財政は枯渇していきます。⁽⁸⁴⁾累積赤字のために三部会召集が不可避となり，それが直接に大革命へとつながりました。自由主義思想はイギリスで生まれたものですが，それが真に具体化するのはフランスにおいてです。イギリスは，その封建的構造を（現代においてさえも）決して問い直そうとしないからです。**著作者の自然法上の所有権**に関する議論は，フランスでは16世紀から始まり18世紀に最高潮を迎えますが，アメリカ植民地のうちのいくつかにおいて，その影響が明らかにみられます。いくつかの州法は明示的に**自然法**に言及し⁽⁸⁵⁾，またいくつかは，特にそれに依拠しませんが，いずれにせよ知的所有権を著作者に与えています⁽⁸⁶⁾。この視点からは，ドナルドソン対ベケット判決⁽⁸⁷⁾によって議論が途絶えてしまったイギリス本土の状況との間に，かなりの断絶がみられます。アメリカにおいては疑いなく，フランス**自然法思想**の影響がありました。

[38] アメリカ合衆国憲法が議論され，1787年に採択された際，こうした思想が開陳され広く支持を得たことを，古い文献は示しています。それどころか，イギリスのコピーライトが著作物頒布者（diffuseurs）によってそのために作られたのとは反対に，著作物頒布者は議論に参加していませんでした⁽⁸⁸⁾。全ては**著作者**と**発明者**に関して定められました⁽⁸⁹⁾。しかし，アン女王法の原理⁽⁹⁰⁾と制度の方向⁽⁹¹⁾へこっそりと向かおうとする力が，**公衆の利益に資する知識の向上と普及**⁽⁹²⁾が執拗に喧伝されたことを契機に，働いてしまいます。著作者の権利がもともとこうした社会的目的と無縁だったためではなく——その全く反対です！　憲法条項が約するところを真に履行する唯一の途は，著作者の権利だったとさえいうことができます——，著作者の権利が「**公衆の利益のために**」付与されたせい

で，創作者の利益は道具化され，立法の重心は公衆に移ってしまいました。これは危険なしとしません。なぜなら，創作者は自然人であり，その利益を知らしめて守ることができますが，公衆は集合的で不確定の実体なので，そうすることができないからです。公衆は**常**に，使い切れないほどの**利益を与えられま**す。ところで，18世紀以来，著作物利用者は公衆の利益を使いこなすのがたいへん上手になっていました……。以上が，憲法条項の弱点です。アメリカのコピーライトが今ある姿は，残念ながら，憲法条項によって説明できます。

39 1790年の連邦著作権法はより一層，そのような様相を呈します。偉大な歴史家のR. L. パターソンは，この瞬間からコピーライトは「恩典であり，法的特権であり，権利ではないもの」になったと評価しています[94]。この問題は司法においても判断され，1834年に連邦最高裁判所は，フィートン対ピータース（Wheaton v. Peters）[95]事件において，以下のように判示しています。「1790年法を採択したことで，議会は自然法上の所有権を認めたのではなく，権利を創設したのである」[96]と。国王ルイ16世が導入したヒエラルキーは覆され，**創作者の利益は二次的なものとなりました**[97]。同様の変化は，同じようなあいまいな根拠で，特許に関するフランス法においても起こります。1791年の特許法の前文は，明確に，**発明者の権利を人権**と位置付けます。しかし1844年法は，その文章を残したまま前文を書き換え，公衆の利益に資する産業の進歩と発展に言及します。特許権はたちまち，**投資家の権利**となることを目指して再構成され始めます。そしてそのことは，**消費者**の需要を満たすものと考えられました。

40 不幸なことに，創作者の利益と公衆のそれとを対立させるこのやり方は，ひどい脱線をもたらします。このささいな対立は，**経済的次元**でしか起こりません（ただし，著作者は著作物の利用に比例して報酬を受ける必要がありますが）[98]。真の対立は，公衆の利益と著作物利用者の利益との間にあります。公衆の利益を選ぶことにより，この種の立法は，自らに社会的アリバイを与えます。現実には，その立法は，著作者の利益に対して利用者の利益を選び，著作者の利益を消費者の利益によって薄めるのです。当時，こうしたことは全く予見されていませんでした。しかし，20世紀の初頭に，寡占企業がアメリカの権力を握るこ

とになります。寡占企業は，この鉱脈を余すところなく利用し尽くします。この時から，アメリカのコピーライトは，純粋な**投資家の独占権**へと，無情なことに，次第に激しく退行を始めます。それは今日，その様々な歴史的基礎とも，憲法条項の精神とも(99)，そして特に，アメリカが世界のチャンピオンを自任する**自由主義**とも(100)，ほぼ完全に断絶しています。かの国はあらゆる手段を用いて，行き過ぎた資本主義に奉仕するこの封建時代の遺物を，世界中に輸出しているのです。

41 フランスでは，革命期の立法者たちは，ある根本的な問題を解決しなければなりませんでした。そのことは，英米のシステムにおいては堂々と迂回されました。それは独占と自由主義との両立という問題です（(1)）。そして次に，**自然法的**所有権の基礎に立って，大革命直後の数10年間に，早くも**著作者人格権**が発達し始めます（(2)）。

(1) 革命家たちのジレンマ

42 フランス革命はもともと**経済革命**であり，後から**政治革命**になりました。18世紀後半以降，**経済的自由主義**に関するイギリス思想が，商業監督官のヴァンサン・ドゥ・グルネー（Vincent de Gournay）によってもたらされ(101)，フランスに浸透していきます。彼の信条は**自由通商**でした。彼は，同業組合と，インド会社の特権とを廃止したがっていました。彼のモットーとされた「**なさしめよ，通さしめよ**」が，彼の行動原理を十分に説明しています。彼は1759年に死去しますが，その政策は，君主制が瓦解するまで実施され続けました。伝統的経済統制と同業組合は，支持を失っていました。人々はこれらに対し，**排他的な特権**が物価高を引き起こしていると非難しました。経済的自由の制度が，アダム・スミスが予言したように，生産と価格の完全な調節をおこなうと考えられました。経済思想に関するこのような立派な議論が隠しているものに，だまされてはなりません。これは，今日グローバリゼーションをもてはやす言説の祖先です。同業組合システムは，**公共奉仕**と**キリスト教道徳**に強く規律されており，**合理的利潤**は許容しますが，**儲け**は排斥します。このシステムは，新教徒の国々において発達した資本主義的願望に，強くブレーキをかけます。**神の見えざる**

第1章　フィリップ・ゴドラ「著作者人格権の一般理論——フランス法を例に」

手が全体の利益のために市場を調整してくれるという魅力的な理論は，特に，公衆に向かって伝統的経済秩序を転覆しなければならないということを説得するためにあります。その秩序の中では，最も起業家精神旺盛な投資者は窮屈だからです。しかし，大革命期を通じて自由市場の理論を文字通りに適用した結果，それは最も質素な人々にとっては破壊的であることが明るみに出ます。18世紀の最後の10年間に，破産した職人の自殺は激増しました。そして，自殺に至る前は，彼らもまた自由主義を信じていたのです。

43 アメリカにおける蜂起を支援したために財政が枯渇し，この経済破綻のために，君主制はその象牙の塔を出ることを余儀なくされます。国の財政を再建しうる経済力は，第三身分，とりわけブルジョワジーにありました[102]。彼らの代表者——従ってその政治権力——をどう扱うかという問題は，革命の過程と連動しています[103]。もはや，自由主義的政策の実現を妨げる勢力はありません。1789年8月4日，各種の集団的特権が廃止されました（しかし，なお廃止を免れた同業組合もあり，印刷の特権と演劇一座の特権も残りました）[104]。たいへんタイミングのよいことに，著作者らによる最初の請願は，いくつかの一座（特にコメディー・フランセーズ）に与えられた排他権（1世紀にわたり，著作者に対し明らかな濫用がなされてきたもの）の廃止に関するものでした。**劇場を開く自由**は，単なる**商業の自由**の一形態では決してなく，文化的な開花を生み出すものに他なりません。請願は，自由主義思想の熱心な擁護者であるル・シャプリエ（Le Chaplier）のもとへ届けられました。彼は1789年8月4日に，諸特権を保持することをひとり望んでいた教会からも特権廃止の決定をもぎ取り，自由主義者の面目を立てました……。彼は，**自然法**に基づく経済的自由を同様に主張したビゴ・ドゥ・サント＝クロワ（Bigot de Sainte-Croix）の思想に共鳴していました[105]。著作者らの代表が彼を説得するのに，一切の困難はありませんでした。そこから，あのたいへん簡潔な，1791年1月13-19日法が誕生します。5つの条文において，法は**劇場の自由**，すなわち，実際には，著作者に対して劇場を競争状態に置くことを定めます。しかし，著作者の生存中は著作者のみが，その作品の上演を許諾する権利を有することも定められています。著作者の死後，この権利は遺族のために5年間存続します。それ以後は，創作は「公共の所有物」（公有（do-[106]

29

maine publique))となります。

44 ほどなく，1791年2月15日に，同業組合は最終的に廃止され，商業の自由が宣言されます。1791年5月14日，ル・シャプリエは，アラルド（Allarde）の政令（décret）に続いて，**競争に影響を与えるあらゆる職業団体を禁止する政令**を成立させます。1793年7月17日には，存続させてもよかったような最後の諸特権も，まとめて廃止されました。従って，書籍の運命についても述べておかなければなりません。職業団体禁止の余勢を駆って，1793年7月19-24日法が出現します。ラカナル（Lakanal）が同法の議会報告者でした。1791年法と同じ形式で，7条から成り，条文は著作者の生存中と死後10年続く複製権を認め，偽版に対する制裁を詳しく定めています。

45 立法者らの姿勢は，ここでていねいにみておくべきものです。以下の事実には驚かざるを得ません。すなわち，**同じ条文の中に**，ル・シャプリエは**劇場の自由**の原則を定め，前文で競争礼賛を謳い，演劇一座による独占を廃止し，そして，それに続いて著作者に**上演の排他権**を認めているのです。それと対称をなすように，2年後に全く同じ図式が繰り返されるのも驚くべきことです。議会は，国民経済にとって高くつくからといって，1789年8月4日を生き延びた**特権**をまとめて廃止し，しかしその2日後に著作者に**複製の排他権**を認めたのです！……邪悪な独占と著作者の排他権との間に，どんな違いがあるというのでしょうか？　フランス革命の，教条的とまではいわずとも合理的な文脈からは，立法者に一貫性があるかどうかは問うに値します。

46 もう1つ厄介な事実があります。立法者は，それ以前の法的・政治的秩序を白紙に戻したにもかかわらず，上演と複製をコントロールする排他権を最も簡潔に導入するための，最低限の介入しかしませんでした。それまでの伝統に逆らって，立法者は著作者死後の「公有」を導入したではないかと問われるかもしれません……。しかし立法者は，保護の基準，保護される著作物のタイプ，複数人による創作の場合の権利帰属，利用契約等々について，何も定めていません……。実をいえば，立法者は単に言葉を倹約したのではなく，その考えを

第1章　フィリップ・ゴドラ「著作者人格権の一般理論——フランス法を例に」

<u>変えなかった</u>のです。この立法の路線は，総裁政府，第一帝政，王政復古，第二共和制，そして第二帝政と，19世紀前半までフランスを揺さぶり続けた政治変動にもかかわらず，一貫しています。これに続く立法作業は，1世紀以上もの間，**著作者死後の著作物利用権の存続期間を少しずつ延長すること**に限定されました。これは，革命期の立法による存続期間の短縮が，古法(Ancien Droit)に比して無用に過激だったと認識されたことの証です。1810年2月の政令は，印刷業者を組織化するついでに，複製権の存続期間を（著作者の死後）20年に延長しました。1844年4月8日法は，上演権の存続期間を複製権のそれと揃えました。最後に1854年4月8日法で，どちらの存続期間も30年となり，1866年7月14日法では50年となり，著作者の生存配偶者には著作権への用益権も認められました(109)。革命期の立法者は**支離滅裂だった**，あるいは先見の明を欠いていたのでしょうか？

47 どちらも違います。立法者は，採用した法的解決を詳しく説明する必要を感じなかったのです。なぜならその解決は，16世紀末以来の，創作者にその**創作に対する自然法上の所有権**を与える法思想的伝統に沿っていたからです。立法者は革新せず確認す，断絶せず継続すというわけです。**上演権と複製権**は，**著作物の伝達に関する所有権的排他性**の応用に過ぎません。それらは，2つの普遍的に利用される手段，すなわち直接の伝達（上演）と間接の伝達（複製）に関するものです。この簡潔な条文は，フランス著作権法のアイデンティティーの要素となった自明の事実に基づいており，軽々と数世紀を超えて通用していきます。一方で，立法者は首尾一貫しないところが一切ないように気を配りました。大革命の自由主義的プログラムと真っ向から衝突するのは，あらゆる種類の独占です。独占は封建システムの特徴をなし（少なくとも私人の手の内にある場合は），実際に，**自然法上のものと考えられた**商工業の自由を妨げました(110)。立法者は，この独占を根絶やしにしようとしたのです。立法者は，**創作者の所有権**しか法に残しませんでした。この所有権は，その原則において，1789年の人権宣言以来，すでに人権（基本的自然権）のうちに数えられていました。有体物所有権の場合，それが人権かどうかは明らかとはいえませんが，創作者の所有権の場合，その人権性にはとりわけ，反論の余地が全くありません(111)。所有

31

権への言及は，従って，ル・シャプリエにとってもラカナルにとっても，伝統への言及であると同時に，まさに革命の教義を論じることだったのです。彼らの立法と1777年の裁決との間に，全く断絶はありません。それどころかこの立法は，ルイ16世が企図した構成から**独占を取り除いて**，それを完成するものでした。というのも裁決では，独占が所有権に重ね合わされていたため，いくつかの理解しがたい解決がとられていたからです。最初の議会報告者ル・シャプリエは，後に有名になった例の演説において，以下のように宣言します。(112)「あらゆる所有物の中で，最も神聖で最も人格的なものは作品であり，それは作家の思索の果実である……。なぜなら，作品は人格を映す鏡だからである」。そしてラカナルは1793年に，「市民たちよ，あらゆる所有権の中で最も異議を受けがたいもの，<u>その増大が共和主義的平等を傷つけたり，自由を翳らせたりすることはありえないもの，それはもちろん，才能の産物に対する所有権である。そして，もし何かがそれを揺るがす場合，この所有権は，実定法によってその行使を保障されなければならない</u>……」と付け加えます。(113) **共和主義的平等と自由**の両方に言及されていることが，この演説のもつ政治的な射程を余すところなく示しています。**自由**とは，まず第一に，**経済的自由**のことをさしています。知的所有権は，特権とは反対に，競争も市場機能も悪化させることはありません。それは次に，**表現の自由**をいいます。所有権の庇護の下で，創作者は**表現したいこと**を表現します。もし所有権がなかったらそうはいかず，創作者は他人に金で雇われた労働者にすぎなくなります。共和主義的平等というのは，身分が同一であることではなく，**機会の平等**をさしています。この点，**有体物所有権**に関しては，全ての人が平等な機会を有するわけではありません。**財産**——労働とは無関係なもの……——については，ある者が多くを得て，他の者は全くあるいはほとんど得ないこともありえます。**知的所有権**は創作者の著作物に生ずるので，反対に，あらゆる人に全く同じ機会があります。さらにいえば，その機能そのものにより，知的所有権は内在的に**正義**にかなっています。知的所有権はその**所有権の対象を**，所有者のところに囲い込まずに**分かち合い**ます。知的所有権は，権利者が**集団に対して与える**ものについて，その**利用権**を囲い込むにすぎません。創作者の所有権におけるこの「最高度の正当性」を，より具体的な表現で繰り返したのが，ブフレール（Boufflers）騎士の宣言です。

第1章　フィリップ・ゴドラ「著作者人格権の一般理論――フランス法を例に」

「人の精神に生ずる思想がその人すなわち著作者のものであることは，野原に生える木がその野原の持ち主のものであることよりも，よりいっそう疑いの余地のないことである〔114〕」。この宣言は，発明者の権利を明確に人権と認めることにもつながりました〔115〕。ル・シャプリエとラカナルの報告では明確に言及されていませんが，著作者の所有権は**なおさら人権と認めるに値します**〔116〕。幻滅と欺瞞の21世紀において，これらの宣言を慇懃無礼にも，前期ロマン主義色を帯びた心情吐露の詩の類におとしめるのもけっこうです。しかし，実は，宣言は全く別のことを言っています。それは，所有権に関する議論を，簡潔に，しかし必然的に参照しています。簡潔なのは，宣言を発した人々が生きた時代には皆が知っていることで，ほのめかせば十分だったからです。必然的なのは，それが，革命家たちが避けて通ることのできない**基本教義**の問題を解決するからです。政治面では**共和主義**，経済面では**自由主義**という文脈の中で，王の特権に由来する**利用の排他権**を著作者に与えるなどということが可能でしょうか？　現代の立法者も，自分たちが権力を盾にとって弄ぶ，あまたの矛盾と法実証主義的誘惑に満ちた制度がもたらす社会的影響に少なくとも見合うように，省察を深めてくれればよいのですが。

48 もし**排他権**が**政治的**または**経済的**次元で誤りに違いなかったとすれば，それは認められなかったであろうことは明らかです。ところが，この２つの観点のいずれについても，所有権の理論の正当性は揺らぎません。まず**政治的には**，創作者の所有権は表現を自由にします。それは，他人によって生み出された付加価値を搾取する道具ではなくなります。権利は保護される価値をもたらした者のところへ戻るのです。著作者に帰属することで，この権利からは，特権を汚していた封建制の刻印がなくなります。それでも，この所有権が一括して著作物利用者に移転されるとその性質が変容すること，すなわち，企業家の手の内で，所有権は特権の性質を取り戻すことには変わりありません。アンシャン・レジーム下でもこの問題は十分意識されていましたが，解決はできませんでした。アンシャン・レジーム自体が，特権によって成り立っていたからです。革命期の２つの法は，このような細部には踏み込みませんでした。しかし，所有権の理論は自ら，19世紀と20世紀にわたって，譲渡範囲の限定と固有の報酬シ〔117〕

ステムを組み合わせて，**一括譲渡を不可能とする**制度を発展させていくことでしょう。これらの制度がなければ，排他権は，社会にとって有害な封建的独占を，見事に再現するために使われてしまいます。次に**経済的にも**，知的所有権には特権が受けていた批判はあてはまりません。それは市場を消滅させるのではなく，創作者という定点を中心にそれを秩序付けます。創作者はその権利を行使することで様々な利用を調整し，企業家たちは**通常，競争状態にとどまり**ます。「権利の譲渡」を通じて，著作物頒布者らは特定の利用をおこなうことを**許諾される**にすぎません。所有権者は，譲渡人として首尾一貫した地位を保たなければなりません。彼は，**排他性を約した一定の利用については**，頒布者らを競争状態に置くことはできません。それをしたら彼は，追奪担保責任を負うことになるでしょう。一方彼は，排他条項なしで頒布者らを競争状態に置くことができます。とはいえ，彼が頒布者らの勤勉さに深刻な疑いを持っている場合以外は，そのようにする理由はないでしょう。同じ利用態様について利用者を複数有することにより，彼には費用がそれだけかかることになりますが，著作権使用料の入金がそれに相関して増える保障はないからです。従って利用者らは，勤勉であれば，このような競争のリスクにさらされることはありません。なぜなら，知的所有権の所有者には，彼らを競争状態に置くことで得られる利益はないからです。にもかかわらず，この競争のリスクは創作者（著作物の利用に比例する報酬を受ける）にとっても，また公衆（著作物頒布者の活動に運命を左右される）にとっても，利益があります。著作者のみが利用行為を許諾できるため，学説は今なお，**著作者による利用の独占**を語る傾向にあります。この用語法のもたらすリスクを見積もらなければなりません。著作者が享受する排他権は，その所有権の帰結であり，それ自体は，創造主対被造物の排他的な関係を法的に翻訳したものにすぎません。**自分の作物を地元の市場で売る農民は，彼ひとりで**，合法的にそうすることができます。しかし彼は，「独占状態」にあるわけではありません。満足できない買い手は，好きなように，他の農家のところへ買いに行くことができます。もしこの市場で，たった1人の商人が，あらゆる農民の作物を売ることを法的に認可されていたら，状況は明らかに全く異なるでしょう……。従って，著作者による**利用の独占**を隠喩として口にできるのは，それが**譲渡不可能な所有権**を表すものにすぎず，その一切の効果は

独占とは反対であるという事実を自覚している場合だけです！……

49 要するに，創作者の「知的所有権」は，**正義にかない経済的に健全**です。その制度化は，革命期の自由主義思想に，十分合致しています。反対に，コピーライトこそ，それに合致しません。革命期のこの２つの法に基づき，法学者と司法官が164年にわたり，混同したり区別したり，間違えたり修正したり（常にではありませんが）を繰り返して，かつて神授の絶対王権にまでその権威を認めさせる力と大胆さをもったこの所有権の輪郭を，**作り出していく**時代が始まります……。時たま，極めて部分的ないくつかの立法がなされ，一定の既存状態を明文化していきます。

(2)著作者人格権の出現

50 ５世紀にわたり，いくつもの革命や政治的断絶を超えて継続したこの法的状態は，今日の法実証主義的な人たちには見えていませんが，その後の展開を説明してくれます。もし文学的美術的所有権が，1791年と1793年にできた２つの簡潔な法律を**文字通り適用する**にとどまっていたら，著作者の権利は死産に終わっていたことでしょう。ところが，実際には全く反対のことが起こります。かつて創作者の「所有権」を出現させた自然法の論理が，その内容の深化発展をも導きました。司法官らは，19世紀の終わり３分の１頃には**著作者人格権**と呼ばれ始めるであろうものを，２つの法律ができてから20年の間に早くも出現させ，その様々な属性を１つ１つ作り出していったのです。

51 法概念としての**著作者人格権**は，アンシャン・レジームの法制にはありませんでした。しかし，それが保護する利益が全く知られていなかったというわけではありません。いくつかの特権が，**作品の完全性**と**作者であることの主張**を保証するという考えに言及しているのが，その例です。例えば，ラブレー（Rabelais）に与えられた1550年の特権は，申請者の意見表明を受け入れて，彼の書籍の「おびただしい箇所が改竄され，ゆがめられ，だめにされている」ことを認めました。ラブレーにはその結果，再版の前にそれらを見直し修正する権利と，「誤って彼の名が付されている改竄版を排除する」権利が認められ

(121)
ます。ここでは特権は，改竄された版を市場から排除する手段となっています。

52 似たような考えが——根拠は異にするものの——，ロアネ公に王権法典の出版に関して与えられた特権に，より強く現れています。「もし我々が，不正確で，不適切に増減が加えられた悪い版を，それが世に出たら直ちに排除できるように注意を払っていなかったら，我らが王国の司法の多くの箇所を我々が発する新たな諸命令により修正しようとする試みは，未だ不完全の状態にあったであろうし，当事者は我々が期待するような成果を得られないままでいたことであろう」。これもまた「著作物の尊重」に関係しますが，ここでは，前面に出ている根拠は**社会の利益**のみです（後述するように，これは著作者人格権の一般理論のもう1つの側面です）。マリオンが16世紀の終わりに，「著作者は書籍の完全な主人なので，それを自由に処分できる。奴隷のように常に自らの手の内に置いてもよく，世間並みの自由を与えて解放してもよい」と書いたとき，彼は**公表権**（*droit de divulgation*）の前身に言及していました。デリクールが，著作物の人格的性質を強調しつつ，「著作者はその著作物から名前を省かれてはならず，著作物創作の名誉はそれがもたらす利益と共に著作者に還流しなければならない」と主張したとき，彼は，**著作者性を主張する権利**（*droit à la paternité*）を，仮にそうでなくてもより広く，著作者の権利が非財産的側面と財産的側面から成っていることを，明確に見据えていました。このような例は枚挙に暇がなく，古代にさかのぼることさえできます。これらの事実は，そのような考えが普及していたことを証明し，その考えが時代を超えて続いていることは，それが一時の流行ではないことを示します。しかし，特権という枠組は，著作者人格権の包括的な理論を作り出すには，とにかく不適当でした。それはせいぜい，アングロ・サクソン法においてコピーライトや商標権が**人格権**を守るために使われると同様に，非財産的な利益を守るために**使える**というだけです。

53 **形式**（*forme*）**に対する無形の所有権**が認められ，権利者がその公衆への伝達をコントロールする権限が与えられたことで，展望が大きく変わります。1791年と93年の立法者はおそらく，**所有権的排他性の対象となる行為**（形式を**直接および間接に伝達**すること）を特定しただけで満足したらしく，それによって保

第1章　フィリップ・ゴドラ「著作者人格権の一般理論——フランス法を例に」

護される利益を明らかにすることはありませんでした[125]。しかし，まさに立法者が保護される利益の性質に言及していないために，保護の手法は広い射程を持つことになります。それは，昔から認識されてきた膨大な非財産的諸利益を守るために，用いられるようになります。そんなわけで，様々な訴訟事件が起こるにつれて，判例は所有権の輪郭を，主観的権利についても守るべき利益についても明らかにしていきました。19〜20世紀の判例・学説の根本的貢献により，著作者の所有権から非財産的な側面が取り出され，後に理論化されます。1814年8月17日には，セーヌ民事裁判所のある判決が，著作者による作品は，「その名を冠して，原稿が売られまたは引き渡されたときの状態で」印刷されなければならないと判示します[126]。著作者性と作品の尊重に関するこれらの属性は，著作者の一身に専属し，複製権の譲受人にも対抗することができます[127]。**公表権**はそれより少し出現が遅れ，1828年にパリ控訴院の判決が，著作者が作品を公表していない以上，原稿を差し押さえることはできないと判示します[128]。その路線をたどりつつ，**ラコルデール**（*Lacordaire*）判決はこの説教師に，「その労働の成果を保持し，それをいつ出版するか判断し，危険な改変を警戒する権利」を認めます[129]。1865年にはローザ・ボヌール（Rosa Bonheur）判決が，画家が引渡しを拒んで手の内に置いている作品について，出資者の引渡請求権を認めませんでした[130]。この解決は1900年には，画家が絵画を展覧会に出していた場合についても，破毀院によって追認されます[131]。判例が，学説に助けられ模索を繰り返しつつも短期間で確立されたことは，この時代の法律家の思索が，アンシャン・レジームの法律家のおかげで高度の成熟に達していたからに他なりません。

54 このような非財産的諸属性が出現し，今度は，所有権を形作る側に回ります。**権利帰属**（*titularité*）と**利用**（*exploitation*）に関する1つの理論が，媒体と物権法のあらゆる影響を完全に脱しつつ，ゆっくりと形成されます。それは，反対の道をたどることとなるコピーライトや特許との違いを，ますます際立たせていきます。著作者の権利は，20世紀の最初の25年ぐらいまでに，ほぼ完全にできあがります。「独占」は様々な段階をたどりました。まず純粋な状態（書店の特権），続いて，所有権に統制され後にそれに吸収される段階（1777年の裁決），そして，知的所有権という「新たなジャンルの」無体所有権以外の何物

をも残さずに、ついに廃止される段階（革命期の条文と判例・学説によるその発展）です。独占——従って封建モデル——を介したことによるこの回り道は、所有者と所有物（無形の物を含む）の「1対1の対面」に焦点を絞ったローマ法的所有権概念を離れ、**他人の活動に対する準王権的な統制権力**という着想を得るためには、まさに必要でした。この観点からみれば、ルイ16世が企図した独占の所有権への統合は、この一連の歴史的過程における最重要事件であったといえます。それは一方で、独占が所有権に従属することを最終的に明確にし、他方で、2つのシステムが相容れないことを明るみに出しました。革命期の立法者は、態度を明らかにしなければなりませんでした。大革命の表立った大義の1つが、法外な社会的経済的コストとみられた諸独占や諸特権に対する異議申立を通じた経済改革であったため、立法者は、それら全てを白紙に戻す他ありませんでした。ところが、立法者は「**創作者の自然権としての所有権**」を問い直すことを意図していなかったものの、この所有権は当時、独占と対になった形でしか理解されなかったため、独占を廃止すると所有権までもが失効することになりかねませんでした。これはいわゆる薬のほうが病気より危険という状況でしたが、ル・シャプリエは直ちに、ラアルプ（Laharpe）率いる著作者の代表団に説得され、**所有権は独占なしで存続しうる**と確信しました。**創作された無体の形式について**——もはや特権によってでも、ローマ法的にでもなく——、所有権は自然に市場を統制し企業家らの活動を調整する権力を有し、それによって公衆にも創作者にも、独占の有害な影響がもたらされることはなくなったのです。さらに、この洗練され尽くした法的ビジョンには、非財産的利益を自然に保護できるという、目覚ましい利点がありました。この利益は、旧来のシステムにおいては、居場所を見つけるのがひどく困難でした。**著作者人格権**は、封建的独占モデルを一度たりとも離れたことがないコピーライトのシステムからは、生まれようがありませんでした。こうして**著作者人格権**の構成要素が（20世紀の最初の25年間に）いったん**定まる**と、1957年の条文化までの間に、**一元論**と**二元論**のどちらを選ぶかについて、大論争が起こります。[viii]

55 **一元論**は、著作者の所有権を非財産的権利ととらえます。これは、洗練された理論というよりはむしろ、著作物利用者らの濫用行為に対する反作用であ

るといえます。1791-93年法の簡潔さに乗じて，彼らは知的所有権の譲渡を強いることをためらいませんでした。作品は著作者の人格から切り離せず，売り物たるべきではないとして，一元論の支持者は，この悪慣行に終止符を打ちました。しかしながら，この法律構成にはいくつも不便なところがありました。特に，創作者の死後における作品の位置付けが問題となりました。そのため，1957年法の立法者・法典編纂者は二元論を選んだのです。しかし，立法者が一元論を**捨て去った**と信じるのは，ひどく間違っています。反対に，立法者は一元論を自分のものとしつつも，その教条的な行き過ぎを克服したのです。譲渡，公表，婚姻と相続の制度に関する立法者の解決は，一元論の遺産がなければ理解不可能でしょう。立法者が著作者の権利に財産的側面を加えたのは，まずは現実主義（réalisme）の要請があったからでした。次には，財産的側面を文化の論理の中に位置付けることで，それを突出させないようにするためでした。フランス流の二元論は，**所有権の分割では全くなく**，**独立の２つの権利が共存**しているのでもありません。それはまず，所有権を統合的にみること（知的所有権法典 L. 111-1 条 1 項）によって一元論に敬意を表し，次に，この１つの所有権が２つの側面を有し，相互補完的な権限を含んでいること（L. 111-1 条 2 項）を認めて，**現実主義**に譲歩しています。一元論への敬意と二元論への譲歩は，両者のよくない帰結をそれぞれに消し去り，その後には，洗練されかつ均衡のとれた法律構成が生まれます。

Ⅱ　著作者の知的所有権の中核をなす著作者人格権

|56|我々がざっと目を通してきた，５世紀にわたる著作者の権利の歴史は，1957年法の最初の３つの条文に統合されています（今は知的所有権法典の最初の３つの条文となりました）。法典 L. 111-1 条（１項・２項）は以下のように定めています。「精神の産物たる著作物（*une œuvre de l'esprit*）の著作者は，その著作物に関して，自己が創作したという事実のみにより，排他的ですべての者に対抗しうる無形の所有権を享有する。この権利は，この法典第１編及び第３編に定める知的及び人格的特質並びに財産的特質を包含する」[ix]。**著作者人格権**は，めっきのようなものでも，著作財産権に付け加えられたわけでもなく，また著作財

産権に比べ「副次的」(accessoire)でもありません(x)。それは，著作財産権と全く対等な，**知的所有権の一側面**なのです。知的所有権は，立法者による恩恵ではなく，**創作行為に内在する法的帰結が法によって「確認された」**ものです。全くあいまいなところなく，伝統的な**自然法理論**が根拠とされています(133)。

[57] **創作**は中核的概念なので，定義される必要があります。続くL. 111-2条がそれにあてられています。「著作物は，公表の有無にかかわらず，未完成であっても，著作者の構想の実現（*réalisation...de la conception de l'auteur*）という事実のみによって創作されたものとみなされる」。創作行為には，**構想**（*conception*）とその**実現**（*réalisation*）**すなわち制作**という2つの側面があります。**構想**することにより，著作者は，その**人格の刻印**を，精神のうちに形作る**心的形式**に刻みつけます（**内的形式**（*forme interne*））。**制作**の行為により彼は，着想した内的形式を，他人が知ることができるようにするために，素材に刻み付けます。制作なくして創作はありません。しかし，著作物は，着想されたものの全てが制作された際にだけ，完成するものでもありません。完成・未完成を判断できるのは著作者だけです。所有権は完成を待たず，制作が進むにつれて生じていきます。なぜなら，それは創作から生まれるからです……。

[58] 歴史上みられたあいまいさを断ち切るために，3つめの条文であるL. 111-3条は，「無形の著作物に対する所有権は，有形物の所有権とは別個独立のものである」と定めます。確かに，有体物の側面をも有する美術的創作の原作品（油絵，彫刻……）のことを，**著作物**という場合もなくはありません。しかしそれでも，L. 111-1条が所有権を定めている著作物は，まさに**無形**のものです。著作物は，**形式のみによって成り立っています**。それは，最低でも2つのレベルから成る，複合的形式です。**外的形式**（*forme externe*）は素材によって受け止められ，感覚（*les sens*）によって捕捉されるものです。創作者は，内心で密かに着想した入れ子状の（*gigogne*）(xi)**内的形式**を，鑑賞者がそれを心の中で再構成できるように，外的形式によって表現します。この2つのレベルの形式が，たいへん隔たっていることもありえます。例えば言語著作物においては，**外的形式**は一定の慣例的な記号で構成されますが，読者の心の中に作られる**内的形**

式は，映像，動き，感傷，情動，味，においなど，様々なもので構成されています……。

[59] 1 で著作者人格権の射程を明らかにし，2 でそれがどのような属性から成っているかを検討しましょう。

1 著作者人格権の射程

[60] 著作者の所有権の属性である**著作者人格権**は，主観的な権利，つまり，**法によって承認された利益**です。かつては議論がありましたが，今日では，それが民事上も刑事上も保護されうることが確認されています。従ってその点については，著作財産権と変わるところはありません。それに対して，著作者人格権が保護する**複合的利益**によって，その**射程**は**特有**のものとなり（(1)），この特有の射程が，著作者人格権の特徴と制度とを規定します（(2)）。

(1) **著作者人格権により承認される複合的利益**
[61] この利益は，①でみる特有の**性質**と，②でみる特有の**構造**とを，同時に持っています。

① 保護される利益の性質
[62] 問題となる様々な利益を理解し，特に，**著作者人格権が保護するものを把握するためには**，精神の産物である著作物の変転にかかわる**4つの役割**（創作者（*créateur*）―著作物利用者（*exploitant*）―消費者（*consommateur*）―鑑賞者（*amateur*））と，2つのレベルの形式（内的形式と外的形式）から，出発しなければなりません。区別されるべきものを区別するための適切な道具を欠くと，あらゆる混同が可能となり，それに伴ってあらゆる策略も可能となるのです。

諸利益の分類
[63] 2つのレベルの形式をめぐって，4つの役割があります。創作者と鑑賞者は，内的形式を分かち合います。創作者はその精神のうちにそれを着想し，鑑

賞者はそれを楽しむため，それを彼自身の精神のうちに再構成します。しかし，精神から精神への直接の伝達は不可能なので，伝達は**外的形式**を媒介しておこなわれます。**外的形式**は，**著作物利用者が消費者**に向けて広めるものです。利用者は内的形式にアクセスする必要はなく，**外的形式を複製**または**興行**できれば彼には十分です。例えば，産業の国外移転により，印刷業者が自分には読めない言葉で書かれたテキストを印刷することが，ますます盛んにおこなわれるようになってきています。その**消費者としての役割**において，公衆は媒体（複製物）を得るため，あるいは**外的形式**（興行）にアクセスする権利を得るために，お金を払います。コピーライトは市場にしか関心がないため，外的形式，そして利用者と消費者という2つの役割しか必要ありません。公衆は，著作物の名宛人集団として，1人1人が，4つのうち2つの役割（消費者と鑑賞者）を掛け持ちします。最も多いケースはそうだとしても，必ずしも同じ人物が2つの役割を担わないこともあります。人は本やCDをプレゼントとして買うことがあります。この時，商品を買ったのは**消費者**で，著作物の**鑑賞者**はプレゼントをもらう人です。鑑賞者の役割を忘れるのは，著作物をちょっと特異な性格をもつにすぎない消費財へと矮小化するのと同じことです。⁽¹³⁶⁾

[64] 以上のことを背景に，**諸利益**の，様々な**関係や相互作用**が始まります。著作者と著作物利用者との，また利用者と消費者との関係は，（直接にせよ間接にせよ）**契約的**です⁽¹³⁷⁾⁽¹³⁸⁾。反対に，著作者と鑑賞者との関係は精神的であり，**内的形式**をめぐって直接に結ばれます⁽¹³⁹⁾。利用者—消費者のカップルは，**著作物利用の経済的基礎**をなしています。しかし，創作的現象は，**創作者と鑑賞者が内的形式を介して出会って**始めて，その真の広がりに達します。その時，**文化現象**が出現します。鑑賞者たちは，創作者の貢献によって，自らの心を豊かにします。創作者は，鑑賞者たちから賞賛されることによって，社会的地位を得ます。創作者は，鑑賞者たちの参加により形成され発展していく文化の，活動の軸となります。この2つの役割は，厳密には別々ですが，固定したものではありません。あらゆる**創作者**は，始めは**鑑賞者**でした。彼は創作する前に，彼のものとなった文化を体得しました。そのようにした以上，彼は**絶対的な創作者**ではありません。彼は，彼自身の文化の代弁者でもあります。しかし鑑賞者は，著作

物の中に，**普遍的なもの**を解釈する**個人的な方法**を探しているに他なりません。[140]

[65] 一方で収束的な，一方で分散的な諸利益のために，これら4つの役割を担って活動する者たちは，近づいたり対立したりします。**経済的性質**の2つの利益は，常に**対立的**です。例えば，消費者にとっては，最も多様な「製品」を，最も安く，できればタダで手に入れることが利益になります。この点では，インターネットの無償性という幻想が期待に応えてくれます。利用者のほうには逆の利益，すなわち，最大の利潤を得るという利益があります。代替性のある製品が複数あったり（競合製品）[141]，同じ製品の供給者が複数あったりすると（競合供給者）[142]，自分たちの利ざやは減らさなければなりません。利用者の利益は，従って，最高値を得るために，この2つのタイプの競争を最小化することにあります。[143] 著作者は，**売り上げに比例する報酬を得るとき**——これは所有権の論理が要求するところです——，利用者とこの経済的利益を分かち合います。しかし，2つの留保があります。[144] まず，創作者と利用者は，著作物から上がる収入を決める消費者としての顧客を獲得するという点でだけ，互いに味方であるにすぎません。[145] そして，彼らは，**収入の分配**に際しては，再び敵どうしとなります。利用者にとっては，収入の全てまたは大部分を確保するために，創作者を——排除するとまではいわないまでも——無視するのがまさに得策です。[146] ところで，利用者の利益は**純粋に経済的**です。[147] これに対して，**創作者と公衆の利益**は，**二重の性質**を有しています。

文化的利益は全体の利益であること

[66] 著作物から収入を得るという**経済的な利益**の他に，創作者は**文化的な利益**を有しています。創作者は，自分が着想した**内的形式**が見知らぬ鑑賞者の心のうちに再構成され，鑑賞者が，あたかも人が他人の子を養子にとるときのように，それを**尊重**しそれに**愛着**することを望んで，創作に励みます。この利益は，経済的利益に**優越**します。文化的利益は，経済的利益よりも古くからあり，**価値も高い**のです。収入以前にまず，この精神的な分かち合いが創作者の動機付けになります。著作物利用者はこのことをよく知っており，創作者にお話にならないような経済的条件を飲ませるために，彼らの分かち合い願望を上手に悪

用します。さらに，真に自由主義的なシステム，すなわち，著作者に利用に比例する報酬を与えるシステムでは，この動機付けは経済的動機付けと切り離せません。分かち合いの意欲は，成功への意欲でもあります（著作物利用者がそれを悪用します）。**公衆の利益**は，これと正確に対照をなす構造をとっています。**消費者**としては，公衆は，創作者の利益と対立する利益を有します。もし何も払わないでよいのなら，公衆はそれをひそかに喜ぶことでしょう。しかし**鑑賞者**としては，公衆は創作者と同じ文化的利益をもっています。心を豊かにするような本物の内的形式を味わうこと，それが彼にとって全てに優先します。この**鑑賞者**としての利益は，彼の**消費者**としての利益を凌駕します。ある本を，ただその陳列棚の中で最も安いから買う人が，どこにいるでしょうか？　あるいは，ページ数や，紙やインクの質からみて，その本の値段がお得だから買う人が本当にいるでしょうか？　魅力と購入の動機付けになるのは，**内的形式**です。公衆が精神的著作物に対してもつ知的・感情的動因――本質的なるもの――は，鑑賞者のうちにあり，消費者にはありません。消費者として，改めて価格を見て頭を冷やすことはあるかもしれませんが。さらに，内的形式の魅力が，鑑賞者に，消費者としての理性に反するような行動をとらせる可能性さえありえます。ここに，経済における創作の力があるのです。

67 このように，**文化的プロセスのただ中で，創作者と鑑賞者はまさに同じ利益を分かち合います**。あるいは，まさに相互補完的な利益といったほうがいいかもしれません。ところでこの利益は，**個々人**にとって対立する経済的利益をしのぐばかりではなく，数の力により，明らかに**全体の利益**と同一化しています。あらゆる点について以下のことがいえます。一方で文化的利益は保護を要し，また他方で，それが経済的利益と衝突を起こす場合は，文化的利益が優先する他ないということです。文化的アイデンティティーと儲けのどちらを尊重すべきかというヒエラルキーの問題を別にしてさえも，これほど多くの人が分かち合っている利益は他にありません。

②保護される利益の構造

68 文化的利益が全体の利益であることは確認され，後は，**誰がそれを守りう**

るかが問題になります。それによって法的メカニズムの実効性が変わってきます。「公衆の利益」に基づく知的所有権立法の主要な困難は，ここにあります。[149]その**性質**からすれば，その役割は国家に割り振られ——国家は全体の利益の擁護と管理にあたるのですから——，文化大臣なり検察官なりを通じて実現されるべきなのでしょう。しかし，そのメカニズムが干渉主義（検閲や文化の方向付け）に転じるおそれや，あるいはそれと正反対に，諸官庁の無関心，怠慢，負担超過から空文化に陥るおそれがないとはいえません……。そこで，この任務を，**特定集団の利益を代表する私的組織**に委ねることが考えられるでしょう。しかし，その解決は，さらに満足度の低いものとなることでしょう。国家さえこの**全体の利益のための使命**を引き受けられると思われないのに，**私的組織**がどうしてそれをできるでしょうか。組織構成の際に工作がおこなわれるおそれを別にしても，法人という幕の陰で，誰が本当に権力を振るうのかを知ることは困難です。この種の組織はたちまち独立性を失い，著作者人格権とは両立しない様々な私益によって篭絡されてしまうことでしょう。さらに，**鑑賞者を代表する**うまい方法を見出すのは，不可能ではないにしても極度に困難です……。**創作者と鑑賞者は同じ文化的利益を分かち合う**という事実から出発するなら，**最も合理的な解決**は，創作者が，少なくともその生存中，**この全体の利益を排他的に代表**することに落ち着きます。

69 著作物は著作者の人格を反映しているので，著作者はまた，全体の利益と同じく非財産的な性質の，守るべき**個人的利益**をも有しています。それだけに，著作者は全体の利益を——戦闘的にとまではいわないまでも——効果的に守るでしょう。ところで，鑑賞者が内的形式の中に探し求め愛着をもつのはまさにこの人格の反映であり，これをめぐって文化は形成されるのです。民法は，**人格**がその様々な構成要素において保護に値することを認めるだけでなく，**人格に関する非財産的権利**という理論を確立しました。[150]おそらく，当初保護されていた人格要素はより具象的なものだったはずで，肉体そのものや有体物に反映された肉体（写真上の**肉体の映像や録音された声**）が，それに該当するといえるでしょう。しかし，出発点がそうだったからといって，創作行為にみられるような，より心理的な人格の表明が保護されないということでは，決してありま

せん。例を挙げるのはこれだけにしておきますが、**プライバシー尊重権**——様々な人格権の中の主要な1つであり、民法9条が保障する——は、もはや具象的な有体物を保護しているわけではありません。人格権により保護されうる著作者の**個人的利益**は、**文化的な全体の利益**の性質をも有し、同じ目的を追求するのです。

(2)著作者人格権の法的特質

70 著作者人格権によって保護される利益がこのような二重構造をとっていることは、世界人権宣言27条に規定されています。その第1項には、**積極**的に（創作者として）または**消極**的に（鑑賞者として）**文化に参加する人間固有の権利**が掲げられています。この権利があるため、文化的行為者の1人1人は、その役割を**自由**に果たすことができなければなりません。これは、著作物利用者が伝達係という中立な役目の中に封じ込められるべきことを意味します。それによって、後でみるように、世界人権宣言27条2項が認める**著作者人格権のメカニズム**が実質的に保障されます。これで環は閉じられました。文化的自由は、民主主義の基本的構成要素です。それなくしては、政治的自由は奪われてしまうでしょう。この構造が、著作者人格権というたいへん特徴的な制度の存在意義（①）と構成（②）を、同時に規定します。

①著作者人格権の機能

71 内的形式は、文化的プロセスの道具であり、外的形式に乗せて運ばれます。そして**著作物利用者は、外的形式を取り扱います**。ところで、**利用者の唯一の利益は、利潤を上げること**です。この利益は、文化的過程の自発性によって、助けられることも損なわれることもありえます。ここに、あらゆる創作に固有の成功の**不確実性**が存在します。それはかなり避けがたいことなので、利用者はこうしたリスクを減らし、創作に関しても他と同様の市場を作るために、**創作の主導権を握ることを望みます**。これは、利用者が都合のよい時に著作物を手に入れ、それを、彼が適切と判断するあらゆる待遇に処して、あたかも1つの商品のように扱うことを意味します。彼は、（製作者として）創作に投資すればするほど、この主張を強く押し出すことでしょう。

第1章　フィリップ・ゴドラ「著作者人格権の一般理論——フランス法を例に」

72 残念ながら，この主張が通れば，私的な利益が全体の利益に優先することになります。それは，さらに，文化的過程の商品化を支持することにもなります。こうして生じる災厄はばかになりません。市場と投資の安全を図るため，文化的過程は，儲けるための標準型を作ることを目指して歩むようになってしまうでしょう。アメリカ映画がまさにその典型です。職務上の著作（work made for hire）の制度を通じて投資者らの手の内にあるこの純粋な産業にあっては，創作者らは，自ら製作者であるか，申し分なく利益の上がる巨匠であるか，あるいはアンシャン・レジームの「大公」もどきの製作者の庇護下にあるのでなければ，その役割を演じきることはできません。創作者主導の映画も稀にはありますが，その他は規格に合った製品であり，十分にプロの作ではありますが，創作的ではありません。怒りっぽいカウボーイを勇敢な刑事や宇宙もののヒーローに置き換えたとしても，歴史的背景や人物心理，ストーリー展開や様式はいつも同じです。これらの消費用暇つぶし製品，すなわち，過ぎ去る時を忘れて，同種の製品をより消費させるようにできている製品は，コマーシャルフィルムによる中断がしやすいように作られています。それらはもはや，コマーシャルフィルムの引き立て役であるにすぎません。

73 その影響は，測るのは難しいですが，深刻です。なぜなら，文化現象は，アイデンティティーと感情の調性に則って奏でられるからです。単なる美的センスをもちろん超えて，文化現象は社会のあり方からあふれ出てくるものです。文化現象は，個々人の様々な反応と集団の様々な行動とを様式化します。全体主義体制が，その最も完成された様式（国家芸術）からその最も日常的な様式（メディア）に至るまで，あらゆる文化を操作することには理由があります。しかし，そのような着想が権威主義的国家にしか生じないと考えるのは，たいへんお人好しなことです。暇つぶし製品は，無視できない規模の市場を形成しているのみならず，消費主義的な態度を形成し，思考様式にも影響を与える恐るべき道具なのです……。著作者人格権には，それを構成する様々な属性を通じて，創作が利益に従属することを防ぐ狙いがあります。それは，著作物利用者および創作者の利益と相容れなかったり，それを妨げたりするものでは全くありません。それはただ，倫理上の義務（déontologie）を課すものにすぎません

47

(そうやって著作物利用を**倫理化します**（*moraliser*）^(xiv)）。そうして得られた利益は，**自由に運営された文化的プロセス**の結果に他なりません。著作者人格権は，従って，操作されていない文化の形成を目指すのです。

②著作者人格権という制度

74 著作者人格権という制度の様々な特殊性は，著作者人格権によって保護される利益の本質と構造によって説明できます。その特殊性とは，まず，公序としての非財産的属性を有し，財産的属性に対し優先権を有することです。次に，著作者の死後に形を変える属性を有することです。

公序としての非財産的属性

75 フランス的な考え方によれば，**著作者人格権は著作財産権に対して優先権をもちます**。そのことは，例えば，著作権法において，それが常に著作財産権よりも先に参照され，説明されるという事実にも現われています。単に名誉のためにそう扱われているのではなく，優先権は実益にかかわる局面においても表出しています。まず，**出現の順序**が挙げられます。創作行為が直ちに生じさせる属性は，**公表権**です。**著作財産権**のほうはといえば，公表権の行使によって生じ，そのため公表権に従属しているといえます。次にその**射程**が挙げられます。著作財産権は，**外的形式の交付**のみを目的としています。著作者人格権のほうはといえば，（公表権によって）**内的形式へのアクセス**を基礎付け，（尊重要求権によって）内的形式が著作物利用者によって操作されていないことを保障します。著作者人格権がカバーする範囲はより**広く**⁽¹⁶³⁾，より**根本的**です⁽¹⁶⁴⁾。最後に，**著作財産権との間にヒエラルキーが設けられていること**が挙げられます。多くの例がそのことを実証します。最も明白なものは，利用されている著作物がもはや自分の作品とは思えない場合に，著作者が利用契約を再検討する明文上の権能です⁽¹⁶⁵⁾。そこまでいかない場合でも，当初合意された「公表の条件」は，著作者により反対の意思が明示されない限り⁽¹⁶⁶⁾，その後の利用をも拘束します⁽¹⁶⁷⁾。家族の範囲内でなされた利用行為が⁽¹⁶⁸⁾，利用者によって著作財産権を根拠に訴追されることはありませんが，著作物が未公表である場合には，著作者によって著作者人格権に基づいて訴追される場合がありえます。このようにヒエラル

キーが設けられているおかげで，著作物の商業的利用を必要な文化的倫理の枠にはめることが，具体的に実現します。

76 今日，著作者人格権の「非財産的」性質は，時々，例の珍妙な言説を誘発します。著作物利用者側の弁護人は，突如高尚な倫理感に衝き動かされて，以下のような高説を垂れます。すなわち，著作者人格権の本質に照らせば，その侵害は象徴的損害賠償しかもたらしてはならないと。さもなければ，それは著作財産権とダブってしまうだろうというのです。これは，とてつもない故意の混同です。著作者人格権は，その追求する目的が，いかなる要素においても著作者の財産に含まれないという点で，**非財産的**なのです(169)。こうして基本的な価値を擁護していることこそが，著作者人格権に「倫理的な」（moral）という形容をもたらします。非財産的性質から，著作者人格権侵害の場合に実質的な損害賠償請求が認められる余地はないとか，認められるのは邪道であるとかいった議論を導くべきではありません。著作者人格権侵害は非行（faute）を構成します。しかし，その補償の範囲は，損害の範囲のみによって決まります。おそらく著作者は，その名において，社会的損害（préjudice social）に対する賠償を受けることはできないでしょう(170)。しかし彼は，その**人格的損害**（préjudice personnel）の賠償を受けるべきです。そして，いくらこの損害が非財産的な性質を有するからといって，その賠償は象徴としての1ユーロ以外にありえないと考える理由はありません。この種の訴訟は原告に不利であり，そのことは，濫訴に対する抑止力となるでしょう。それどころか，侵害が立証されたときでさえも，新民事訴訟法典700条に基づいて(171)，創作者が訴訟費用の大部分を負担させられるように，我々には思われます。損害額の正確な算定に向けた法実務が存在するおかげで，珍説にいう「非財産的損害の市場（marché）」は生じません。この法実務に反対することは，他人の不幸を軽く見る（faire bon marché）ことです。

77 著作者人格権は，**非財産的で集団的な利益**を保護していることから，一切あいまいなところなく，国内的にも国際的にも**公序**の側面を有しています(172)。著作者人格権の様々な態様での**放棄**は，常に，**公序違反の絶対無効**となります。著

49

作者人格権は，著作者の権利の財産的側面を枠にはめて，そこに公序の性質を浸透させます。例えば，著作者の権利においては，譲渡の自由は公序の規律によって制約されています。さらに基本的なことには，著作者の権利の原始的帰属は著作者人格権の権利者を決定するので，著作者の地位に関する規律を，当事者の意のままにすることはできません。これらの規律は，抵触法の働きによってさえも排斥されません。**著作者人格権の内容を定義する諸規定はなおさら**です。有名な**アスファルト・ジャングル**事件において，破毀院はまさに，これらの諸規定を**強行法規**と位置付け，フランスの法秩序におけるそれらの基盤的な性格を強調しました。その際アメリカ法は，一切の著作者人格権を認めず，著作物尊重要求権を欠くコピーライトを映画製作者に（**職務上の著作**を理由として）与えているため，無効と判断されました[173]。そして，意図的に白黒で創作したジョン・ヒューストン監督の明示の意思に反してカラー化された映画は，フランスにおける利用を禁じられました。

[78] 著作者人格権からこの否定しがたい権威を奪うため，著作物利用者のスポークスマンたちは，著作者人格権が**全体の利益**を守っていることを，念入りに隠します。彼らはそれを戯画化して，嫉妬深く出しゃばりで無益で邪魔な[174]，いわば利用者いじめの権利とみなします。彼らは，著作者人格権が発動されるのは私的な権力が濫用された場合だけであるという事実を表に出さないように[175]，十分注意しています。著作財産権が契約を通じて絶えず利用されているのに対し，著作者人格権は例外的に，訴訟の場で主張されるにすぎません。交通法規が無謀な運転者に対してだけ抑圧的であるのと同様に，著作者人格権は，**その任務を逸脱する利用者**に歯止めをかけるにすぎません。**著作者の著作者人格権と利用者の経済的利益**との間のバランスを公然と説くことは結局彼らの不利益になるので，彼らは，**権利濫用**の一般理論を引き合いに出して，著作者人格権を無効化しようとします[176]。その策略は巧妙なものです。彼らは，民法に依拠するようにみえるやり方で**著作者人格権**の息の根を止めようとしますが，どうしてそうするのかは決して言いません。それは，利用者にフリーハンドを与えるためなのですが。しかし，権利濫用とは，個人の権利におけるエゴイズムを緩和するためにあるものです。全体の利益を守る権利が，なぜその適用を受けなけれ

ばならないでしょうか？　むしろ，私的な経済的利益を全体の利益に優先させようとする考えこそ，濫用的ではないでしょうか！　彼らの中には，論が成り立たないのを百も承知で，著作者人格権に**人格権**としての性質を認めない者さえいます……。このようなロビイストの御託は，いずれも許容しがたいものです。それは法の文言にも，実定法にも反しています。

著作者の生存中と死後の二つの制度

79 著作者の死に伴う制度の変容もまた，保護される利益が重層化していることによってのみ説明できます。その生存中に創作者が著作物におけるその人格の痕跡を守るとき，彼は鑑賞者の文化的利益，すなわち社会の利益をも防衛しています。この一致により，著作者が唯一の権利者に指名されるのです。それと同時に，著作者が守る利益の性質によって，**著作者人格権**には**人格権**の制度が適用されます。L. 121-1条2項は，「この権利は，著作者の一身に専属する」と定めます。この性格づけからは，**著作者人格権**はそれが保護する人格と共に消滅するという結論が導かれかねません。しかしそれは，人格の痕跡は，いったん表出すれば，著作物と**文化についての全体の利益**が存続している限り，著作者の生存期間を超えて続くことと両立しません。そこで，次の項は以下のように付け加えています。「この権利は，永続し，譲渡不能で，かつ，時効にかからない」。著作者人格権は**著作物があるのと同じ間**続きます。著作者の生きている間でも，著作財産権が続く間でもありません。いずれの場合にも，著作者人格権は，それが保護する利益の性質に基づいて，**処分不能**（譲渡不能）となります。さらに，それが不行使により消滅したり，創作行為に基づかない権利行使によって発生したり，あるいは法律上の付与によって発生したりすることはありません。

80 必然的に，著作者の死後には，問題は違う観点から生じます。もはや，**集団的利益**しか残っていないからです。それをどのように保障すべきでしょうか？　立法者は，相続人は故人の思い出に忠実であろうことから，また受遺者は著作者自身に選ばれたのだから，著作者人格権を**著作者が行使したであろうやり方で行使する**のに，最も適任であるという原則から出発しました。これは

文字通りの**相続**(「財産外の」権利については説明しがたいもの)ではなく**法律上の任命**であり,順位決定方法(の一部)を相続制度から借りてきただけです。実際,通常の「相続人」と「著作者死後に著作者人格権を有する者」との間には,著しい相違があります。相続を承認した相続人は,彼のものとなった財産を排他的に享有しますが,著作者人格権を行使することになった承継人が,**機能としての権利**(droit-fonction)以上のものを有することは決してありません。彼が自らの利益のためにその権利を行使することは,一切想定されていません。ひたすら,文化的利益のために,**著作者ならそうしたであろうやり方で**,行使するのみです。ただ,相続人と著作者とでは,状況が異なります。相続人自らは**文化的行為者**ではないので,作品を守ることでその人格を守るわけではありません。ところが,法の目的とは無縁の**相続人自身の利益**が,著作者人格権が行使される際に紛れ込むこともあります。ある作品を公表することで著作者によくないイメージが付与され,それが相続人自身の声望にまで影響するような場合に公表を拒むことや,あるいは反対に,著作者が破棄するよう明示的に指示していた作品を,金儲けのために公表することがその例です。そのため法は,裁判官に承継人の欲望を統制する権限があることを,明文で定めています。ただし,**明らかな濫用**の場合に限って。対照的なことに,著作者が生存している場合には同様の規定はありません。このことと,公表権を表明する条文の力強さからは,著作者人格権に権利濫用理論を適用させまいとする立法者の意思が,明確に浮かび上がってきます。

[81] 相続のメカニズムを利用する以上,**相続人不存在**の場合に対応しなければなりません。集団的利益は,相続人となりうる者の連鎖が途切れる場合には,防御のない状態におかれることになるのでしょうか? 法はこの問題に,公表権についてのみ明文で答えています。法はL. 121-3条2項において,「裁判所は,特に文化担当大臣からの提訴を受けることができる」と定めています。特にという副詞からは,集団的利益を防衛する任務を果たしうるのが,大臣だけではないことがわかります。破毀院によれば,まず文芸家協会(Société des Gens de Lettres)にはその資格がないとされました。定款が,協会は創作者の財産的利益の防衛に当たるとしか定めていなかったからです。近年のパリ控訴院の

第1章　フィリップ・ゴドラ「著作者人格権の一般理論——フランス法を例に」

判決も，破毀院判決に追随しています(189)——しかし，協会はその名前からして，精神的利益の防衛に当たる任務を帯びているはずなので，定款を変更しておくべきでした——。破毀院は反対に，国立文学基金（Caisse Nationale des Lettres）には問題なく資格を認めました(190)。これは，文学作品の尊重を推進するために，法令によって作られた公的機関です(191)。

82 法は，公表権に関してのみ，**権利濫用**や，**相続人不存在**の場合に集団の利益を守る手段について言及しています。「尊重要求権」についてはどうでしょうか？　私見によれば，相続人たりうる者がない場合を想定したメカニズムは，**必要な変更を加えて**尊重要求権にも適用されます。守られるべき集団の利益が同様に大きいからです。その反面，尊重要求権は，相続人においてさえも，濫用の余地はないと解されます。実際，L. 121-1 条に規定がないことを，尊重要求権を除外する趣旨であると解釈すれば簡便ではありましょう。しかし，相続の鎖が途切れた際に集団的利益を担う者が，**公表権**について必要であるならば，それは必然的に，公表された著作物の**尊重要求権**についても必要です(192)。だとすれば，一方を想定して作られた制度を，他方に移し変えてしかるべきです。L. 121-1 条にみられる欠落は，L. 121-3 条が，**権利の行使または不行使における濫用**の場合に裁判所に提訴しうる者という文脈においてのみ，相続人不存在に言及していることで完全に説明できます。ところで，**著作者名の表示**（著作者が匿名を望んだ場合を除く）と**著作物を現状に保つ**ことは共に，鑑賞者にとって，また著作者が生きていたとしたら著作者にとっても，大切なことです。たとえ相続人によるものであっても，尊重要求権の行使に濫用のおそれがあるとは考えられません。濫用が認められなければならないのは，せいぜい，まぎれもない明白な欠落があるのに**行動をとらない**場合ぐらいでしょう……(193)。このように解すれば，著作物を守る権利を直接付与されたわけではない人々も，その責務を果たしうるようになります。

83 以上のように，私には，規定の違いは制度の違いに対応しているだけで，保護がなくてもよいという意味ではないと思われます。公表権と異なり，尊重要求権の制度には，著作者の死後に変質する余地はありません。このように考

53

えないと，著作財産権が消滅して，相続人もいないことが認められたら最後，無作法者どもは，過去のいろいろな著作物を，あたかも原材料か何かのように扱うかもしれません。すなわち，それらを「いまふうにして」新作であるかのように発表したり，破廉恥にもそれらが自らの作であるように偽ったりするおそれがあります。

2 著作者人格権の構成要素

|84| 著作者人格権がどのような属性から成っているかをみる作業が残っています。言うべきことはたくさんあるのでしょうが，この問題はよく知られているので，より急いで通り過ぎることにします。諸属性に関する言説を調べるのは，その歴史やその存在意義に関する言説を調べるよりも容易です。フランス法には，最も明白なものから最も特徴的なものへと段をなして並ぶ，3つの属性のグループがあります。著作物や氏名などの尊重要求権（L. 121-1条），公表権（L. 121-2条），そして修正および撤回の権利です（L. 121-4条）。**尊重要求権**は，著作者と鑑賞者の**文化的な結びつきの真正さ**を保証することに特化しています（(1)）。**公表権**と**修正および撤回の権利**は，様々な価値の間のヒエラルキーを保証します（(2)）。

(1)文化的な結びつきの真正さを保証する属性

|85| **尊重要求権**（*droit au respect*）は，その中に，3つの尊重の対象を有しています。**著作者の地位**（*qualité*），**氏名**（*nom*），そして**著作物**（*œuvre*）です。創作者は，自らが著作者であることを広く知らしめる権利を持っています。その地位を争うことができるのは，自分こそ真の著作者であると主張する者のみで，第三者は争うことができません。[194] 創作者はまた，その名を著作物および著作物販促用の書類に明示すべきことを要求でき，[195] 名がゆがめられ，からかわれ，あるいは消されていた場合には，それを禁止することができます。[196] しかし，創作者は匿名を選択することもできます（他人から強制されないことを条件として）。この属性によって創作者は，自らの成功を資本として蓄積することができる一方で，自らの作品について責任を負うこととなります。この属性があるからこ

そ，消費者は製品の出所を知ることができ，創作者と鑑賞者との文化的な結びつきは個別的かつ人格的なものとなるのです。

86 「著作物の尊重」は，文化の問題としての，**著作物に払うべき尊敬**です。ベルヌ条約（6条の2）は，著作者の名誉声望にかかわるような改変を禁じているだけであり，真の著作者人格権を認めているとはいえません。認められているのは，一般の人格権にすぎません。著作物の尊重を求める点で，フランス法ははるかにその先を行っています。付加，削除，改竄のどれであろうと，著作者の同意のない一切の改変は禁じられます。さらに，著作物を置く**環境**や，**展示のしかた**の変更もまた，尊重要求権の問題となる可能性があります。このように，**著作物が直接改竄を加えられていなくても，尊重要求権の侵害はありえます**。ビュッフェ（Buffet）事件において，この高名な画家は，慈善事業に役立てようとおこなわれる競売で売るために，1台の冷蔵庫の表面全てに装飾を施しました。ある投機家がこれを落札し，パネルのみを切り離して売りに出しました。損害賠償に加えて，パリ控訴院は，所有者は「著作物を現状のままで手放さなければならない」と判決しました。これはつまり，所有者が冷蔵庫を再び売りたいのなら，それを組み立て直さなければならないということです。上告は棄却されました。

87 視聴覚著作物に関しては，広告のための中断やテレビ局ロゴの表示は，監督の著作者人格権の侵害にあたると考えられています。そして，創作者は，その著作物の翻案に原則的同意を与えていても，著作物の**本質**を損なわれていないかどうかについて査察権を有します。裁判所は，より強力な権利主張を認めてくれそうにみえるかもしれませんが，著作物の精神に反する変形を違法とするにすぎません。尊重要求権は，L.212-2条1項により，より弱い効力ながら**実演家**にも認められています。

(2)価値のヒエラルキーを保証する属性

88 著作者人格権に関する2つめの条文（法典L.121-2条）は，**公表権**（*droit de divulgation*）を定めます。時系列的には，これは条文上尊重要求権の前に置か

れるべきだったはずです。2番目になったのはおそらく，ベルヌ条約上の最小限の義務に，公表権がなかったからでしょう。この属性は基本的です。なぜなら，鑑賞者に**内的形式**の享受を許しつつ，公衆への**外的形式**の伝達（すなわち著作物の利用）をも間接に許諾するからです。このように，公表権によって著作物が財産に変わります。その行使は，**有体物としての著作物**（つまり形ある物体としての著作物）と，**無体物としての著作物**（利用可能な形式）とについて，異なる結果をもたらします。

89 **有体物としての著作物**は，一度公表権が行使されると，**差押可能**になります。反対に，それまでは，著作者の普通債権者も，さらに，当該著作物創作を注文した者さえも，差押はできません。判例は早くも1828年に，ミサ曲の手稿（manuscrit）について，それが2度上演されていたにもかかわらず，出版されていない以上著作者の公表の意思は明らかではないとして，差押を拒否しました。(202) 別のたいへん有名な事件において，破毀院は，画家が油絵を展示したことがあっても，それは公表権の明示的な行使にあたらないとして，画家に絵の引渡を命じませんでした。(203) これら2つの事件は，**公表は特許法におけるような要件事実ではなく，まさしく一方的法律行為**であることを示しています。

90 **無体物としての著作物**に関しては，公表権の行使は，創作者の2種類のパートナーに向けて，それぞれに効果を生じます。まず鑑賞者に対しては，それは**両者の文化的な結びつきを確固たるものとします**。鑑賞者は，**内的形式を享受する権利を，創作者からしか受け取ることができません**。この権利は，より広くいえば，世界人権宣言27条1項に認められた**文化に受動的に参加する権利**の一種です。また，**公表権が行使されたことを条件として，L. 122-5条の1項と2項は鑑賞者に知的享受の自由を認め，これは著作物利用者に対抗可能**です。(204) このように**公表権**は，**文化的コンビを組む2人の主役にバランスよく自由の空間を与え**，それによって，著作物利用者が**個人的または私的な領域**に闖入してきた際に，2人が対抗することが可能となります。コピーライトには，これと同じ仕組みはありません。そのことが創作者らにもたらす帰結は明らかです。今日，DMCAに類する諸立法（そしてEUのアメリカへの追随）のせいで，公衆

第1章　フィリップ・ゴドラ「著作者人格権の一般理論——フランス法を例に」

がそのツケを払い，次々にお金を巻き上げられる破目に陥っています。

91 公表権の効力の範囲が，今なお熱心に議論されています。ここでもまた，著作物利用者らは法がこの属性に与える効力の範囲を最小化しようとして，**公表権は最初の伝達によって消尽する**などと主張します。彼らの論を検討する前に，まず基礎理論と条文を振り返ってみなければなりません。

92 創作者が**内的形式**にアクセスする権利を**鑑賞者**に与えるときには，**外的形式**が伝播していく仕組みを調える**法的手段**も，同時にきちんと用意されなければなりません。このため，公表権が行使されると，著作物利用者の利益になるように，**外的形式**に対する**著作財産権**が生じます。しかしこれは，鑑賞者への伝達に必要な限りで生ずるにすぎません。だから法は明文で，著作者は「公表の方法を決定し，その条件を定める」と規定しています。著作者は，**順を追って公表してもよい**のです。例えば，彼がその美術著作物の原作品を売却するときは，彼はそれを，買主が私的領域において鑑賞するのに必要な限度でのみ公表します。彼が出版契約を結ぶとき，彼は著作物を紙媒体による利用のためにのみ公表します。インターネットは別の媒体ですから，著作者がもう1度公表し直さなければ，そこでの利用はできません。反対に，その作品を再版するときには，著作者は公表権をもう1度行使しなくてもかまいません。複製権譲渡契約を新たに結ぶだけで足ります。

93 著作物利用者の代弁者にとって，こうした創作者の**力**と鑑賞者の**自由**は邪魔なので，彼らは彼らなりのやり方で公表権を再構成します。彼らは，著作財産権の譲渡がなければ著作物は利用できないのだから，**公表権は無用の長物**だといいます。しかし，まず，内的形式を享受することの許諾なしには，外的形式の利用は，違法とまではいわないとしても無益です。次に，相当な頻度で（例えば集合著作物の場合に），利用者らは譲渡なしに著作物を利用する権限を得ており，また共同体法は，公然とコピーライトに追従して，著作者から排他権を奪う方針を次第に明らかにしつつあります(205)。そうなると，創作者が頼りにできるのは公表権しかありません。

57

94 著作物利用者の代弁者は次に，（彼らのものになる）著作財産権を完全に著作者人格権と切り離すために，著作財産権は**創作により直接生じる**（しかし公表後でないと行使できない）と主張します(206)。こうして著作者人格権は矮小化され，特許権の場合と同じような，著作物の公衆への最初の提示に変わってしまいます(207)。ここから，この属性が最初の伝達によって「消尽する」という考えが出てきます。そしてそこからさらに，様々な帰結が導かれます。公表権はもはや，鑑賞者の真の法的地位を支える支柱ではなくなり，L. 122-5条にはもはや(208)，コピーライトと同じように，フェアユースに相当する均質的な例外しか含まれなくなります。こうすれば，著作物利用者が私的な領域に立ち入れないことを認めるとしても，彼らはそれを有償の権利制限に変えられるのです……。

95 こうした解釈は，法の明文と矛盾する上に理論的にも誤っており，著作者の権利の正道を完全に踏み外しています。著作物に**鑑賞者がアクセスすることが禁じられている**ときに，何が**伝達に関する排他権**の対象になりうるというのでしょうか……？　さらに，19世紀初頭以来の確立した判例は，著作物を**公衆が知る**だけでは完全な公表とはいえないとしています(209)。**消尽**などという概念については，残念ながらお里が知れています。これは，アメリカのコモンローにおけるファースト・セール・ドクトリンを，単純に，著作者の権利に移植したものです。複製物に重くのしかかるコピーライトが，それを順繰りに買う（そして後に再び売る）人の処分の自由を妨げるのはよくありません。そこで，**頒布権は複製物を最初に市場に置いた際に消尽する**というわけです。これを公表権に移植するのは，あらゆる点で不可能です。

96 アメリカ法の理論は，2つの財産的権利の対立を解決するためのものです。対立はコピーライト・オーナーの**頒布権**と，複製物の買主の**有体物所有権**との間で起こります。しかし公表をめぐっては，著作物利用者の著作財産権と著作者の公表権とが対立します。公表がない場合には，対立すべき著作財産権はありません。仮にそれがあった場合でさえも(210)，私的な利益を保障する財産的権利が，文化的利益を保障する非財産的権利を制約するのは，本質に反したことです。公表権の消尽という不適切なメカニズムの背後から，権利濫用論が変装し

てぎこちなく顔を出していることは見え見えです。その目的は，公表権を，市場への投入に関する一種の著作財産権へと矮小化することです。[211]

[97] フランス法には，公表権を**実演家**に認めるとも認めないとも書いてありません。論者の中には，法の沈黙は拒絶にあらずと主張する者もいました。[212] 一方で，そのような解釈に反対する者もいました。[213] 判例はこの問題について，どちらかといえば実演家に好意的な解釈を示してきました。[214] 私も，その方向が妥当であろうと考えます。その理由としてまず，実演の創作的な性質が挙げられます。次に，実演家がその財産的権利を支配していない場合が多いことが挙げられます。公表権がなければ，実演家は手足を縛られたままプロデューサーの手中に陥ってしまいます。

[98] 最後に**修正および撤回**の権利です。これは，文化創造の過程において創作者が引き受ける倫理的な責任（著作者のためらい）を，著作物利用契約によって生じた様々な義務に優先させるものです。著作物利用契約を結んでいても，引き渡した作品がもはや彼の構想や人格を反映していないと考えるときは，彼は，**著作物の形式を再検討する**（修正）か，または，**契約そのものを取り消す**（撤回）ことができます。この属性はもちろん，著作者の生存中しか認められません。**修正の場合も撤回の場合も，著作者が事前にその契約の相手方への賠償を完了することが，法定の要件です**。もし彼が再度考えを改めたら，彼はその著作物の利用を，もとの条件で，撤回権を行使された著作物利用者に優先的に申し出なければなりません。また，撤回権の行使は，利用者にしか対抗できません。それは，複製物を取得した者には対抗できません。さらに，撤回したからといって公表権行使までは取り消されません。複製物は変わらずに流通し，それには L. 122−5 条に定める限界と例外が適用されます。この属性は**実演家**には認められないことが，明文で規定されています。

結　論

[99] もし著作者人格権が，すなわち知的所有権の脊柱が，地球全体とはいわな

いまでもヨーロッパ大陸全域で，周辺に追いやられたり迂回されたりしてしまえば——現に WTO の策謀と欧州委員会の動向が著作者人格権を脅かしていますが——，法と歴史は数世紀逆戻りしてしまうでしょう。そのとき文明は，人権の1つを失うといえましょう。封建システムが復活して，個々人にその役割に応じて義務を負わせる自由主義的で近代的なシステムにとって代わるのを放置すれば，文化と民主主義は，自由のうちに繁栄する唯一の環境を失ってしまうでしょう。フランスは，その文化資産を見に訪れる人が世界で最も多い国のうちの1つです。調査により，それにはたくさんの理由があることがわかっています。フランスの「著作者の権利」も，理由の一端をなしています。社会的地位が保障されていなければ，著作者は，その困難で貴重な任務に苦しみ，そこから疎外され，それを続ける気をなくし，ついにはそこから離れていくでしょう。そのツケは，社会全体に回ってきます。社会は暗く，貧しくなります。「グローバル化」すること，すなわち多様性を放棄することが本当に不可避であるならば，それぞれの歴史とそれぞれのシステムをもつ社会が，最良のものを採用し最悪のものは斥けるのが，より賢明といえるのではないでしょうか？

原注
（1）第1項「著作者は，その財産的権利とは別個に，この権利が移転された後においても，著作物の創作者であることを主張する権利及び著作物の変更，切除その他の改変又は著作物に対するその他の侵害で自己の名誉又は声望を害するおそれのあるものに対して異議を申し立てる権利を保有する」。
（2）E. Konstantinov : « Le droit d'auteur et le droit à la culture », in *actes du Colloque Droit d'auteur et droits de l'homme*, 16-17 juin 1989, INPI, p. 197.
（3）後述本文64段落参照。
（4）「締約国は個々人に以下の権利を認める。… （c）その者がなしたあらゆる科学的，文学的または芸術的制作から生じる人格的および物質的利益の保護を受ける権利」。
（5）B. Blin, « L'accès des peuples à l'information et à la culture », in *actes du Colloque, op. cit.* p. 36 をみよ。
（6）著作権と著作隣接権に関する1996年の2つの条約は，クリントン政権により「押し進められた」。これらは，国内的には，アメリカが国際約束を実現するために DMCA を採択したように見せることを可能にした。そして，対外的には，アメリカの国際約束に歩調を合わせることを望む国に対して，DMCA が2つの条約の適用モデルであるかのように見せることを可能にした。2001年5月22日の共同体指令は，格別の熱意をもって DMCA の論理をヨーロッパに導入するものであり，この政治力学の中に位置づけることができる（欧州委員会とアメリカのシナジーについては，Ph. Gaudrat, « Droit d'auteur et mondialisation : le laboratoire communautaire », in N. Mezghani et M. Cornu (dir.) *Intérêt culturel et mondialisation, les aspects internationaux*, tome II, L'Harmattan,

第1章　フィリップ・ゴドラ「著作者人格権の一般理論——フランス法を例に」

2004, p. 295 をみよ）。
（7）石や木を彫ってインクを塗る方法による印刷は，中国においては古くから知られていたことを付け加えておこう。敦煌の洞窟において発見された中国最古の印刷物（仏典）は，868年のものである。930年には，儒教の古典が印刷された。この方法はその後，中央アジアに，つまりウイグルから遠くエジプトまで伝播した。これが珍重された理由のうちの1つは，一度原版が確定すると，**文章が改竄されないこと**であった。この方法は1300年にはアラビア語に翻訳された（J. Needham, *La tradition scientifique chinoise*, Herman, 1974, p. 64, 65.）。ヨーロッパの貢献は，ヨーロッパ人がそう思いたがるほど先駆的ではなく，ラテン式アルファベットから（表意文字からでは困難であった）活字を生み出したこと（オランダのコステルの仕事），そして，手動印刷機の発明（1436年頃，ドイツのグーテンベルクによる）にとどまったように思われる。以後，**表現形式を型通りに定着させたものを**，商業化可能なほどの部数にわたって，複製することができるようになる。ところが，これら諸文明のうちいずれにおいても，印刷術はヨーロッパにおいて生み出されたような法的効果を生まなかった。従って，印刷術を，利用の独占権が構成された**原因**とみることは困難である……。
（8）古代ローマの「res」（物）はもともと，具体的・物質的な物のみを意味する。だから，ローマ法が浸透した諸国の言葉において，**有体物**を意味する役割を果たすのは常に，「res」から来た語である。フランス語の「chose」（物）は，もちろん cause（原因・主義）を意味する「causa」から来ており，有体物を意味することもあるが，法的な意味の「affaire」（事件）のような，「人がそれについて議論すること」という意味をももっている。語源がこうであるため，「chose」の概念は，無限に拡大する可能性をもっている。そして実際，フランス語においてこの語は，あらゆる概念を漠然と代替するものとして用いられている。従ってそれは，もちろんラテン語の「res」も意味するし，「jures」（権利。本質的に「無体」である）をも意味する。この語は偏狭さと無縁であり，「res」から派生しうるもの，すなわち**形式**（forme, 技術的・実用的形式と表現的・文化的形式）をも難なく意味する。この形式はもちろん「無体物」の一種である。なぜなら，それは人が「res」から内心で素材（その物理的存在を示すもの）を抜き取った後に，「res」に残るものだからである xv）。
（9）この考え方は，近代フランス法において，たいへん古典的なものである。「権利」の保有者は，言葉のローマ法的な意味において，「所有者」とみることができる。この場合，有体物所有権のモデル（民法544条）が，無体物について単純に適用される。この「所有権」は，その様々な属性へと技術的に分解されうる；ある者が虚有権を，ある者が用益権を持つこととなる……。権利以外でも，この同じモデルは，**営業財産**（*fonds de commerce*）のような無体の対象（無体物）に適用されうる。営業財産の所有権は，知的所有権とは全く似ていない。しかし，それは確かに，無体物に対する所有権である。
（10）ローマ法のモデルは「ドミニウム（dominium）」，つまり，「主人（dominus）」がその持ち物（奴隷としての人間をも含む）に対して有する絶対的な権力である。
（11）アメリカとそれをコントロールする巨大金融権力が，その経済的地政学において追求するのは，まさにこの側面である。
（12）実証されている最古の例の1つが，1171年に王から授与されたパリのメルカトーレス・アクアエ（*mercatores aquae*），すなわちパリ橋・マント橋間のセーヌ川による通商の独占権である。同様の独占権は，セーヌ下流についてはルーアンの商人たちに与えられた。
（13）ドマ（Domat）は誓う者（または誓願職業）すなわち同業組合を，以下のように定義した：「1つの団体に結集した多数の者をいい，この団体は君主の許可により，その構成員の共通利益のために設立されたものである。この利益は，その団体のものであると同時に，公共の利益ともつながりがある」（*Droit public*, I, XV, section I, n. 1）。ここには，法人の観念がくっきりとみてとれる。この観念は，時の経過に伴い，法人の全ての特徴を獲得しうる：代表，訴権，不動産の取得，紋章，旗，軍旗など……。しかしながら，同業組合には，市民社会においてかすんでいくこととなる公益の理念がみられる。大項目式の百科全書（l'Encyclopédie méthodique）の，より専門的な定義においては，この公益と私益の関係は逆転している：「それは権力により，多数の者の協力を得て，多数の者のために，公共の利益を目的として作られる。それにもかかわらず，それは，構成員の共通利益をも目的として設立される」。

61

第Ⅰ部　文学的美術的所有権の500年史

(14) これは *privata lex* すなわち私法（loi privée）を語源とする。「法」というのは，それが立法権（王）から，普通法の規律——アンシャン・レジームにおいては慣習が担っていた——に反して，発せられたからである。法には，ある慣習が不適切である場合にそれを修正する役割しかなかった。「私の」というのは，この法は不特定多数ではなく，特定されたグループ，そして多くの場合特定の個人に適用されたからである。
(15) この言葉は，中世都市ヌヴェール（Nevers）における肉屋とパン屋の規約にそのまま現われている。彼らは，当局の許可を得るか，1年前に予告してからでなければ，「公共奉仕」を廃業することができなかった。この使命は同業組合構成員に重い義務を課すものであった。怠業は禁止され，公衆が必要に応じて供給を受けられる状態でなければならなかった。飢饉の際には，公権力は商人らに，食料や必須の役務を供給するように命じた。
(16) Olivier-Martin, *L'organisation corporative de la France d'ancien régime*, Librairie du Recueil Sirey, 1938, p. 179.
(17) Gombeaux, *Le fonds de commerce*, thèse Caen, 1902, p. 173.
(18) Olivier-Martin , *op. cit.*, p. 151.
(19) Olivier-Martin, *op. cit.*, p. 152.
(20) Hartman, Préface à l'ouvrage de G. Lebre, *Traité du fonds de commerce*, Paris 1887, p. XXX.
(21) E. Thill, *Les inventeurs du commerce moderne*, Arthaud, 1966, p. 13.
(22) パンの価格に関するこの慣行は，フランス革命をも生き延びた。象徴としての役割を帯びていたからである。パンの価格は，1970年代に至るまで，国家により定められ続けることとなる。
(23) 1323年の諸規約はパリの書店に，職業の誓願を立て，その能力を証明し，保証金を支払い，承認された本以外は売ったり貸したりしないことを義務付けている。書店はそれとひきかえに，大学の出先機関に与えられる特典を享受した。大学はついでに，法律上は司教だけが有した検閲の権限を勝手に行使したのである。一方で書店は，教育の使命に必要であるとして，出版者と小売店の複合的な役割を任されることとなった。
(24) 16世紀における海賊版の激増は証拠のある事実である。印刷機の普及が進み，印刷業者たちはそれをどんどん回さなければならないが，そうすると書物の中身が競合しかねない段階に入ったのである。「しかしながら印刷機の数が増えると，印刷業者たちの作品選択が重複するようになる。海賊版はこのように，印刷術そのものと共に生まれた」（アントワーヌ＝ルイ・セギュイエ（Antoine-Louis Séguier）次席検事の報告，Falk, *Les privilèges de librairie sous l'Ancien Régime*, thèse Paris 1906, p. 65 に引用）。
(25) 例えば，1570年のナントの家具職人の諸規約は，「親方は大小の港に陸揚げされる家具用の木材を買い占めてはならない……ただし，それが十分あるときは，全ての親方が財力に応じて買うことができる」と定める。レンヌでは，原材料不足に陥った親方は，最も先見の明のある同業者から，それを手に入れることができる。そして，1740年のブロワにおいて，同業者が仕事をするのを妨げるために獣脂を全て買い占めたろうそく業の親方たちが，厳しい制裁を受けたことが記録されている（Olivier-Martin, *op. cit.*, p. 153）。
(26) Olivier-Martin, *op. cit.*, p. 233.
(27) 「自分の家で（en chambre）」仕事をし，親方と不法に競争した職人。
(28) テンプル修道院の囲い地，サンジェルマン・デプレ，サンドニ・ドゥ・ラ・シャルトル，サンジャン・ドゥ・ラトラン，ルーシーヌ街，サンタントワーヌ街である。
(29) 王はこの上もない公人であり，当時の考えによれば，公共の利益の体現者である。そして，同業組合の機能が公共の利益が要請するところに応えなくなった以上——というのも，書店がたくさん倒産したことで，知識の普及に関する公共の役務も失われるに至ったから——，特権は，公共の利益という使命を効果的に果たす者のところへ戻ると考えるのが論理的であった。
(30) この「個別の」という意味が，「特権」（privilège）という言葉の語源そのものである。
(31) ローマ人はこれを，ドミニウム（フランス語の *domaine* の語源）と呼んだ。すなわち，主人（dominus）がその財産に当然に行使する権利である。
(32) ローマ人がユス・イン・レ（*jus in re*）と呼んだものであり，物に対して行使される権利。

第1章　フィリップ・ゴドラ「著作者人格権の一般理論——フランス法を例に」

(33) この権力は**侵害訴訟**として具体化されるのであり，物に関する**使用権，収益権，処分権**の三位一体としてではない。三位一体が再現され，適用されるのは（所有権の対象としての）権利，中でも（特許のように）独占を保障する権限を生ずる権利についてである……。このモデルは特に，所有権概念をそれ自体無体の物に適用することと混同されてはならない。これについては後述する。
(34) その領土を通るために支払う税。
(35) 領主権に属する河川を渡るために支払う税。
(36) 公共の設備（風車やパン焼き窯など）を設置するために，それを使用する者から徴収される税。
(37) ルイ14世の有名な言葉（おそらく彼は言っていないが）「朕は国家なり！」は，このような政策の完成を表す。それは，君主制を中傷する者が言うような意味での君主制全体主義とは異なっている。
(38) 王領は当初，ほぼイル・ド・フランスに限定されていた。そのため，王よりも強力な臣下はたくさんいた。
(39) 「定常収入を生む全ての権利は，土地を基礎に置いていなくても，封領（領主権）を構成する。先ほどついでにみたように，パリの司教はコンフランの渡河権から生ずる収入に，いくつもの騎士封領を設定した。パリにあったエレビック（*Hellebic*）という封領は，市場に運ばれる魚1籠につき1マイユを受け取る権利から成っていた。フィリップ・オーギュスト以降，王は，その財宝から金利を得る権利から成る封領を，多数設定することとなる……このような封領は金利封領といわれる。これはおそらくオランダに端を発し，イギリスと近東南部に広がってから，フランスで大規模に普及した。金利封領は，軍事的というより経済的な目的で設定され，これにより，中世前期以来のほぼ土地のみに基づいた経済と並行して，金銭経済が発達していたことが明らかになる。後世になって，このような土地と結びつかない封領は，総称して「空中封領」と呼ばれることとなる。」(Fr. Olivier-Martin, *Histoire du droit français, des origines à la Révolution*, CNRS éd., 1995, p. 259.)
(40) もっとも，おそらくそれはフランスで生まれたわけではない。知られている最初の書店の特権は，ベネチアで与えられたという。Alde Manuceに1495年に，またRubeusに1497年に与えられた10年間の特権である。
(41) ロンドンにおける書店の同業組合。
(42) ロンドン書店同業組合から与えられた上記のライセンスのこと。
(43) 有体物所有権と複製の独占権を短絡させる点は，**財産の外観に対する権利** xvi) に関するあの困った判決（幸いにも後続の判決はそれを踏襲していない）と，大いに関係がある xvii)。判決によれば，物の有体的所有権（民法544条）は，その所有者に，その物の外形を複製する独占権をもたらすであろうというのである。
(44) この解決はフランスでも同じである。非合理な慣習を廃止したり改正したりできるのは，法すなわち王の公文書のみである。
(45) これはそれ自体が新機軸だった。なぜなら，いくら文字の上で著作者自身に付与されることもありうるとなっていても，完全にマルサス主義すなわち人口制限主義的なステーショナーズ・コピーライトのシステムでは，結局，書店は内輪だけで排他権を与え合うことになったからである。
(46) フランスでは，革命期の立法者がこの考えをとることとなる。
(47) これと極めて近い考え方で，フランスでは，諸特権に関する1777年の裁決が，書店の特権の存続期間を10年未満とした。
(48) 同業組合の中で最も活発なカルテルのあだ名であり，この魚が肉食であることになぞらえたもの。
(49) F. Rideau, *La formation de la propriété littéraire en France et en Grande Bretagne : une convergence oubliée*, PU Aix Marseilles, 2004, p. 175.
(50) 書店のコピーライトはもちろん，所有権ではない。それは純然たる独占権である。しかし，それを媒体の所有権になぞらえ，そこから生ずる排他性を利用して，彼らはそれが所有権であることを一般に信用させ，そこから永続性という有利な性質をまんまと導き出した。
(51) F. Rideau, *op. cit.*, p. 235–255 をみよ。
(52) 16世紀最初の10年。

第Ⅰ部　文学的美術的所有権の500年史

(53) 例えば，フランソワ１世により (1545年)，またアンリ２世により (1550年)，パンタグリュエルの出版に関しラブレーに与えられた特権。あるいは，同じアンリ２世により，そのリュート奏者のギヨーム・ドゥ・モルライエに1551年に与えられた特権。網羅的ではないが，ある論者は，この時代における同様の例を12ほど挙げている (M. Henrion, « Appoint à l'étude des privilèges de librairie », *Inter-Auteur* 1950, n. 99, p. 89)。

(54) 1776年９月６日の書簡において，ルイ16世は，顧問会議の裁決を採択する決心した理由を述べている。その中で，彼は特にこう述べる：「書店の特権は，朕の認めたものであり，正義に基づく恩恵である」(Pouillet, *Traité théorique et pratique de la propriété littéraire et artistique*, 1908, p. 11による引用)。彼は，形式上は，特権の本質を忘れようとしない (特権とは「恩恵」であり，王の意向から生じるものである)。しかし，正義に基づくということは，**特権は正義に応えなければならない**ということである。こうしてそれは君主の裁量の域を超える。この矛盾は，あるフィクションによってしか解消されなかった。それは，公共の利益の体現者である限り，王の意向は必ず正義と一致するというものである。王は正義にかなうことしか望んではならないのである。このような巧言は結局，特権が確認的な性質を有することを認めるのと同じである。

(55) 言葉を変えれば，「２つのドミニウム」である。「ドミニウム」の意味がこのように封建的に２分割されたことによって新しい語彙が生じたのは，なんら驚くべきことではない。以後，内容のたいへん異なる２つのカテゴリーの特権を表すために，ローマ法学者らは，「プロプリエタス (proprietas)」というより広い概念を作り上げ，この２つの側面を同時にカバーすることができるようにした。封領の２つの内容への分割が形を成したのは13世紀であり，一方，「プロプリエタス」という語が明らかに必要となり始めたのもだいたい同じ頃だった。封地 (fief) を有する宗主 (suzerain) または貴族 (noble) は，**卓越封領**を保持する。卓越封領は通常，(理論的に) 王に至る貴族位階を有する者の間で細分化される。**実益封領** (利用しうる経済的価値) のみが，平民のものとなり得る。しかしながら，一定の土地を取得することで貴族の地位を得る場合もあった (例えば，ワインの仲買人だった祖先がモンテーニュの土地を取得したおかげで，かの有名な著述家は貴族として生まれることになった)。実益封領を享有することは，財産の賃貸借とは全く似ていない。貴族は働いて物から直接に効用を引き出すことができないので，実益封領を直接享有しても，領主には何の利益もない。領主の手の内にあっても，その土地は，領主が貴族の地位を捨てて平民に「身を落とす」のでない限り，不毛のままである。従って，卓越封領は，金銭または現物 (賦役) により徴税し，正当な税を納付させるしくみに他ならない。ここに，封建的「領土 (domaine)」が，**２つの排他的かつ完全無欠かつ競合的な特権** (２つの異なる「所有権 (propriété)」であり，それら自体，分離・分割しうるもの) に分かれ，異なる２つの秩序に従うという考えが生ずる。**卓越封領**は封建的所有権の本質であり，王権の広がりがその中に統合されている。これに対し実益封領は，ローマ時代のドミニウム (物権のモデル) の残滓であるが，卓越封領への従属によって弱体化されている。２つの封領の相対的な重要性は，時代の数世紀においては，世襲相続がまだ完全に確立していなかったせいで，「真の」所有権として重要だったのは卓越封領だった。18世紀ともなると，実益封領がむしろ重要になった。1804年，民法典編纂の際，544条の所有権の原型となったのは明らかに実益封領であり，この時に実益封領は，卓越封領の拘束から最終的に解き放たれた。ここから，**絶対権** (*droit absolu*) という考えが生まれる。しかしこれは，カルボニエ先生が緻密に論証されたように，ローマ法の主人 (*dominus*) における無限の権力と同様に絶対的だというわけではなく，すぐれて語源的に，卓越封領から「切り離された」(*délié*) (*ab-solutus*) ものという意味である。**卓越封領**の「所有権的」モデルは，完全に失われてしまったというべきだろうか？　そんなことは全くない。それは，暗黙のうちに**創作物の所有権**のモデルとなっている。このような所有権概念の歴史的発展からは，一方で，民法544条の**物権**が，唯一ありうる所有権モデルではないこと (民法学者が時たまやや過激に主張するのとは反対に)，他方で，著作者の権利もまた十分に所有権であるが，性質も構造も完全に異なる所有権であることが理解できる。

(56) 特にそして第一に，**兵役**がこれにあたる。しかし結局，すべての公的賦課は，君主による権力の委託に対応する。12世紀から18世紀にかけて，この権限が王の権力奪還政策によって君主から奪われるにつれ，様々な君主特権は次第に，その元来の意味を忘れられていく。中央権力の財政逼迫

第1章　フィリップ・ゴドラ「著作者人格権の一般理論——フランス法を例に」

は奪った権限が多くなるのに比例して著しくなり，そのために，第三身分の双肩にかかる負担は，だんだんと，彼らにとっては耐えられない重みになっていった。
(57) 彼らは奴隷であり，土地に属していて土地と共に譲渡された。
(58) 自由人は身分としては土地保有農民なので，当然ながら，卓越封領に組み入れられている。そこから，租税，譲渡所得税等々を支払う義務が生ずる。
(59) 推測するに，彼はそれを考えてはいた。しかし，この時代に，その説を細部まで大っぴらに展開するのは危険であった。
(60) 自然法の力は，この時代には，神の意思を根拠としていた。時と共に，そのようにいう必然性は薄れていった。18世紀には，それはもはや理性と事物の本質に基づくのみであった。
(61) ラ・フォンテーヌの孫娘らの事件と1777年の裁決。
(62) 対義語はコミュニス communis である。これは，他人と分かちあうものという意味である（de cum は「共に」(avec) を意味する）。共有者（copropriétaires）のことは，communistes ともいった。
(63) 簡潔にして詩的なこの文章は内容も豊かであり，引用に値する。「人々は皆，共通の本能によって互いの心の中で，それぞれが，自ら作り出し，発明し，書いたものの主であることを認め，同時に人間として，神の偉大さとその被造物に対する力を語る。人々は，空と大地は神のものだと言う。なぜなら，それらは神の言葉が作り出したものだからである。昼も夜も神のものである。なぜなら，神は黎明と太陽を作り出したからである。この例が示すように，本の著作者はその完全なる主であり，従って，それを自由に処分できる。すなわち，それを奴隷のように常に手元に置いても，それを公共の自由に委ねて解放してもよい。その場合，何の留保もなく単純に解放してもよいが，留保をつけてもよい。それは，一種の庇護権として，他人は一定期間後でなければそれを印刷してはならないとするものである……それは王の特権許可状に優越する。」(Mss. F. f. 22071, n. 28, coll. Anisson-Dupéron.)
(64) Laboulaye et Guiffrey, *La propriété littéraire au XVIIIème siècle*, Paris 1859, p. 21 et s. に収録された文章。
(65) Linguet, *Annales politiques, civiles et littéraires du XVIIIème siècle*, t. 3, p. 12 et s., Londres, 1877 に掲載。
(66) 創作性概念が，20世紀になってデボワ（Desbois）と共にやっと出現したとの主張は不正確である（A et H-J. Lucas, *Traité de la propriété littéraire et artistique*, Litec, n. 78, p. 77 がそのように説く）。もちろん，創作性の理論を体系的に展開したデボワの功績を否定するつもりはないが。作品は人格から生じ，従ってその創作者の所有物でなければならないという考えは，16世紀以降形成されてきた。マリオンの「領主権」に言及した理由は，それ以外にない。その時代の思考様式からすれば，領主権が労働から生ずるなどと信じることは，ばかげたことであっただろう！　ともかく18世紀，それも大革命前には，この考えは一種の常識となっていた。ボーマルシェはその考えを発展させたし，ル・シャプリエが「作品は人格の鏡である」と主張したのは，新しいことを試みたのではなくその時代思潮を要約したのだった。人格主義的な創作性概念が歴史の中で形成されてきたことについては，フィスター（Pfister）教授の見事な歴史研究をみよ。L. Pfister, « L'œuvre, une forme originale. Naissance d'une définition juridique, XVIII-XIXe siècle », *Cahier du Centre lyonnais d'histoire du droit et de la pensée politique*, n. 2, 2005, p. 245 et s.
(67) この図式は，今日でも特許やコピーライトにはあてはまる。
(68) 特権がない場合には，彼らは，原稿の所有権がそれを複製する権利をもたらすと考えがちであった。この場合，彼らはもはや競争を避けられない。
(69) デリクールは地方の出版者に対し，パリの出版者を擁護して論陣を張った。彼は意図的に原稿について語っており，そうすることで移転の理論を基礎付けていることがわかる。「ところで，ある物の所有者は，売買や譲渡を通じてそれを他人に渡す際，新たな所有者に，自らがその物について持っていたと同じ権利を移転する……従って，原稿を取得し……それを印刷する特権を得た書店は，永久に，その作品の文面の所有者に留まるべきである。書店主だけでなくその子孫もあり，これは彼らが取得するであろう土地や家の場合と同様である。なぜなら，遺産の取得と原稿の取得

65

とは、その本質において何ら変わりがないからである」。
(70) なぜなら、著作者が死亡した際、遺族には特権を自ら選んだ書店に新たに譲渡し直す権利があることが、何度も認められたからである。卓越封領の権利者に認められる権限は、単に相続しうるものであるだけでなく、著作者死亡の際に実益封領の所有権移転を承認する権限をも含んでいる必要があった。
(71) 封建法の慣習通りに、特権は、それ自体を分解し分割しうる権限であった。例えば、地方の書店は、印刷の**許可**しか得ることができなかったようである（M. Henrion, op. cit., p. 133）。ロアネ公（Duc de Roanez）は、1667年1月20日の公正証書により、その特権の3分の1を、パリの書籍・印刷商であるジョリー・エ・ティエリー（Jolly et Thierrys）に譲渡した。しかし、『サン＝ベルナールの生涯』について1647年にデュラン未亡人に与えられた特権の証書には、以下のように書かれている。「このデュラン未亡人は、『サン＝ベルナールの生涯』につき有する特権の半分をアントワーヌ・ヴィトレに譲渡し、彼は所定の期間それを享有する」。ところで、この場合、譲受人は本の表紙に書いてあるドゥゼリエ（Dezaillier）書店ではなかったことになる。
(72) この文章はたいへん注目すべきものであり、引用に値する。というのも、それは、この立法の発端となった全ての要素を上手に説明しているからである。「王は、その顧問会議（conseil）において、パリと地方の多くの書店から、特権の存続期間と作品の所有権に関する意見書について説明を受けた。王は、書店の特権は正義に基づく恩寵であることを認め、著作者にはその労働に報いることを目的として、書店にはその先行投資とその費用を回収するために、与えられることを認めた。2つの特権を規定するこのような目的の違いは、その期間にも必然的に違いをもたらす。すなわち、著作者はより広い恩寵を得てより安定した権利を得ること疑いなく、書店は、恩寵がその先行投資の額や営業上の重要度に見合ったものに限られても文句は言えない。しかしながら、作品の完全性を保つためには、著作者の生存中は、取り扱い中の書店に特権を享受させる必要がある。しかし、それより長期間の特権を与えることは、恩寵の享受を権利としての所有権にすり変え、恩寵を、そのもともとの内容に反して永久化させることになろう。これは、書店のみが常に書籍の価格を支配できるようにすることで、独占を神聖化することになろう。ひいては、これは濫用と海賊版の温床となり、地方の書店が適法に出版する手段を奪うことになろう」。
(73) 「著作者にとっては、それは労働の対価である。書店にとっては、それは先行投資の保証である。しかし、この理由の違いは当然に、特権の重要度の違いを定めることとなる。書店がその費用に見合った利益と適正な利潤を得るとすれば、著作者はそれより上位に立たなければならない」。当時の語法に従い、王は「創作」と「労働」を区別していない。しかしながら、「著作者の労働」を特記しつつ、その背後に彼が見ていたものは、明らかに、著作者の労苦の人格的・個性的側面であり、書店の貢献と何ら変わるところのない計量可能な貢献ではないのである。イギリス1710年法にみられる投資一色の原則とは反対に、王は著作者の寄与と書店の寄与とを**本質に基づいて**区別し、その結果、それらを**序列付け**ている。一方はその**創作的労働**により、他方はその**金銭的投資**により、特権に値する。これは著作者の権利の基礎そのものである。
(74) 大革命により、フランスの政治・法システムに最終的に自由主義が導入されると、判例、次いで立法者は、**無体所有権**について二重の理論を発展させることとなる。すなわち、創作は当然に**知的所有権**をもたらす。反対に、**投資——労働によるもの、より当然ながら金銭によるもの——**は、独占をもたらすことができないし、もたらすべきでもない。さもなくば、自由主義の基礎そのものが踏みにじられてしまう。実際、もし労働や投資が独占をもたらすとしたら、あらゆる労働者や投資家はそれを与えられなければならないが、このことは**共和主義的平等の原則**に反するおそれがある。どのような解決がなされたかは簡単にわかるであろう……。たいへん賢明なことに、19世紀の初めには、労働と投資の成果は、不法行為法（不公正競争（concurrence déloyale）、そして後には寄生行為（parasitisme））によってのみ保護されることとされた。しかしその直後、19世紀の終わりにかけて、**労働を通じた投資**を資本に組み入れたいという要請が表面化した。こうして、**労働を通じた投資に対する無体の「所有権」**という考え、すなわち**営業権**（fonds de commerce）が出現した。営業権に対する所有権は、知的所有権とは全く異なる。顧客（clientèle）は、経済的価値をもたらす重要な要素であるが、不法行為訴訟によってしか保護されない。顧客獲得行為にお

第**1**章　フィリップ・ゴドラ「著作者人格権の一般理論──フランス法を例に」

ける**過失**には制裁があるが，獲得行為それ自体は制裁を受けない（独占がある場合とは反対に）。顧客集めの目印をまとめた「包括財産」（universalité）は，所有権の**無体**の**目的**であるが，ここでいう所有権のモデルは，もちろん民法544条である。この所有権は，その**客体の性質**により無体であるにすぎず，その構造やその所属性の内容においては，それは有体物の所有権と変わらない。これは，「権利の所有権」（propriété-titularité）であり，**権原**（*titres*）や**債権**（*créances*）の所有権と似通っている。ある著作物利用者（営業権の所有者）が知的所有権の譲受人となった場合，彼はその顧客を，創作者のために確保された公衆の中から見出し，他の利用者との競争にさらされることはない（ただし，必ずしも公衆の全てをまんまと彼の顧客にしてしまえるとは限らない）。この2通りの所有権の区別は，知的所有権の譲渡がもつ魅力を保つためにも，企業家間の競争を確保するためにも，必要不可欠なことである。しかし不幸なことに，アングロ・サクソン法の影響の下で，EU法はこうした法律構成を完全に排除し，投資家の独占を増大させる傾向にある。**自由主義モデルを発展させるという掛け声の下で**！……

(75) 第6条「全ての書店と印刷業者は，ある作品に関する特権の期限が切れ，かつその著作者が死亡した後は，その出版の許諾を得ることができる。そのような許諾がすでに一または複数の者に与えられた場合でも，他の者が同じ許諾を得ることは妨げない」。

(76) 全ては，特権が与えられた地理的範囲次第である。また，権力が書店どうしを限定された競争にさらすために定めた特権許可状の冒頭宣言も，考慮された。

(77) これが，すでにみた区別と序列付けの具体的な適用である。

(78) 創作者の排除は，現代の立法において，常に権利を投資家に原始的に帰属させることによっておこなわれる。アメリカ法における職務上の著作（*work made for hire*），フランス法における集合著作物，そして，EU法における偽善的な製作者的権利の経済的権利の再構成がそうである。これらを比較すると，この点に関するルイ16世の先見の明は，敬意に値する。

(79) これは，1750年以降，同業組合主義に対する反感が増大したことの1つの現われである。

(80) 第5条「全ての著作者は，その名において自らの作品の特権を取得した場合には，それを自ら販売する権利を有する。ただし，いかなる事情があっても，他の書籍の販売・譲渡はしてはならない。また，著作者とその相続人は，それを書店に譲渡しない限り，永続する特権を享受する。譲渡がおこなわれた場合には，その事実のみにより，特権の存続期間は著作者の生存中に限定される。」

(81) こうして，**著作者の死**を基準に著作権の消滅時期を計算する考え方が現われ，それは後に文学的美術的所有権にも引き継がれることとなる。10年という期間は，1793年法により複製権について適用された。これにより，アンシャン・レジームの末期において，当時の王の立法者らが，特権の影響を全て排除できずにいながらも，次第に重要となってきていた著作物とその創作者の絆を，法に導入したことがわかる。しかし消滅時期の算出は，実際には，**特定の著作物利用者に最終的に譲渡された独占**に関してなされた。興味深いことに，これは，アメリカがベルヌ条約に加盟した際に採用したやり方と全く同じである。利用者の独占は，もはや**出版**からではなく，**著作者の死**から，その存続期間を計算されることとなった。これを受けて，A. ディーツ（Dietz）は，このシステムにおける創作者の主要な役割は，利用者が独占を享受する期間を確定するために死ぬことだと，冗談抜きで言ったものである。

(82) 今日しばしばみられる勝手な用語法の危険は，ここにひそんでいる。それは，著作者の「利用の独占権」という言い方である。この表現と制約のない純粋な譲渡とが組み合わさると，我々は，大革命で完全に廃止されたはずの法律構成（譲渡可能な所有権の対象となる純粋な独占）を観念してしまうのである。

(83) 前述本文28段落，および後述本文47段落参照。

(84) フランスは優に百万リーブルを超える金貨を支出した。

(85) コネティカット州法とジョージア州法の前文は，自然法を参照している（T. Solberg, *Copyright enactment 1783-1900*, Washington, Government printing, 1900, p. 9 et 25）。自然法への言及は，ニュージャージー州法にもニューヨーク州法にもみられる。

(86) 自然法を直接参照してはいないが，人に帰属するもののうちその根拠が最も確かなのは思考の成果であるという考えが，マサチューセッツ，ニューハンプシャー，ロードアイランドの各州法に

第Ⅰ部　文学的美術的所有権の500年史

みられる（F. Crawford, « Pre-constitutional copyright », *J. Copr. Soc'y*, 1975, vol. 23, pp. 11-37）。
(87) 前述本文24段落参照。
(88) これはおおむね，国の歴史が浅く，彼らが今でいうロビーイングをできるほどに組織化された団体を成していなかったためであるといってよい。
(89) 合衆国憲法の条文は以下の通りである。「連邦議会は次の権限を有する。……著作者および発明者に，一定期間それぞれの著作および発明に対し独占的権利を保障することによって，学術および技芸の進歩を促進すること」。このことから，アングロ・サクソン（イギリスとアメリカ）のシステムでは，コピーライトとパテント・ローは同列に扱われ，フランスのシステムでは**対置される**ことがわかる。著作者の権利を「縮小する」遠回りな方法の1つは，それを特許権に「近付ける」ことである。
(90) アン女王法が採択されたのは，ロンドンの書店同業組合が自らの利益のみを求めてもたらした書籍の欠乏に，決着をつけるためであった。
(91) スタチュートリー・コピーライトは，自然法とは関係のない，投資家がその出資金を回収できるようにするための短期間の法的恩恵である。それは所有権とは程遠く，むしろ，コモンロー・コピーライトを通じてロンドンの書店に認められていた「所有権」を，破壊するために認められた。
(92) アン女王法は明らかに，**公共の福祉**と**知識の普及**という考えに基づいていた。それは一方で学問の奨励であり（学問奨励法），一方で，実用書執筆の奨励であった（学者が実用的な書籍を著すことを奨励する法）。重点は明らかに実用に置かれており，これは解放された植民地の関心に沿うものであった。そういった土地が，文化的野心を抱くことは全くない。文学などというものはロンドンにあり，そこで出版されればよろしいというわけである。議論の根拠となった要求はたいへん粗野なものであった。保護を求めてきたのは主に，英語教科書や讃美歌集，地図などの出版者であった……。
(93) イギリスでは，彼らはアン女王法に反対し，これのせいで著作者にはもう十分な支払いができなくなり，公衆は知的産物を奪われてしまうだろうと主張した（今日でも，映画メジャーは同様の論法を用いて，すでに十分な利益を上げているにもかかわらずコピーライトを強化し，技術的保護手段を使って公衆から定期的にお金を巻き上げようとたくらんでいる）。フランスでは，パリの書店が公衆の利益の名において支持した著作者の権利に，地方の書店が反対し，彼らが出した海賊版が文化を普及させた……。そして近年は，インターネット産業が同じような理屈をこねている。彼らは破廉恥にも，「ネット上におけるフランス文化の存在感を高めるために」は，創作者と実演家の排他権を廃止しなければならないなどと主張している！　あたかも，著作者の権利が文化普及のハンディキャップであるかのように……。まるで彼らが文化への憂慮によって行動しているかのように……。
(94) R. L. Patterson, *Copyright in historical perspective*, Vanderbilt University Press, 1968, p. 198.
(95) 33 US（8 Peters）591（1834）。提起された問題は，ドナルドソン対ベケット事件に少し似て，**自然の所有権**（ここでは著作者）と**法的なコピーライト**の間の対立であった。最高裁は，著作者の自然の自然的所有権を排除した。結論の当否に関する議論とは別に，問題の「創作」が判決の重要部分を収録した選集であったことに注目しなければならない。従って，「創作行為」は，編集行為にすぎなかったのである……。もしこれが詩や小説に関する事案だったら，最高裁はきっと，自然権により好意的であったに違いない……。
(96) 一目瞭然のことであるが，この判示は，立法者が**自然法上の所有権を承認したのではなくて権利を創設した際**，彼らは憲法制定当時の議論と憲法の文言を尊重したのかどうかという問いに，全く答えていない……。こうした法解釈には，アメリカにおいてさえ，批判がたいへん強かった。
(97) Goldstein, *Copyright*, tome 1, Boston, Little Brown and Company, 1993, §1.1, p. 5 et s.
(98) 後述本文65段落以下，および注117と118参照。
(99) 連邦最高裁判所は，コピーライトは創作者としての著作者に与えられるべきなのだから職務上の著作は必然的にその例外となるという判断を下したついでに，憲法条項に気付いてはいた。しかし，そうする権限があるにもかかわらず，連邦著作権法を違憲とすることはなかった。CCNV 対 Reid 事件（CCNV v. Reid, S. Ct 2166, 2172 (1989)）において，最高裁はまさに，以下のように判示し

第1章　フィリップ・ゴドラ「著作者人格権の一般理論——フランス法を例に」

た。「原則として，著作者とは著作物を実際に創作する当事者をいう。すなわち，1つのアイデアを，知覚可能でコピーライトの権利に値するように固定された1つの表現へと，変換する者をいう」。連邦著作権法201条に投資者は著作者とみなされるとの規定があり，1976年のコピーライト・アクトで少し範囲が縮まったものの，「例外」は，契約の下に実現される創作セクターのほとんど全てを，つまり，統計的にいえば大多数の創作を，カバーすることになる。貴族たちがたわむれに創作し，利用契約などほんのついでに結んでいた時代は，過ぎ去ったのだから。
(100) 新たな法が制定されるたびに，創作者と公衆の利益は後退していく。そういった法は，創作者と公衆の利益を前面に出しているにもかかわらず。最近では，DMCAがたいへん特徴的である。
(101) 彼はオランダとイギリスに滞在し，1754年には，通商に関するチャイルド（Child）の著作を1冊翻訳した。
(102) 聖職者でも貴族でもない社会集団のこと。
(103) 国民三部会は王の下に3つの身分，すなわち聖職者，貴族，第三身分の代表が結集するものであった。もしそれぞれの身分が同等の決定力を有していたならば，2つの特権集団（貴族と教会）が投票において，数的に優位を占めるであろうことは簡単にわかる。しかし，金銭的拠出を得るために第三身分におもねる必要があったため，その代表者は2倍いるものとする，あるいは，1人が2票をもつものとすることが提案された。こうして，数的均衡が取り戻された。王は意見対立に直面した。特権集団の圧力により，王はそれに譲歩して結局伝統的な規律へと戻ることを選ぶが，このことは，ご存じどおりの反発を引き起こすこととなる……。
(104) それは1789年12月まで授与され続けた。
(105) ここに一切の矛盾はない。競争は投資者および労働者間に**自然**に存在しなければならない状態であり，一方で**所有権**は，創作に関する**自然状態**である。
(106) この表現において，「domaine」は「ドミニウム」，すなわちローマ法的所有権（主人の権利）のフランス語化された形である。
(107) 「我々の演劇をすばらしいものにするのは，競争であり，自由である。一方，もし演劇に特権があり，著作者の想像力が特権を得た者らの専横に服することとなれば，我々のこの娯楽が，偉大な国民的流派を作り出す希望は，永遠に失われてしまうであろう。」
(108) ただし，著作物は人格の鏡であることを力説して，ル・シャプリエはその定義をほのめかした。その正確な要件は，判例において形作られることとなる……。
(109) この立法政策は，1957年法の制定まで，決して否定されることはなかった。1902年3月11日法は，著作物はその美的価値や使用目的（純粋美術か，装飾美術か，あるいは工業美術か）にかかわらず保護されるべきであるという原則を確立した。これは，美術の単一性（unite de l'art）理論を明文化したものである。1910年4月9日法は，無体の著作物とその物理的媒体との区別を明文化した。これにより，物理的な意味で作品を譲渡しても，明文の条項がない限り，著作者はその複製権を譲渡していないこととなった。1920年5月20日法は，造形芸術の著作者のために，追及権を創設した。最後に，1929年5月29日法は，偽造の刑事訴訟と著作物の寄託とを，最終的に切り離した。
(110) ビゴ・ドゥ・サント＝クロワが1775年に出版し，後に大反響を呼ぶことになる回想録も，そのことを声を大にして伝えている。
(111) 後述本文49段落参照。
(112) 残念ながら，現行法はこの法的な支離滅裂さと，再び結びついてしまった。著作者と実演家に**知的所有権**がある一方で，1985年の立法者は集合著作物の出版者に独占を創設し，レコード製作者，ラジオ局，そしてソフトウェア制作企業にも経済的独占を創設した……xviii)。これらの独占は，所有権の屋上に屋を重ね，所有権に寄生し，所有権をまんまと手に入れ，所有権秩序を破壊している。法はロビイストの思い通りに作られるべきものではない。
(113) 複数の著名な著述家が，アンシャン・レジーム下で同様のことを言っているので，それと比較してみよう。「もし神聖で，明白で，異論の余地のない所有権というものがあるとすれば，それは疑いなく，著作者のその作品に対する所有権である……。著作者は作品の創作者であり，作品は著作者の才能から生まれた子供なのである。従って，著作者はそれについて，人が通常の方法で獲得する財産に対して持つよりも多くの権利を持ち，作品がもたらす収益も，それがもたらす栄誉や成

69

功と同じく排他的に,著作者に帰属する」(コシュ(Cochu)が1777年の裁決に対して発した請願書。Laboulaye et Guiffrey, *La propriété littéraire et artistique au XVIIIème siècle*, 1859, p. 159 et s. に引用)。ランゲも同じようなことを言っている。彼はそれに加えて,人格主義を強調することさえしている。「確かに,もし神聖で異論の余地のない所有権があるとすれば,それは著作者の作品に対する所有権である。それは他の財産とは異なり,交換によって得られるわけではなく,その占有が,様々な手続を要して,時に疑わしかったりあまつさえ無効とされたりするようなことはない」(Linguet, *Annales politiques, civiles et littéraires du XVIIIème siècle*, t. 3, p. 12 et s., Londres, 1877 所収)。

(114) Worms, *Etude sur la propriété littéraire*, 1878, tome 2, p. 332 に引用。この例そのものが,この時代の人の思考が,ロックの労働理論よりもむしろ人格主義によって培われていることを示している。木の所有権を基礎付けるのは,当然ながら,それを得るのに必要な労働である。ところで,**着想**——今なら**創意あるコンセプト**と呼ばれるであろうもの——は,**労働の産物ではない**。人は創意あるコンセプトを一切作り出すことなく,いくらでも働ける。逆に,人は働かずして**創意あるコンセプト**に満ちあふれることもありうる。それは,着想がわいてくるのと同様に,精神のうちに宿るのである。

(115)「有用な発明」に関する1791年1月7日のデクレは,以下のように定める。「国民議会は,新たな着想であってその表明と展開が社会にとって有用となりうるものは全て,それを着想した者に排他的に帰属すること,および産業的発見に発明者の所有権を認めなければ,人権をその本質において侵害することに鑑み……」いうまでもないが,この時代には,特許は発明に対する**発明者の所有権**を証する免許状であった。それが**最初の出願人**に与えられる権原となるのは,下って1844年のことである。

(116) 人格は著作物には**反映されるが**,発明には**反映されない**(人格が技術的創作を発生させる上で重要な役割をもたないというつもりはないが)。あらゆる創作行為に共通して,創作の動機には**人格の痕跡**が現われているといえるが,作品中にそれが現われているといえるのは著作行為の場合のみである。

(117) 1957年法においては,著作者の所有権は譲渡不能とされている。特許やコピーライトにみられるような「利用権の一括譲渡」は,採用されていない。この所有権から権利者は,伝達手段,頒布地域,期間等々によって明確に区別された様々な利用形態に関する,それ自体非排他的な諸権利を獲得する……。この許諾権は,**利用による収益への比例的関与と引き換えに**,著作物利用者に譲渡される。この関与は,著作者の**利益**が,利用による収益に対して占める割合に対応している。著作者の権利は,保護期間が過ぎれば消滅する。利用者の排他性は,特別の附帯条項があるときに生ずるにすぎず,排他権は著作者の受け取る著作権使用料には反映されない。比例報酬はこのシステムの支柱の1つであり,それは,所有権の譲渡により合法となった著作物利用がもたらす果実の分け前を,創作者のところへ還元する。もし創作者の**所有権**が定額で一括譲渡されうるならば,特権の構図が再び生じてしまうことであろう。比例報酬が計算できないときは定額払によらざるを得ないが,どちらにしても,著作者は権利を許諾したことによって報酬を受けるのであり,独占を売り渡したことによってではない。このような法律構成は,もちろん,レコードや映画の製作者,そして出版者のロビイストからは嫌われている。彼らは,コピーライトにおいていまだに存続する特権のシステムへと,法律構成を戻したがっているのである。

(118) 収益に比例する報酬は,演劇の世界で生まれた。この業界における当初の慣例は一括払い報酬だったが,それは単に,脚本原稿の売買と著作権使用料の支払が混同されていたからであった。しかし,1653年 (Marie-Claude Dock, *Etudes sur le droit d'auteur*, 1963, p. 101) または1663年 (J. Bonnassies, *les auteurs dramatiques et la Comédie Française aux XVII ème et XVIIIème siècle*, Paris, 1874, p. 4) 以降,**比例方式**の報酬が登場し,その後10年の間に,慣例上一括払いに取って代わった (S. Chappuzeau, *Le théâtre françois*, Lyon, 1674. p. 86)。売上からまず営業費用(ろうそく代,従業員の給与など)が引かれ,その残金が,一定のパーセンテージや割合に従って分配された。初期の慣例では,著作者が9分の1を受け取っていた。しかしシャピュゾ(Chappuzeau)は,もう少し後世の数字として,著作者に2,劇団に14という配分を挙げている。従って著作者は,収益の

第**1**章　フィリップ・ゴドラ「著作者人格権の一般理論——フランス法を例に」

7分の1を受け取っていたことになる。このルールはコメディー・フランセーズの諸規約に取り入れられ、次第に洗練されていった。1757年には、著作者の取り分は5幕ものの脚本については9分の1、3幕ものでは12分の1、1幕ものでは18分の1であった。報酬が収益に比例していたため、1757年の規約では、最良のタイミングで上演する約束を取り付けられるよう、著作者には上演を保留する権限があった。興行の成否を左右する「新作」(nouveauté) 期間の決まり方に照らせば xix)、この権限はたいへん有用であった。なぜなら、「新作」期間が終わると、脚本は「規約どおり」の扱いを受けた、すなわち、劇団のものとなったからである！

(119) 均衡ある自由を推進しようとするこの理論と、今日の自由主義、その実は歯止めなき資本主義にすぎないものとを、混同してはならない。著作者の権利は、革命期の自由主義の果実である。アメリカのコピーライトは、その最近の展開においては、**歯止めなき資本主義の反自由主義的果実**となっている。それは、正義と文化の手段ではなく、巨大映画メジャーや、マイクロソフトのような大企業の、独占的企業活動の道具と化している。

(120) 全部で5つの法文が作られた。1866年7月14日法は、著作者の生存配偶者に著作権使用料への用益権を与え、保護期間を著作者の死後50年に延長した。1902年3月11日法は、著作物はその美的価値や使用目的（純粋美術か、装飾美術か、あるいは工業美術か）にかかわらず保護されるべきであるという原則を確立した。これは、美術の単一性 (unite de l'art) 理論を明文化したものである。1910年4月9日法は、無体の著作物とその物理的媒体との区別を明文化した。1920年5月20日法は、造形芸術の著作者のために追及権を創設した。最後に1929年5月29日法は、偽造の刑事訴訟と著作物の寄託とを、最終的に切り離した。寄託制度の遵守は以後、違警罪刑 (peine de police) によって確保されることとなる。

(121) M. Henrion, « Appoint à l'étude des privilèges de librairie », *Inter-Auteur* 1950, n. 99, p. 127 に引用。

(122) M-C. Dock, *op. cit.*; Olagnier, *le droit d'auteur*, Paris, 1934 をみよ。

(123) 映画の上映によるプライバシー侵害を防ぐためにそのコピーライトを買い取ったり、人の肖像を商標として登録するなど。

(124) このことは法的には1910年にやっと認められるが、暗黙裡には1791年からすでに認められていた。ところでこの時代、上演権はどんな**媒体**を対象としえたのだろうか？　俳優たちの肉体？

(125) **著作者人格権**が「財産的権利しか定めていない」条文に基づいて生まれ得たことに、驚く人も時々いる。しかし、1791～93年の条文は、決してそのような趣旨ではない。それらは、**利用の排他性**を定義するにとどまっていた。それらは、その権限は**金銭的利益**を守るためにのみ用いられると明言していたわけではない。そのため、著作者がこのコントロールの権限を、**非財産的価値**を守るために行使することは一切妨げられない。二元論が確立された今日の目でテクストを**遡及的**に読むから、上記のような表面的でおめでたい考えが生じるのである。

(126) Vaunois, « Le droit moral, son évolution en France », *Dr. d'auteur* 1952, p. 65 に引用。

(127) Bordeaux, 24 août 1863 : *S.* 1864, 2, p. 194.

(128) Paris, 11 janvier 1828, *Rép. Méth. Dalloz*, 1857. t. 38, prop. litt. et art. n. 319, p. 492.

(129) Lyon, 17 juill. 1845 : *DP* 1845, 2, p. 128. 著名な説教師のラコルデールは、口頭でのみおこなった説教が、1人の聴衆がそれをノートにとったことをきっかけに、印刷されて出回っているのを知って驚いた。この判決は、公表権を承認すると共に、口頭の著作物を承認している。すなわち、それが媒体とは独立して存在することを、暗黙のうちに公理としている。

(130) Paris 4 juill. 1865, *DP* 1865, 2, 201.

(131) Cass. civ. 14 mars 1900 : *DP* 1900, 1, p. 497, rapp. Rau, concl. Desjardin et note Planiol : *S.* 1900, 1, p. 489.

(132) 著作者人格権の構築には、著名な学者たちが関与している。モリオ (Morillot)、ルヌアール (Rounouard)、パルドゥシュ (Pardessus) など……。

(133) 著作権法の偉大な注釈者であるデボワは、この重要な側面を見逃さなかった。「著作者の諸権利はあらゆる立法的介入に先行する。法はそれらを確認し、正しいものと認めるが、それらを創設するものではない。なぜなら、それらは知的創作という行為そのものから生じるからである」。H.

第Ⅰ部　文学的美術的所有権の500年史

Desbois, « Le projet de loi français dans l'évolution du Droit d'auteur », conférence faite à la Faculté de Droit de l'Université libre de Bruxelles, les 14 et 15 janvier 1957, *Ann. de la Faculté de de droit de Bruxelles*. 彼はこの考えを、公布後の法についてDalloz誌上でなした注釈においても、繰り返し主張している。「フランスの立法者は、時宜にかなうかを心配しつつ、作家や芸術家に特権を付与するために介入したのではなく、ただ、創作という事実のみによって生じる諸権利を正しいものと認め、万一の場合には、著作物を用いる者（*usager*）全員の利益のためにその行使を規制したり限定したりするために介入した。そのため、これら諸権利を享有するために、一切の方式は要求されていないのである」。(« La loi du 11 mars 1957 sur la propriété littéraire et artistique », *D.* 1957, Chr. p. 166.) 彼はその主張を、国会の立法作業によって根拠付けている。「フランスにおいては、例えば米国（コピーライト）にみられるような、作品を法的に誕生させるための方式は、一切存在しない。著作物は、それが書かれたという事実のみによって存在する。この観点からは、フランスの伝統は、アメリカ大陸の相当数の国の伝統よりも、手続的ではないといえる。」(*Doc. parlem., Ass. nat., annexe n. 8612 à la séance du 7 juin 1954*.)

(134) まさにこの内的形式が、ソフトウェアのソースコードには欠けている……。
(135) 最もありがちで最も品のないことは、公衆が消費者のみによって構成されているかのように演出することである。これは、アメリカのコピーライトとヨーロッパ委員会（ここでは合衆国の一機関として振舞うにすぎない）による演出である。
(136) この矮小化のために、「レコード」はアメリカ法においては著作物の部類に入っている。それは、その外形によって他と区別される物体であり、音を抽出して他の素材へと移転することにより、複製が可能である。外形は、まさに有体の物としての品質の1つにすぎない。この性質決定は、あらゆる点で、著作者の権利においては不可能である。レコードが鑑賞者に向けて著作物を伝えるとき、それは**媒体**でしかありえない。そして、それが著作物といえない以上、それは有体物、すなわち物権の対象でしかなく、独占の対象とはなりえない。
(137) 例えば演劇。入場料を支払うことにより、公衆は興行主催者と契約し、その消費者としての役割を果たす。それによって、彼は座席を得て、鑑賞者の役割を全うすることができる。
(138) 例えば出版の場合にみられるような、契約の連鎖。消費者は、出版者と直接契約するわけではない。彼は書店と契約する。しかし、出版者と書店の間には、一連の媒介者があり、両者の間を結んでいる。
(139) この関係は、公表権を通じて、一定の法的性質を帯びる。そのことについては後述する。
(140) 完全に普遍的なものは鑑賞者の興味を惹かない（例えば法律の条文）。完全に個人的なものも同様である。なぜなら、鑑賞者が自己を投影したり、同一化したりできないからである。あまりに大きな文化的乖離にも、その種の問題がある。4分音の旋法音階によるタクシム（*taqsim*）は、アラブの聴衆を恍惚とさせるが、西洋の聴衆を当惑させる。出発点となる文化的コード（音階）があまりに違いすぎて、楽曲が吐露する個人的なものへと達することができないのである。著作物は普遍的なものと個人的なものとの間にある。
(141) 消費者に提供される選択肢の多様性。寡占化した著作物利用者がコントロールしたがる状況。
(142) 同一製品を提供する著作物利用者が複数いること。独占企業が避けたがる状況。
(143) 著作物利用者がこの2つの形の競争を制すると、彼は最大利益額を好きなように調節できるようになる。大量に頒布すると、確かに収益の機会は多くなるが、経済的価値の重要な構成要素である量的希少性を損なう。ごく少量のみ供給すれば、価格の相場を上げることはできるが、利益を上げる機会は限られてしまう。利用者の視界には追求すべき最適の均衡があり、それは常に消費者の利益と衝突する。
(144) 前述の注117をみよ。
(145) 創作者は実際、著作物利用者なしでは公衆に著作物を届けることはできない。そして、利用者は、創作者なしでは公衆に提供するものを有しない。
(146) 著作物利用者は、そのためにあらゆる手段を尽くし、努力を惜しまない。交渉の過程においてそうするだけでなく、さらに有効なやり方として、著作者が収益参加のための交渉をすることを妨げるような法規定を設けることもある（法定許諾制度、譲渡の推定、黙示の譲渡、等々……）。

第1章　フィリップ・ゴドラ「著作者人格権の一般理論——フランス法を例に」

(147) 著作物利用者が鑑賞者を兼ねることもあるではないかと，反論されるかもしれない。確かにそういうこともあるだろうし，一言でいえば，それは望ましいことでさえある！　しかし，その職業からすれば，利用者が鑑賞者として著作物の真価を認めるのは，**専ら鑑賞者の評価を先取りする欲求（あるいは必要性）**のためである。なぜなら，公衆の鑑賞者としての側面が，消費者としての行動を，ひいては著作物からもたらされる利益を決定するからである。彼の利用者としての選択と鑑賞者としての選択が対立するときは，彼は常に前者を優先させるであろう。例えば，もし個人的にはある著作物が本当に好きでも，それは公衆に受け入れられまいと考えたならば，利用者はそれを頒布しないであろう。もし逆に，その著作物がつまらないと思っても，それが多額のお金をもたらすことが見込まれれば，彼はそれを頒布するであろう。要するに，著作物をめぐる法体系において鑑賞者に与えられた位置付けが，利用者にとって，鑑賞者の動向を考慮する1つの誘因となっていることを忘れてはならない。換言すれば，人は自らにふさわしい利用者をもつのである xx）！
もし上述の法体系が鑑賞者にもはや何の位置付けをも与えなくなれば，利用者が鑑賞者の行動を先取りする誘因は消え去る。彼を導く論理はもはや経済的なもののみとなるが，それはこの上なく邪悪なことである。「著作物を製造する」ことを超えてさらに，製品を**抵抗なく売りさばくために，消費者の需要を「でっち上げる」**ことさえもがおこなわれる。ところで，著作物はその性質上，**実用的な製品ではない**。発明や実用的製品と異なり，それには「機能」がない。この「機能」は，市場を征服するために最低限の技術革新を要し，また，ともかくも消費者に選択の客観的根拠を与える。広告をうまく使うことで，革新的でもなく（モデルもノウハウも旧態依然のままで），創作的でもないが（一切の人格的価値を伴わず），しかしながら商業的には採算の合う「作品」（「労働の果実」という最も基礎的な意味の）を，難なく大量に製造することができる。それらが市民大衆に与える社会的効果は，恐るべきものである。それらは，公衆の精神を豊かにするどころか，それを麻痺させる。それらは，**消費主義的かつ政治的な目的に利用される**思考や行動の図式を，繰り返し注ぎ込む。純粋に経済的なものに由来する**反文化的なるもの**は，市民を篭絡し，民主主義を操る。とりわけ，それが真っ先に狙っている青少年を通じて。

(148) この利益は，アメリカ流コピーライトが著作物利用者の利益との平衡のためにしばしば持ち出す消費者の利益とは，何の関係もない。消費者の利益は，確かに**集団的利益**ではあるが，**全体の利益**とは一致しない。それは鑑賞者の利益と無縁であるだけでなく（これだけでも大きな欠落であるが），創作者の利益を無視ないし敵視する（消費者の利益は経済的な利益にすぎないからである）。それはロビイストの利益である。さらにいえば，その背後には，著作者の諸権利の削減を望む利用者の利益が隠れているのである。おそらく消費者の利益は利用者の利益と抗するのだろうが，そこで生じるとされている「バランス」は怪しいものである。消費者は勝負に予め敗れている。利用者がその戦略を支える資金と，その主張を通す発言力とを持つのに対し，消費者団体は同等の資金力も発言力も持たない。こうした団体は細かく分断されており，消費者の明確で鮮明な意思を導き出すことはほとんど不可能である。ロビーが一斉に交わされるとき，成果をさらっていくのは常に利用者である。

(149) 前述本文38段落および注148参照。この困難は，フランスにおける**特許権**，そしてアメリカにおける**コピーライト**に共通する。議会は，産業ロビーの代弁者となり果てたのでなければ，公衆の代弁者を務めなければならない。

(150) G. Cornu, *Droit civil, Introduction, les personnes, les biens*, Montchrestien, 1988, n. 478 et s をみよ。

(151) 消費者としてではなく！……

(152) 一方に創作の自由があり，他方に創作されたものを享受する自由がある。この2つめの自由は，コピーライトの進展によって明らかに脅かされている。コピーライトは鑑賞者を無視するから，この自由をも無視するのである。

(153) 後述本文84段落以下参照。

(154) 18世紀以来，著作物利用者は同じ戦略を使い続けている。彼らは，創作者の利益が公衆の利益と対立するかのようにいい（現在なら，著作財産権の限界——私的複製や家族の範囲における利用——に異論を唱えたり，教育目的での例外を拒否したりする）。さらに，公衆の利益が創作者のそ

第 I 部　文学的美術的所有権の500年史

れと対立するかのようにいう（公表権に対する異論，著作物へのアクセスと情報へのアクセスの混同）。このようなやり口は，もちろん，受け入れがたいものである。創作者と鑑賞者を対立させようとして引き合いに出される利益は，**経済的利益**である。しかしながら，一方で，経済的諸利益は，非財産的諸利益と天秤にかけることが許されないものであり，他方で，これらの経済的諸利益は，**非財産的諸利益を糾合した，より上位の文化的利益に従属するのである**……。創作者と公衆の間のいわゆる対立は，利用者の利益を全体の利益に優先させるための方便の1つにすぎない。

(155)　**外的形式の取引を商売にする者が**，個人的に，通人でありたいへんな鑑賞者である場合はありうる。しかし，彼の職業には，そうであることは必要ない。また――そうである場合に――，そのことから商売上何らかの成果を得ることも要求されていない。仮に純然たる鑑賞者であったとしても，彼はまず，ビジネスマンとして振る舞うであろう。そして，ビジネスマンとしての彼の利益は，鑑賞者を創作者に結び付ける利益とは，全くもって異なるものである。彼の目には，著作物は他の物と変わらぬ製品にすぎない。従って彼は，自らの著作物利用者としての利益に沿うように，ともすればその製品に手を加えることであろう。

(156)　格言によれば，危険なくして勝つ者には栄光もなし……。

(157)　Ph. Gaudrat, « Les démêlés intemporels d'un couple à succès : le créateur et l'investisseur », *RIDA* n. 190, oct. 2001, pp. 71 à 243 をみよ。

(158)　米国著作権法201条は，製作者を著作者とみなす。従って創作者はもはや何者でもない。知的所有権を持たず，金で口を封じられる**労働者**であるにすぎない。

(159)　例えばウッディ・アレンのような。

(160)　聞くところによると，テックス・アヴェリー（Tex Avery）xxi）には，そのようなチャンスがあったという。その際，彼は，ウッディ・ウッドペッカー（Woody Wood Pecker）xxii）の喜劇を，好きなように創作することを許された……。

(161)　文化的な刷り込みは無視できない影響力を有する。特にそれが映像を通じてなされた場合には。

(162)　文化の操作を伴わずに民族大虐殺がなされた試しはない。ユダヤ人ホロコーストは，ナチスイデオロギーの果実である。しかし，セルビア・クロアチア紛争やルワンダ大虐殺もまた，文化操作の結果であることに変わりはない。メディアの役割は，決して中立ではない。

(163)　著作財産権は**著作物利用者から消費者に**向かう関係しか規律しないのに対し，著作者人格権は**創作者から鑑賞者に**向かう関係をも包摂する。

(164)　著作権制度の目的は，創作者と鑑賞者との関係を確立することである。著作物利用者と消費者との関係は，そのための手段にすぎない。

(165)　これは，撤回権の対象となる。後述本文98段落参照。

(166)　法は，著作者が公表をめぐる諸条件を決定する旨を定める。これらの諸条件は，その後の様々な利用に際しての基準を形作り，そうした利用は公表の際に取り決められた範囲内でなされる。例えば，著作者がその小説をあるコレクションの一環として刊行されるという条件で公表し，そのコレクションが一定の質的な特徴を有する場合，出版者は，再版の際にその特徴を一方的に変更することはできないと解される（それとは別に，当然ながら，著作財産権が新たに譲渡されなければならない）。

(167)　このことはもちろん，こうした諸条件は永遠に変更し得ないという意味ではない。著作者は，当初豪華版の出版しか許諾していない場合でも，**文庫本**の出版を後から問題なく許諾できる。著作物利用者が自らの利益のみのために，すなわち純粋に販売政策上の理由で，頒布の質的な諸条件，すなわち，間接的には著作者のイメージに関わる諸条件を変更することが禁じられるのである。

(168)　興行はもちろんであり，L. 122-5条1）はそれを明文で規定する。しかしそれだけではなく，家族の範囲内では，**著作物利用者が作成した正規の複製物**で商取引で手に入れたもの（買ってきた本やCD）や，**私的複製者によって自ら使用するために作成された複製物**を，やりとりすることもできる。フランスでは，コピーライトと異なり複製とは固定そのものではなく，「固定を通じた公衆への伝達」だからである。非集団的使用のための私的複製は，複製権の支配に属しない。なぜなら，複製者が同時に名宛人であるため，そこには伝達が欠けているからである。別の言い方をすれば，私的複製物であろうと正規の複製物であろうと，それが家族の範囲内でやりとりされることは，

第1章　フィリップ・ゴドラ「著作者人格権の一般理論——フランス法を例に」

一切の利用にあたらない。なぜなら，「家族の範囲」の内部にある者は，公衆ではないからである。
(169) 人格権は財産の外にある。保護される文化的利益は，あまりに広範であり，また売買の対象とならないため，特定の財産に組み入れられることはない。
(170) その場合には，**刑罰**のみが与えられるべきである。
(171) 700条「一方当事者に，その者にかかった費用で訴訟費用に含まれないものを負担させるのが衡平に反すると思料されるときは，判事はその定める額を，他方当事者から当該当事者に支払うよう命ずることができる」．xxiii)
(172) Paris, 20 janv. 1971 : *D.* 1971, 307, concl. Lecourtier. Cass. civ. 1ère, *5 mai 1993* : *RIDA* 1993, n. 158, 205.
(173) Cass. civ. 1ère, *28 mai 1991* : *JCP* 1991, II, 21731, note Françon ; éd. E, II, 220, note Sirinelli et Ginsburg ; *RIDA* 1991, n. 149, p. 161, obs. Kéréver ; *JDI* 1992, 3, note Edelman ; *Rev. crit. DIP*, 1991, 752, note Gautier.
(174) ある論者は，例えば，以下のように書いている。「文学的美術的所有権は，利己主義の精神に満ちた権利のままであった」．(D. Weiller, *Abus du droit et propriété littéraire et artistique*, thèse Strasbourg, 1962, p. 133.)
(175) これはほとんどの場合，著作物利用者の利益である。ただ，美術の著作物等の原作品に関しては，媒体の所有者の利益という場合もある。
(176) A. et H-J. Lucas, *Traité de la Propriété littéraire et artistique*, Litec, 2ème éd. 2001 がそのように説く。その論理展開を追っていくと，**あらゆる権利には濫用のおそれがある**という考えが，周期的に繰り返されており，それによれば「伝統的に，通説判例は」著作者人格権にも濫用のおそれを認めてきたのだという……。これは一学説にすぎず，哲学でいう明証に反するとまではいわないが，法にも（法が言及している**濫用**は，著作者の相続人による場合——知的所有権法典 L. 121-3条——と，公表権の行使に媒体の所有者が反対する場合——L. 111-3条2項——のみである），また判例にも反する（「著作物を創作した者による著作者人格権の行使は絶対的裁量権の性質を帯びるので，判事がその行使の正当性を判断することはできない」Cass. civ. 1ère, 5 juin 1984 : *Bull. civ.* I, n. 184 ; *D.* 1985, inf . rap. p. 312, obs. Colombet.——また，インターネットに関する判決として，TGI Paris. 17 déc. 2002, *D.* 2003, Jurisprudence p. 2089 ; aff. Jean Ferrat, TGI Nanterre, 1ère ch. A, 23 janv. 2002, inédit をみよ）。諸々の財産権は，特権を配分するものである（distributifs de prérogatives）から，間違いなく濫用の余地がある。反対に，**非財産的諸権利**は，**人格**をその最も本質的なところで保護するので，**絶対的裁量権**でしかありえない。人権の濫用はありえないし，人格権の濫用もありえない。被移植者が死活問題として腎臓を欲しがっている場合に，ある人が提供を拒んだら，その人は心身保全の権利を濫用しているだろうか？　そうではない。彼が被移植者の要求に応えなかったことには，十分な理由がある。もし，彼の拒絶が死をさえ招いたとしても，そして，強情な提供者がそれについて全く残念に思っていないようにみえても，彼には一切の権利濫用はない。結局，その権利によって守られる**利益**が**全体の利益**であれば，濫用理論は適用されない。なぜならその理論はまさに，全体の利益の名の下に個別の利益が主張されることを防ぐためにあるからである。ニュアンス抜きに「**あらゆる権利には区別なく濫用のおそれがある**」とする仮説は，危険なレトリックから発している。なぜなら，公衆の利益と社会のモラルという美名の下，このレトリックは実際には，**たいへん私的な利益**を，全体の利益と我々の法を支配する上位の価値よりも，優先させているからである……。
(177) 単独少数説として，A. et H-J. Lucas, *op. cit.*, n. 369, 304.（他の学説との差別化を図るためでもあるが，特に，人格権の概念と，この概説書が展開するアングロ・アメリカ的創作性概念との矛盾を避けるために，そのように主張されている。）反対，G. Cornu, *Droit civil*, Montchrestien, 1988, p. 559 ; G. Goubeaux, *Les personnes*, *Traité de droit civil*, sous la direction de J. Ghestin, LGDJ, 1989, n. 268 et s. ; Desbois, *Le droit d'auteur en France*, Dalloz, 1978, n. 381 ; Silz, « La notion juridique de droit moral » : *RTD civ.* 1933, p. 331 ; P-Y. Gautier, *Propriété littéraire et artistique*, PUF, 3ème *éd.*, *n. 119, p. 178* ; C. Colombet, *Propriété littéraire et artistique et droits voisins*, Dalloz, 8ème *éd. n. 127* ; F. Pollaud-Dulian, chron. *JCP*, 1994, I, 3780 ; C. Caron, *Abus de droit et droit d'auteur*, publica-

tions de l'IRPI, vol. 17, Litec, 1998, n. 128 et s. 上記単独少数説に反対の判例として，Paris, 1*ᵉʳ* *févr. 1989* : *RIDA* 4/1989, p. 301, note Sirinelli ; *JDI* 1989, p. 1005, note Edelman ; *D.* 1990, somm. p. 52 ; TGI Paris, 11 févr. 1993 : *RIDA* 2/1993, p. 235.

(178) 著作者が主張しうるあらゆる人格権が，**著作者人格権**だといいたいわけではない……。著作物の中に刻まれた人格の痕跡を保護するもののみが，著作者人格権である（Cass. civ. 1*ʳᵉ*, *10 mars 1993* : *D.* 1994, 78, note Françon ; *RTD com.* 1994, p. 48, obs. Françon）。反対に，ある著作者の名を無関係の著作物に付すことにより，その名に伴う権威を周囲が勝手に利用した場合に，その著作者が自らの著作であることを争ったなら，彼が行使するのは著作者人格権ではない。なぜなら，この場合，彼の人格は著作物に刻まれていないからである。彼は確かにその人格を防護しているが，それは，著作物に対して防護しているのであり，著作物においてではない。

(179) デボワは以下のように記している。「著作者人格権は著作者の一身に専属するのであるから（2項），それが著作者の死後も存続するとしても，著作者の生存中と同じ形で存続するわけではない」。Desbois, *Le droit d'auteur en France*, Dalloz, 1978, n. 466.

(180) 一元論の限界は，著作者人格権を著作財産権と共に消滅させるところにある。

(181) 従って，相続の承認あるいは放棄と，著作者死後の権利者が誰になるかとは関係がない。

(182) L. 121-2条2項は，承継順位について，冗舌なまでに詳しく規定する。「著作者の死後は，遺著を公表する権利は，著作者が指定する1人又は2人以上の遺言執行人がその生存中に行使する。遺言執行人がいない場合又はその死後は，著作者の別段の意思表示がない限り，次に掲げる者が，次の順序でこの権利を行使する。すなわち，子孫，夫婦別居の確定判決を受けていない，又は新しい婚姻を契約していない配偶者，相続財産の全部又は一部を相続する子孫以外の相続人，及び将来の包括財産の包括受遺者又は受贈者」。この順位は特殊である。これは，**遺言なき死者**の相続順位と完全には一致しない。**尊重要求権**には同様の規定がないので，この特殊な順位は著作者人格権全体に適用されるのか，それとも公表権のみに適用されるのかが問題となる。破毀院は文理解釈を維持している。すなわち，この順位は公表権にしか適用されないという（Cass. civ. 1*ʳᵉ*, *11 janv. 1989, RIDA*, juill. 89, p. 259 ; *D.* 1989, 308, note Edelman ; *JCP* 1989, II 21378, note A. Lucas ; *D.* 1990, S. C. 57 obs. Colombet）。これによれば，公表権と尊重要求権とが，異なる人に帰属することとなる。学説は破毀院判例に反対し，下級審判事たちも学説に従う傾向を見せている。

(183) 判例によれば，「（この条文が）相続制度にない統制を承継人に加えているのは，承継人が死者の意思にとって代わるような逸脱や，……承継人自身による選択を防ぐためである。承継人は，死者の意思を執行する代理人に他ならない」（TGI Paris, 1*ᵉʳ* *déc. 1982* : *D.* 1983, IR, 94 obs. Colombet ; *Gaz. Pal.* 1983, 1, 97, note Frémond ; *RIDA*, janv. 1983, p. 165, note Gautier）。

(184) L. 121-3条によれば，「第121の2条にいう死亡著作者の代理人が公表権の行使又は不行使の明らかな濫用がある場合には，大審裁判所は，適当ないずれの措置も命ずることができる。それらの代理人の間に争いがある場合，認められる権利継承人がいない場合，又は相続人の不存在の場合も，同様とする」。「明らかな」という要件は，著作者の意思が**明確である**場合にのみ満たされ，著作者が認めた正規版の書籍が市場になかったというような客観的な事実によっては満たされない（Civ. 1*ʳᵉ*, *28 févr. 1989* : *Bull. civ.* I, n. 101 ; *D.* 1989, 557, note Durrande ; *RTD com.* 1989, 460, obs. Françon ; *RIDA*, juill. 1989, p. 257, note Françon）。従って，著作者が明確に公表する意思を示していた場合に，承継人が公表を拒むのは，明らかな濫用となる（Civ. 1*ʳᵉ*, *24 oct. 2000* ; *Bull. civ.* I, n. 266 ; *D.* 2001, 918, note Caron ; *JCP* 2000, IV, 2829）。反対に，著作者の意思が不明確である場合には，承継人による濫用はありえない（TGI Paris, 1*ᵉʳ* *déc. 1982* : *D.* 1983, IR, 94 obs. Colombet ; *Gaz. Pal.* 1983, 1, 97, note Frémond ; *RIDA*, janv. 1983, p. 165, note Gautier）。

(185) L. 121-2条によれば，「著作者のみが，その著作物を公表する権利を有する」。

(186) 規定があるのは公表権についてである。そこで，この規定内容は公表にのみあてはまるのか，それとも，他のあらゆる著作者人格権にもあてはまるのかが問題となる。L. 121-1条が相続人不存在の場合を一切想定していないこと，また，取り扱いに差をつける理由もないことから，著作者人格権一般にあてはまると解するのが妥当であろう。

(187) TGI Paris, 1*ᵉʳ* *déc. 1982* : *D.* 1983, inf. rap. p. 94, obs. Colombet ; *RIDA* 1983, janv. 165, note

第**1**章　フィリップ・ゴドラ「著作者人格権の一般理論——フランス法を例に」

Gautier.
(188) Cass. civ. 1ère, *6 déc. 1966, deux arrêts* : *JCP* 1967, II, 14937 ; *D*. 1967, 381, note Desbois.
(189) Paris, 4ème, *20 janv. 1999*, *RIDA* 1999, n. 180, p. 374.
(190) Trib. civ. Seine, 15 avril 1964 : *D*. 1964, 746, note Desbois ; *Gaz. Pal*. 1964, 2, p. 23.
(191) Décret n. 73–539 du 14 juin 1973.
(192) Desbois, *op. cit.* n. 482, p. 588 も同旨。
(193) 不作為による明らかな濫用。
(194) Paris, 11ème ch. *5 avril 1979*, *RIDA* oct. 1979, p. 140. この事件では、ラジオフランス社長ジャクリーヌ・ボドリエ（Jacqueline Baudrier）、アナ・ゲヤール（Anne Gaillard, アナウンサー）、ジャン=エデルン・アリエ（Jean-Edern Hallier, 作家）が、テレビ放送中に、シモーヌ・シニョレ（Simone Signoret, 女優）は自伝『過ぎ去りしノスタルジー』（*la nostalgie n'est plus ce qu'elle était*）の著作者ではないと明言したことが、名誉毀損にあたるとされた。この書籍は、実はモーリス・ポンスによって書かれたものであり、ポンス本人は著作者の地位を全く主張していなかった。
(195) TGI Paris（référés）, 8 mars 1985, *RIDA*, juill. 1985, p. 185 ; TGI Paris, 1ère ch., 21 févr. 1990, *D*. 1991 S. C. 95 obs. Colombet.
(196) Trib. civ. Seine, 8 juillet 1954, inédit. 彫刻家の名を抹消した者に、それを彫り直すよう命じた。
(197) ただしこれは、著作者がその環境に合うよう考慮して創作した場合にのみあてはまる。例えば、街路装飾に溶け込むように創作された一連の彫刻など。
(198) Paris, 30 mai 1962 : *D*. 1962, II, p. 571, note Desbois. Desbois, *op. cit.*, p. 549 et s. も参照のこと。
(199) Cass. civ. 1ère, *6 juillet 1965*, *Gaz. Pal.* 4-7 sept. 1965. 破毀院は上告に応えて以下のように判示した。「美術著作物の著作者が有する著作者人格権により、著作者は、自らの著作物が公衆に向けて公表された後、変質させられたり毀損されたりしないように監視する権能を有する。この事案において、控訴院はその権限に基づき、係争対象の美術著作物（完成品として落札された）には選択された主題と主題を扱う技法において一体性があったこと、——そして、冷蔵庫のパネルを取り外したことにより、落札者がその一体性を毀損したことを、正しく認定している」。
(200) TGI Paris, 29 mai 1989, *RIDA*, janv. 1990, 353 ; TGI Paris, 25 oct. 1990, *JCP* 1990, I, 3478, ann. 5, chr. Edelman.
(201) TGI Paris, 29 juin 1988, *JCP* 1989 I 3376, ann. 2 chr. Edelman. Paris, 25 oct. 1989, *D*. 1990, S. C. 54, obs. Colombet.
(202) *Aff. Vergne*, Paris, 11 janvier 1828, *Rép. Méth. Dalloz*, 1857, t. 38, prop. litt. et art. n. 319, p. 492.
(203) *Aff. Whistler*, Cass. civ. 14 mars 1900 : *DP* 1900, 1, p. 497, rapp. Rau, concl. Desjardin et note Planiol ; *S*. 1900, 1, p. 489. なお、上記 *Vergne* 事件とこの事件との間に、*Rosa Bonheur* 事件があり、これもまた画家に引渡を強制しなかった事例である。Paris, 4 juill. 1865, *DP*, 1865, 2, 233.
(204) 家族の範囲における内的形式へのアクセスの自由、そして私的複製の自由。この自由の領域は、創作者と鑑賞者を欠くコピーライトには存在しない。共同体法が、この領域を再検討しようとするのはそのためである。共同体法は、完璧なまでに気付きにくいやり口で、アメリカ式コピーライトをヨーロッパ全域に押し付ける。
(205) Ph. Gaudrat, « Réflexions dispersées sur l'éradication méthodique du droit d'auteur dans la « société de l'information »... », *RTD com*. 2003 n. 1, p. 87 et s. ; (2ème *partie*) *RTD com*. 2003 n. 2, p. 285 et s. ; (3ème *partie*) *RTD com*. 2003 n. 3, p. 503 et s. を参照のこと。
(206) A. & H-J. Lucas, *op. cit.*, n. 384, p. 311 は、公表が著作物のあらゆる利用と独立に作用するとはいわないまでも、「公表は著作物利用契約の締結より先であってももちろんよいし、後であってもかまわない」という。これに対し、全ての伝統的な学説は、逆に著作物利用権が公表権の行使によって生ずると解する（Desbois, *op. cit.*, n. 388 ; A. Françon, *Cours de propriété littéraire artistique et industrielle*, 1996/97, Les cours du droit, p. 214「著作物を公にするという著作者の決断が重要であるのは、著作財産権がそれによって発生するからである。著作財産権は、著作物が公になった瞬間から、法の世界に登場する。」; C. Colombet, *Propriété littéraire et artistique et droits voisins*, 8ème éd. Précis

第Ⅰ部　文学的美術的所有権の500年史

Dalloz, n. 136, p. 117「公表権が行使されることが，著作財産権の発生の条件となる。なぜなら著作者は，著作物を公衆に届ける決断をするときにのみ，著作物に著作財産権を付与するからである」）。
(207) A. & H-J. Lucas, op. cit., n. 384 によれば，「公表するとは，プチ・ロベール xxiv によれば，『公衆に知らせる』ことをいう。これは，特許法においても採用されている語義である。従って公表は具体的な事実と解釈すべきであり，例えば出版はその１つの態様である」。この学問的方法論にはいささか驚きを禁じえない。特許法においてもまたそう解されているからといって，著作者の権利における枢要な概念の意味を，日常語と同じ意味に解するとは……。
(208) 論者の中には，L. 122-5 条が公表を要件としていることに驚く者もいるが，それは，彼らが鑑賞者の真の法的地位を否定しているからである（A. & H-J. Lucas, op. cit., 2ème éd. n. 298）。
(209) 前述本文89段落参照。
(210) 公表があったことは争われず，公表の条件をめぐって対立があったような場合。
(211) 公表権はそのようなものではない。なぜなら，まず，公表権の**本質は非財産的**だからである。また，それはすでに製造された複製物ではなく，その**源泉**に関して作用する。そしてそれは，複製権（市場に投入すべき複製物の作成を合法化する権利）が発生する前に作用する。最後に，公表権は複製のみならず，あらゆる著作物の利用方法について，その条件を決定する。
(212) 以下のような学説が，公表権を黙示的に実演家にも認める解釈を支持する。X. Daverat, L'artiste-interprète, th. Bordeaux, 1990, p. 737 ; B. Edelman, note sous TGI Paris, 1ère ch. 10 janv. 1990 : D. 1991, p. 206.
(213) A. et H-J. Lucas, op. cit., n. 828, p. 650 ; P-Y. Gautier, op. cit., n. 95, p. 146.
(214) Paris, 16 juin 1993 : RIDA 1/1994, p. 363 ; D. 1994, p. 218, note Edelman ; Paris, 1ère ch. 29 avril 1998 : RIDA 4/1997, p. 263.

訳注

(i) 本章は，GAUDRAT Philippe, « Théorie générale du droit moral : L'exemple du droit français », *Communication Law Journal*（édition électronique ― site mis en œuvre conjointement par *University of Central Lancashire* et l'Université de Poitiers), 2005 の，長塚真琴（以下，翻訳者）による全訳である。原文の入手については翻訳者に連絡されたい。なお，本章初出稿の執筆にあたっては，獨協大学平成18（2006）年度国際共同研究助成を受けた。

翻訳に際しては，原文への忠実さよりは日本語としての完成度を重視し，箇所によってはかなり意訳した。その際，重要と思われる点はできる限りゴドラ教授に確認した。

フィリップ・ゴドラ教授は2007年当時，ポワティエ大学法学・社会科学部教授であり，法的国際協力研究センター（略称CECOJI。CNRSと大学との混成研究単位（UMR）6224番）の知的所有権法部門の共同責任者を務めていた。2024年11月現在は，同大学名誉教授として博士論文指導のみを担当されているが，執筆活動は引き続き旺盛である。なお，CECOJIは2015年にポワティエ大学の単独機関（略称CECOJI-UP）に組織変更され，CECOJIの意味するところも「法学研究と法的国際協力に関する学際的センター」に変更された。CECOJI-UPには現在も，本文で展開されている伝統的な著作権法理論を支持する中堅・若手の研究者が複数在籍しており，博士論文の提出も活発である。翻訳者は2016年・2019年・2022年にポワティエ大学で客員教授として講義をおこない，CECOJI-UPの研究者や博士課程大学院生と交流した。また，2023年11月28日にはゴドラ教授門下のアレクサンドル・ゾーランジェ助教授が指導し，一橋大学に留学したこともあるレスリー・アムラーヌ＝デュラスタンティ氏による，日米仏（欧）を対象とする比較法の博士論文の審査に参加した。

さて，ゴドラ教授は2004年の５月末から６月にかけて来日し，５月29日に著作権法学会で，「著作者人格権の一般理論――フランス法を例に」と題する講演をおこなった。その際に教授が準備された原稿は，その後度重なる重要な改稿を経て2005年５月にようやく確定し，上記論文となった。そこで，学会誌編集委員とも相談の上，講演録というよりは独立の論文として，上記論文の翻訳を投稿することとした。ただし，講演録として翻訳に着手した関係上，本文は「です・ます」体のままとなっている。

第1章　フィリップ・ゴドラ「著作者人格権の一般理論——フランス法を例に」

　原稿確定後もなかなか翻訳が仕上がらなかったのは，翻訳者の若干の事情と大いなる怠慢のためであるが，この間，2005年3月と2006年8月にポワティエに赴いて，表現が難解な点についてゴドラ教授の真意をうかがうことができた。その成果は本稿の随所に反映されているが，原文にない事項を盛り込む際には，訳注の形をとることとした。

　ゴドラ教授が日本滞在中に北海道大学でおこなった講演の翻訳として，Philippe GAUDRAT／横溝大（訳）「著作者人格権とマルチメディア」知的財産法政策学研究5号（2005年1月）69頁がある（北海道大学機関リポジトリ掲載）。なお，この滞在中に全部で5回おこなわれた研究集会の概要を記録するものとして，「Gaudrat教授・Grégoire研究員招聘記」同4号（2004年10月）208頁がある。

　著作権とコピーライトの歴史に関する先行研究として，さしあたり，宮澤博明『著作権の誕生——フランス著作権史』（日本ユニ著作権センター，1998年）および白田秀彰『コピーライトの史的展開』（信山社，1998年）を挙げておく。ゴドラ教授の見解を研究史の中に位置付けることは，今後の課題となる。

　なお，本章初出稿の公表後に，ポワティエ大学出身で北海道大学への留学経験もある法制史家フレデリック・リドーを含む国際的チームにより，著作権法の歴史的一次資料アーカイヴであるhttps://www.copyrighthistory.org/が作られた。そこには，1791年法と1793年法をはじめとして，本稿に登場する様々な文献が収録されている。また，一橋大学は1791年法の原典のパンフレットを所蔵している。詳しくは，本書第2章本文末尾の参考文献リストを参照されたい。

(ii) 外務省仮訳。原注1と，本訳注対応箇所以降の本文および原注に現れる国際条約・国際協定・アメリカ合衆国憲法の翻訳も，同様に日本の関係官庁の公式または仮の訳を採用した。

(iii) アラブ諸国の市場，転じて混乱をさす。

(iv) 他人の出版したヒット作を真似しようことが横行し，書店の倒産が相次いだことをさす。

(v) 同じ作品に地域ごとに成立した別の特権の間に，競争が生じたことをさす。

(vi) 同業組合内部の競争にさらされる義務をさす。

(vii) 本文35段落などですでにみたように，アンシャン・レジーム下の「著作者の所有権」は，著作者の手にある限り，永続するとされていた。

(viii) この問題に関する必読文献として，駒田泰土「フランス著作権法における一元論について」『上智法学論集』49巻3・4号（2006年）67頁がある。この論文は駒田泰土『知的財産法研究における大陸法的視座』（有斐閣，2023年）の巻頭に収録された。

(ix) フランス知的所有権法典の訳は，初出当時普及していた大山幸房訳『外国著作権法令集（30）——フランス編』（著作権情報センター，2001年）にほぼ準拠したが，適宜変更を加えた箇所もある。特に，本章では，1791年法に遡る重要な利用行為であるreprésentationを，初出からしばらくは「上演」と訳してきた。演劇が対象であることが文脈上明確だったからである。しかし，1957年法制定以後については，最も近い日本語として「興行」を選択する（日本の旧著作権法に倣った）。なぜなら，フランスの著作権概念は包括的（synthétique）であり（本文47段落および本書第3章参照），20世紀半ば以降，放送やインターネット送信などが当然のようにreprésentationの中に含まれていくことからである。そうなると，「上演」（あるいは，現在の著作権情報センターで田村寛子が採用する「上演・演奏」）よりも「興行」のほうが，対象著作物が演劇に限られない点で，まだ妥当だからである。それでも，静止画や彫刻，建築物については違和感が拭えないが，「鑑賞者の手元に複製物（ダウンロードデータを含む）を残さず著作物を享受させる行為」のことを広く指すと理解してほしい。

(x) 駒田・前掲注viii・82頁以下（特に86頁）で紹介されている「新一元論」への批判と思われる。

(xi) ロシア民芸品のマトリョーシカのように，大きさの違う相似形のものがいくつもあって，大きいものの中に小さいものが入るようになっている状態をさす。

(xii) 横溝（訳）・前掲注iでは「愛好者」と訳されている。横溝訳が準備されていた当時，amateurは「愛好者」でよいのかどうかについて，関係者間で意見交換する機会があった。しかし，その時はさしたる対案もないまま，結局「愛好者」のままとすることになった。翻訳者が「鑑賞者」を思いついたのは，2006年になってからである。

第Ⅰ部　文学的美術的所有権の500年史

(xiii) 横溝（訳）・前掲注ⅰ・122頁に，ゴドラ教授自身が口頭での説明の際に用いる概念図が収録されている。
(xiv) 著作者人格権の原語が droit moral であることを想起しておきたい。

[以下，原注への注]

(xv) ゴドラ教授の説明によれば以下の通り。例えば彫刻は「res」であるが，心の中でその素材（大理石など）を消してしまうと，そこには彫刻の「形式」が残る。それは「chose」の一種である。
(xvi) 日本では「物のパブリシティ権」として議論されることが多い。
(xvii) 原文からは明確ではないが，おそらくカフェ・ゴンドレー事件破毀院判決をさすものと思われる。紹介，駒田泰土「カフェ Gondrée 事件破毀院判決をめぐるフランスの議論状況」コピライト470号（2000年）36頁。
(xviii) 集合著作物に関しては，1957年の誤りであろう。
(xix) ゴドラ教授によれば，この期間は一定の収入額を下回ると終了するしくみになっており，通常数ヵ月間であったという。
(xx) 諺「人は自らにふさわしい政治家をもつ」のもじり。人々が選択した著作権法の体系が，著作物利用者の行動を規定するという含意がある。
(xxi) アメリカンコミック黄金時代のアニメーター。テックス・エイヴリーとも称される。フランスにもファンが多い。
(xxii) 木つつきのキャラクターが登場するアニメ映画。日本でも「ウッドペッカー」と題してテレビ放映された。
(xxiii) 長塚訳。
(xxiv) 広く使われている中型のフランス語辞書。

第Ⅱ部
19世紀以降のフランス著作権法

第2章
ユゴー・国際著作権法学会（ALAI）・ベルヌ条約

はじめに

　この章の1と2では，三題噺をします。ベルヌ条約が制定される際に，文豪ヴィクトル・ユゴーがどう関わったのか。そして，今でも活動していて筆者も関与している，「ALAI」（読み方は「アライ」）と略称される国際著作権法学会が，どう絡んでいたのか。それをお話ししたいと思います。

　ベルヌ条約は，著作権分野で最も古くからあって古典的な国際条約です。それは1886年（明治19年）に，ドイツ語読みでベルンと呼ばれることもある，スイスの首都で締結されました。

　ベルヌ条約は，著作権に関する最も大切な国際条約で，著作権保護の国際的な最低水準を定めています。日本法の大枠も，この条約によって決められているのです。また，日本法の個別の条文にも，ベルヌ条約に由来するものがたくさんあります。現在，この条約に違反することは実際には不可能であり，また条約そのものの改正も，きわめて難しくなっています。

　ユゴーはALAIの創立名誉会長ですが，両者をつないだのが，「SGDL」（読み方は「エスジェーデーエル」）と略称される，パリにあって今も活動するフランス文芸家協会です。ユゴーはSGDLの設立以来のメンバーでした。

　ベルヌ条約の成立に際しては，ユゴー，SGDL，そしてALAIが，それぞれ大事な役割を果たしました。SGDLの主催で1878年に開かれた国際著作権会議（CLI，読み方は「セーエルイー」）が，前半のハイライトです。これからみていくように，著名人，団体，学会，会議などの動きが相互に組み合わされて，その結果ベルヌ条約が誕生したのです。

　そして3では，ベルヌ条約の改正史をALAIの動きに着目しつつ大まかに眺め，1971年に改正が止まってから，どのような国際条約がベルヌ条約を補完

していったかを概観します。最後に，今日における ALAI の役割についても触れます。

1　文豪ヴィクトル・ユゴーと著作権法

(1) ヴィクトル・ユゴー

舞台は19世紀フランスです。ここで，ユゴー・ALAI（国際著作権法学会）・ベルヌ条約の三者の結び付きが生まれます。フランス革命が起きてから，まだ50年ぐらいのフランスにいるつもりで，お聴きください。

ユゴーが生まれたのは1802年です。記録によると，父親が軍人でフランス各地を転々としており，その赴任先だったブザンソンという地方都市で生まれています。ブザンソンはフランス東部で，パリよりもむしろベルヌ（ベルン）に近いところに位置しています。

ユゴーは，日本では長編小説『レ・ミゼラブル』の作者として有名ですね。これには『ああ無情』という邦題がありますが，元々は「かわいそうな人たち」とか「貧しき者たち」といった意味です。しかし，フランスではむしろ詩人として知られているように思います。若い頃から成功し，かつ長生きしました。伝記を読んでみると，たいへんに面白いです。政治に深く関わり，ナポレオン3世と対立して，20年近くもイギリスの離島に亡命したという経験をしています。私生活も破天荒です。50年も同じ愛人と続きながら，他の人妻との姦通罪に問われ，一方で，家族やキリスト教に反するような気持ちは，あまり持っていなかったそうです。愛すべき矛盾というか，清濁併せのむ，そういうキャラクターだったようです。また神秘思想に没頭したこともあるといい，知れば知るほど，いろいろ出てくる面白い人物です。

繰り返しますが，ユゴーという人物は，かなり政治に手を出した人です。当時，文学者は社会や文化の指導者として強い影響力を持っていました。文学者がとても偉かった時代でした。選挙に出ると，知名度もあるので当選するのです。

ユゴーも1845年に貴族院議員になりました。ユゴーは法学部を出ているわけではないのですが，議員として「知的所有権」分野の法律の審議に関わります。

知的所有権のことを，日本では知的財産権ということが多いですが，そこには著作権が含まれ，さらに，よりビジネスに関係の深い特許，意匠，商標といった法律も含まれています。ユゴーは意匠や商標に関する法律を扱っていたようです。

　これが，ユゴーが著作権に造詣が深い理由の一端です。ユゴーはSGDLの古くからのメンバーとして，また，知的所有権を議員の仕事で扱った経験をも生かして，晩年にALAI設立に関与し，著作権について重要な言説を発表します。

(2)フランス人権宣言と著作権法

　ユゴーが生まれたのはフランス革命から13年後で，死去した1885年でさえも，まだ革命後100年も経っていません。まだアンシャン・レジーム，つまり古い秩序の記憶が生々しかった時代です。現在ではもう秩序として確立している色々なもの，例えば，人権や財産権の保障，表現の自由，選挙権なども，当時はまだできたばかりでした。

　1789年のフランス人権宣言17条は，「所有権は神聖にして不可侵」であると宣言しています。要するに，人が物を直接に支配すること，稼いだお金が自分のものになることは，非常に重要であるため，これを国家権力が簡単に変えてはいけないのです。そして，ここでいう所有権の中には，知的所有権としての著作者の権利が含まれていました（本書第1章参照）。この人権宣言は，全体として，今でもフランスの憲法の一部となっています。

　憲法は法秩序の一番上にあって，その下に様々な法律があります。フランス人権宣言の下の2つの法律として，著作権法は作られました。それが，1791年と1793年の法律です。

　1791年法の3条に大事なことが書かれているので，見ていきましょう（本章末尾資料2参照）。これは，演劇の上演に関する法律です。ここで大事なのは，「著作者の作品は，著作者から同意を得ない限り，劇場で上演してはならない」と定めていることです。今では当たり前のことだと思うかも知れませんが，これは当時としてはとても画期的なことです。上演の可否を，王から特権を授けられた劇場ではなく著作者が決めることを，はっきりと宣言したからです。も

ちろん，劇場の特権は革命で廃止されました。

　1793年法は，文学的美術的所有権という，作家や画家，作曲家などの権利に関する法律です。その最も重要な条文には，「文書の著作者，音楽の作曲家，絵やデッサンを印刷させる画家や素描家は，その作品を販売し，販売させ，頒布することの独占権を有する」とあります（末尾資料3参照）。

　この2つの法律は，どちらも条文が7つしかない短いものでした。それらは，当時の技術でできること（生の上演，印刷，印刷したものの販売）を対象にして，それを著作者に無断でしないように定める法律でした。2つの法律があったことは，当時からすればとても進んでいます。しかし残念ながら，法律はあっても，守らせる仕組みはまだ十分ではありませんでした。そのせいで，例えば，作家に対して新聞社から原稿料が支払われないことがありました。

(3)文芸家協会（SGDL）の設立とユゴー

　ユゴーが若かった1820〜30年代は，世の中全体の識字率が上がってきて，新聞が売れるようになってきた時代です。新聞という商売が成り立つようになり，さらに，連載小説が新聞の売り上げを左右するようになりました。一方で，先ほどお話ししたように，文学者の一部は政治にどっぷり首を突っ込んでいたので，中には自分で新聞を作ってしまう人もいたのです。

　こうして，発表媒体として新聞社を取引先に持っていたり，自分で新聞を作ったりする文学者が増えて，新聞連載小説家という職業が成立していきます。その1人であるデノワイエという人は，自分でも新聞を持っていたようですが，1838年に文芸家協会（SGDL）を作りました。ユゴーは，設立当初から協会に入っており，短期間ながら会長を務めたこともあって，晩年には協会の象徴的存在になります。

　当時のSGDLは，前世紀から存在する著作権法を活用して，新聞連載小説を集中管理していました。現在の日本で音楽についてJASRACがおこなっているようなことです。団体が代わりに新聞社と交渉をして，あるいは，連載小説を単行本化するときには出版社と交渉をして，お金を集めるということです。現在のSGDLはこうした実務は別団体に任せ，ロビー団体として立法や政策立案を推進しています。

第2章　ユゴー・国際著作権法学会（ALAI）・ベルヌ条約

　こうしたフランス国内での取り組みから，SGDLの会員たちに，国際的な問題意識が目覚めていきます。法律はあるがそれが守られていないという状況は，先進国のフランスでもありましたが，スペイン，オランダなどの隣国でも変わらなかったのです。それどころか，そもそも法律が制定されていない国もまだ多かったわけです。

　そうなると，悪い意味で頭が良く抜け目のない人が，近隣の国々で，フランスで売れた本の海賊版を作り，それをフランスで売って大もうけするようになりました。例えばスペインは，距離と言語が比較的近く，フランス語を刷る技術もあるのに，著作権法が弱かったのです。海賊版は著作者に著作権料を払っていないわけですから製作費がその分だけ安く，もし版面のクオリティがそれほど変わらなければ，よく売れるのは当たり前ですね。こういう「国境を越えた海賊版」が，フランスに大量に流れ込むようになってきたので，これはたいへんだということになったのです。

　こういった行為に対して，最初は，例えば相手がスペインなら，SGDLがフランス政府に圧力をかけ，著作権に関するスペインとの二国間協定を作らせて，海賊版を輸入しないという対応をしていました。しかし，こうした対応には限界がありました。協定の数が増えると，実務が複雑化するのです。そこでSGDLは，海賊版の版元のあるような国々を対象に条約を1つ作って，どの国もそれに従わなければいけないようにすればよいと考えました。その呼びかけでおこなわれたのが，国際著作権会議（CLI）です。

2　ベルヌ条約の誕生まで

(1)1878年の国際著作権会議（CLI）

　1878年，パリで国際著作権会議（CLI）が開催されました。この会議がベルヌ条約の設立にとって，とても大切な会議となりました。CLIは，3回目のパリ開催となる万国博覧会と，意図的に重ねて開催されました。今エッフェル塔のある辺りが万博会場で，著作権の会議が開催されていたのは，シテ島の北側の対岸にあたる，シャトレという今でも賑やかな辺りです。万博の開催中に，国際著作権についての議論をしているという，わりと平和な時代だったのです

ね。普仏戦争が終わって，世の中に安堵感が漂い，物質文明が豊かになりつつある時代でした。気球を飛ばしたりして，「こんなの作れてすごいだろ」というものを各国が見せ合っていた，そういう時代だったのです。

会議が行われたのはシャトレ座という劇場です。会議は文芸家協会（SGDL）が主催で，議長は当時76歳のユゴーでした。11日間の会議に参加したのは，まずSGDL会員の作家たちで，ドーデ，デュマ（父），『昆虫記』で有名なファーブルといった人たちがいました。またフランスの音楽著作権集中管理団体であるSACEMも参加していました。SACEMはこの種の団体の元祖で，その後，JASRACなど世界中の管理団体が，SACEMを模範に設立されたのです。ほかに，今もあるアシェット社を始めとして，出版社も参加していました。その他に，万博の取材に来たメディアの人たちもいたのです。

ユゴーがどの程度関わっていたのかに筆者は興味を持っていて，調べたところ，付かず離れずといった感じでした。11日のうち3日出席して，ただのお飾りではなく，大人数を相手に演説などもしていました。会議の基調となる大事なことを発言してはいるのですが，運営にしっかりと関わってといたかというとそうでもない。議長に担がれてはいますが，会議全体を動かす実質的な仕事はしていないのです。彼は象徴的な役割を担っていたようです。思想的な支柱といいますか，考え方の基本を演説で提示する役割だったと考えられます。

この国際著作権会議を11日間おこなった結果，何が得られたでしょうか。ひとつは，国際条約の基本方針が作られたこと，もうひとつは，今でも活動を続けている国際著作権法学会（ALAI）という団体が設立されたことです。このふたつが，1878年の会議の成果です。

ユゴーの思想を基調とする1878年会議の「決議及び勧告」から，大事なところを見ていきましょう（末尾資料4参照）。

まず，先ほどのフランス人権宣言と似ていますが，「著作者の権利は所有権の一形態である」ということが改めて宣言されました（Ⅰ）。また，著作者の権利が「法による認可ではない」とされているのも，歴史的にはとても大事なところです。法による認可ではないので，政府が代わっても残るわけです。実際，革命からCLI開催3年前の1875年まで，フランスの政府は何度も交代しました。著作者の権利は，国が法に従って与える権利ではなく，著作物を作っ

た人がもともと持っている権利であるというわけですね。

　この時代の保護期間がどうなっていたかは調査未了なのですが,「著作者の権利は,相続人および承継人のもとで永続する」(II) という記述は,あまり額面通りにとらないほうがよさそうです。それよりも,保護期間経過後について,差止請求のできない報酬請求権を定める立法例が意識されていること,著作者の死後も,「原作に忠実でない」出版を遺族が差し止められる旨を定めつつ,遺族を著作者の遺志に従わせていること (III) に,注目が必要です。

　次に,「全ての文学的,科学的,美術的作品は,その本国以外の国においては,当該の国が自国民の作品に対して適用するのと同じ法に従って取り扱われる」とあります (IV)。これはベルヌ条約の基本方針である「内国民待遇」と同じです。もともと出版物の権利が念頭に置かれてはいますが,上演や演奏についても,同様に内国民待遇に服すると書かれています。方式主義の国のことを考えたと思われる記述があるのも興味深いところです (V)。

　国際著作権法学会 (ALAI) を設立することも,「決議」の最後に宣言されました (VI)。それに続く「勧告」には,著作権に関する条約は通商条約とは別に交わされるべきだと書いてあります (3)。これが当時何を意味していたかは調査未了なのですが,少なくとも字面の上では,最近の著作権条約が通商条約の中に入り込んでいるのとちょうど対照的で,興味深いですね。

　ユゴーの会議4日目の開会あいさつを紹介して,この項目の結びとします。ユゴーは「所有権を持つ作家は自由」であり,「作家の思想は捕えられない(魂から魂へと飛び回る)が,本は捕えられる(権利の対象として特定できる,差し押さえられる)」と考えていました。また「作家はその作り出した(与えられたのではない)価値を所有する。これは最も異論の余地のない所有権であ」ると言い,「所有権を尊重すると同時に,公有財産(パブリックドメイン)を確固たるものとしよう」と呼びかけ,「本は本として作家のものであり,思想は思想として人類のものである」と述べました。「所有権の尊重」と「パブリックドメインの確保」の両方をきちんとやろうというのは,今にも通じる考え方です。ユゴーがこのような考え方をこの時代にすでに持っていたのは,大いに尊敬すべきことだと思います。

第Ⅱ部　19世紀以降のフランス著作権法

(2)ベルヌ条約の誕生

　1878年の国際著作権会議（CLI）に集まった専門家たちは，そこで国際著作権法学会（ALAI）を立ち上げ，その後も何度も会議を繰り返します。CLIの参加者は学者よりも実務家の方が多かったのですが，学者もいないわけではありません。そういった人たちがALAIの名の下に繰り返し集まって，条約準備会議をしていきます。それをスイスの政府が後援してくれました。

　このときに論点になったのは，国際条約の制定でどの程度の法の統一を目指すかということでした。保護のレベルを高くするのか，低くするのか，あるいは中庸なところで納めるのか，その前にそもそも統一を求めるのか，求めないのかいうことでした。

　19世紀の終わりの時点では，国によって法律がバラバラでした。著作権法で何を守るか，どう守るか，そもそも誰に権利があるか，そういったことがバラバラなので，どこまで統一するかが問題になりました。統一されていた方がもちろん分かりやすいのですが，歴史も文化も国によって違いますから，法律が違っているのにも理由があるのです。ですから，統一すればよいというものでもありません。

　ALAIが出した結論は，法の統一は時期尚早であるというものでした。そもそも著作権法が制定されていない国もあり，あっても法律の中身がバラバラだったので，あえてそろえなくてよいのではないかと考えられたわけです。とりあえず，互いに守り合うという約束を多数の国で交わせば，二国間で守り合っていた時代よりも，ずっと進歩したことになると思ったわけです。1886年によやく結論が出され，ベルヌ条約は10ヵ国によって署名され，そこでは著作権が互いに保護されるようになりました。10ヵ国というのはヨーロッパが中心で，フランス，ドイツ，ベルギー，スペイン，イタリア，イギリス，そして植民地だったハイチ，リベリア，チュニジアでした。この条約で国際同盟を作って互いに著作権を守ろうというのが，最も重要な内容です。

　この条約で同盟国が互いに約束し合ったことのひとつが，「内国民待遇」でした。内国民待遇というのは，例えば，A国とB国との間で，「A国の国民の著作物がB国で剽窃されている」という問題があったときには，B国がA国の著作者を自国民と同じように保護するということです。外国人だからといっ

て剽窃を放置するのではなくて，B国の法律をA国の人にも適用するというわけです。逆にA国でB国の人が活動したときには，A国の法律に従ってその人の著作権を守るのです。複数の国で著作権法が制定されていないと，この仕組みは機能しないわけですが，1880年代になると，著作権法を制定する国もそれなりに増えていきます。

　さて，10の同盟国は，文学的美術的作品の保護に関してベルヌ同盟を結成しました。ベルヌ条約2条には，次のように記されています（末尾資料5参照）。「同盟国民及びその承継人は，その作品の発行・未発行問わず，他の同盟国がその国の国民に現在与えている，あるいは将来与える保護を享受する」。同盟国民が作家で，承継人は出版社ですね。ある同盟国の作家が他の同盟国に行ったときに，行き先の同盟国がその国の国民に現在与えている，あるいは将来与える保護を享受するということです。

　基本的に内国民待遇を採用したベルヌ条約ですが，実体規定も少しはありました。そこでは著作物が定義されており（4条），小説，彫刻，絵画，そして音楽も，早い時期から著作物の例として挙げられています。5条には，翻訳権は10年で切れるという規定がありました。そして，その後になされた適法な翻訳は，新しい著作物として保護されることになっていました（6条）。翻訳というのはかなりクリエイティブな作業ですので，創作と見なされていたわけです。一方，新聞記事は，事実をそのまま書いただけと考えられて保護が弱く，原則として複製は自由とされていました（7条）。一方で，著作物の保護期間の最低限度に関する規定は，最初のベルヌ条約にはまだありませんでした。

　日本はこの条約に，1899（明治32）年という比較的早い時期に加盟しています。そのときにはベルヌ条約が制定されて13年が経っていたので，条約は何回か改正されていました。日本は，当時の最新バージョンの条約に倣って，国際的にみてかなり進んだ著作権法の制定を目指したのです。こうして同年3月4日に制定された日本の旧著作権法が，ベルヌ条約の水準を達成した著作権法と認められ，日本は条約に入ることができました。それが同年4月18日ですから，19世紀のうちに加入を達成したことになります。そのときの日本の著作権法はとてもシンプルでしたが，しっかりしたものでした。それはフランスの1791年法と1793年法を足したようなもので，ステージパフォーマンスと出版は著作者

の許諾を要するという要点をきちんと押さえた，当時の国際水準を満たす著作権法でした。これは「旧法」と呼ばれており，現行法の基礎を作った大切な法律です。

3　著作権の国際条約と ALAI の役割

(1)ベルヌ条約の改正

ベルヌ条約が最初に署名された1886年以後，ほぼ20年ごとに大きな改正が行われ，最後の改正は1971年におこなわれました。

ベルヌ条約の改正には，ALAI（国際著作権法学会）が積極的に関与してきました。その成果のひとつが，現在のベルヌ条約（パリ改正条約）6条の2です。6条の2で規定されているのは，著作者人格権です。日本法でいうと，著作権法18条から20条です。

6条の2があることで，アメリカは1989年までベルヌ同盟に入りませんでした。アメリカとヨーロッパとでは，著作権の考え方が根本的に違うのです（本書第1章参照）。著作権を英語では「コピーライト」といいますが，言葉の意味としては，「コピーライト」は「著作権」というより「複製権」です。つまり，ここには著作者人格権は含まれていません。他人が勝手にコピーすることを止める権利にすぎないのです。ヨーロッパ式の，著作者人格権を含んだ著作権を正確に英語で書くと「オーサーズライト author's right」，それを日本語にすると「著作者の権利」です。この「オーサーズライト」と「コピーライト」を，特にフランス人の専門家は，一緒にすべきでないと言います。このふたつは，著作者人格権の保護を重視するかしないかで，そもそも考え方が違うのです。アメリカでは，民法などの一般的な法律で，著作者の名前を出させる権利や勝手に変えさせない権利がある程度は保護されているのですが，著作権法の中には著作者人格権はありません。

また，現在のベルヌ条約5条2項にある「無方式主義」も，ALAI が関与してなされた改正の成果です。これは，何もしなくても著作権が保護されるという規定です。日本でいうと著作権法17条です。しかしアメリカでは方式が必要でした。これも，アメリカが長い間ベルヌ条約に加入していなかった理由です。

その期間は，ベルヌ同盟国と，アメリカやアメリカ系の著作権法を持つフィリピンなどの国とを，別の条約でつないでいたのです。アメリカが1989年に加入したのは，後で説明するWTOとの関係からです。ベルヌ同盟に入って，その中から世界に影響を与えようという思惑が，アメリカにあったからです。いつまでもアウトサイダーでいてはまずいということですね。

さて，少しアメリカの話をしすぎましたが，ベルヌ条約が制定後に変わったところのもう1つ，そして最もわかりやすいところは，保護期間に関する7条です。

ベルヌ条約で義務付けられている保護期間は，作者の生存期間と死後50年です。日本は長くこれを守ってきましたが，2018年の年末からは，死後50年が死後70年まで延長されました。従って，平均寿命の長い現在では，保護期間が100年を超えることも珍しくありませんね。

以上が，1971年までの改正で追加された主な内容です。そして，ベルヌ条約の改正は，1971年のパリ改正が最後です。ベルヌ条約の改正はそこで止まっているのです。なぜ1971年以降は改正されていないのかというと，南北対立が激しくなってしまったからです。著作権の保護を強めようとする先進国と，それに反対する発展途上国とが対立しました。まだコンピューターが普及していない時代でしたので，具体的には，翻訳に関してどのぐらい強い権利を持たせるかなどが問題だったのですが，なかなか議論が進まず，改正に至っていません。

この少し前の1967年に，世界知的所有権機関（WIPO，読み方は「ワイポ」または通常の4文字英語読み）という国連の機関ができました。WIPOは，知的所有権についての専門機関です。実は特許についても，著作権と同じように19世紀から国際条約があって，多くの国で保護が認められてきたのですが，その特許の条約とベルヌ条約が，WIPOでまとめて管理されるようになりました。

最初のベルヌ条約に署名したのは欧州を中心に8ヵ国だけでしたが，2024年10月現在の加盟国は181ヵ国になっています。これは世界の国のほとんどが加盟しているということです。2013年の加盟国が166ヵ国ですから，直近11年でもだいぶ増えていますよね。これに入っていないのは，イラクなどのわずかな国だけです。ちなみに，北朝鮮も加盟しています。

ベルヌ条約の加盟国数がなぜここまで増えたかというと，WIPOが立法支援

をしたからです。ベルヌ条約の水準を満たす著作権法を自力で作るのは、発展途上国には難しいことです。そうした国を助けるのが、国連の機関としてのWIPOの大切な仕事なのです。

　ベルヌ条約の条文はそれほど多くなく、特に後ろの方は、著作権法の内容ではなくてベルヌ同盟の運営に関する条文です。従って、条約の20条ぐらいまでを守っていれば、その国の著作権法は国際水準と認められ、条約に入れるのです。いくつかのシンプルな義務を守り、あとは各国が自由に法律を決めて、他国と合わないところは内国民待遇で、互いに「郷に入りては郷に従え」にしようというのが、ベルヌ条約の考え方です。こうして、1967年にWIPOができた後、多くの国がその助けを得て、著作権法を立法ないし改正してベルヌ条約に入りました。

(2)著作権法とTRIPs協定

　時代は20世紀の終わりに移ります。世界規模で貿易自由化を進めるための仕組みとして、独立した立法機関と予算を持つ「世界貿易機関（WTO）」が、1995年から動き出しました。WTOに関するたくさんの協定の1つとして、「知的所有権の貿易関連の側面に関する協定（TRIPs協定）」があります。このTRIPs協定が、改正できなくなってしまったベルヌ条約の代わりとして機能しています。前述したように、ベルヌ条約は1970年代に改正が止まり、以後、コンピュータープログラムの保護などのデジタル時代の課題に対応できなくなってしまいました。そこで制定されたのが、TRIPs協定です。

　著作権が貿易や通商の問題だと言われても、ピンとこないかもしれません。しかしこの頃、例えば、海賊版のビデオソフトやパソコンソフトが、国をまたいでたくさん取引されていました。海賊版は値段が安いので、正規版の顧客を奪います。これは不正商品問題と呼ばれ、不公正な貿易慣行の一種とされて、貿易問題として議論されるようになったのです。不正商品を製造したり、流通させたりしないために、それぞれの国で法制度が必要だということから、貿易と知的所有権法の関係が生じるわけです。これはもちろん、20世紀末の経済のグローバル化と密接に関係しています。

　つまり、関税を引き下げて貿易を自由化し、世界規模で経済活動を活発にし

第**2**章　ユゴー・国際著作権法学会（ALAI）・ベルヌ条約

ようという動きの中に知的所有権（特に著作権）の問題を絡ませて，ベルヌ条約の改正に代わる新時代の条約を実現させたわけです。具体的には，コンピュータープログラムの保護や，偽物のCDやビデオソフトなどの販売を止める権利（譲渡権）の規定や，法律を守らせるエンフォースメント（執行）の規定の整備といったことを，WTOの枠組みで行えるようにしました。そうなると，多国間交渉で，途上国の輸出品の関税を下げる代わりに，その国に知的所有権保護強化を認めさせることもできます。

　WTOの枠組みのひとつであるTRIPs協定を，著作権の国際条約として機能させるために考えられたのが，「ベルヌプラスアプローチ」です。これは，ベルヌ条約の一番新しいものを守りつつ，TRIPs協定が新たに加えた規定のところまで，著作権の保護水準を上げることを目的にしていました。特に念頭に置かれていたのは，コンピュータープログラムやデータベースの著作権による保護でした。これまでには存在しなかったジャンルの著作物を，それぞれの国が著作権で保護することになったのです。

(3) WIPO著作権条約

　すでにみたように，世界知的所有権機関（WIPO）は，当初より知的財産権に関する国際機関です。これが1996年にWIPO著作権条約を作ります。世界貿易機関（WTO）が作ったTRIPs協定に任せるだけでなく，WIPOの方も仕事をしました。つまり，ベルヌ条約を変えられないから新しい条約を作ろうという動きが，もう1つ出てきたわけです。このように，WTOとWIPOがほぼ同じ時期に，それぞれベルヌ条約の外に条約を作りました。中には，TRIPs協定が先送りし，それをWIPO著作権条約が拾った規定もあります。

　WIPO著作権条約はベルヌ条約の特別取極（とりきめ）として作られており，ベルヌ条約に入っている181ヵ国のうち，2024年7月現在117ヵ国が入っています。先進国を中心に，守れる国だけこの条約を守ろうという仕組みになっています。

　ベルヌ条約にない権利のうち，TRIPs協定と重ならない部分だけ紹介すると，ひとつは譲渡権です。本やCDの海賊版を無断で作った人がアウトなのは，ユゴーの頃から当たり前だったのですが，海賊版の売りさばき業者が独立して

侵害になるという条文は、ここで初めて作られました。要するに、海賊版だと分かっていて売る人は、自分が作ったものでなくてもアウトだということです。そして、この条約で初めて、インターネットに他人の著作物を勝手に載せてはいけない、という条文が登場します。これが WIPO 著作権条約の 8 条です。「有線または無線の方法による公衆への伝達を許諾する排他的権利」と書かれています。

このように、著作物の新しい利用方法に対して、ベルヌ条約は変えられないので別の条約を作って対応するというのが、近年の著作権保護の最低水準の引き上げ方でした。

(4) WTO の行き詰まりと TPP

さて、21 世紀になると、中国が台頭してきて、WTO（世界貿易機関）にも加入します。つまり、中国も TRIPs 協定を通じて、ベルヌプラスの著作権保護を世界と約束することになります。中国というと、知的財産の分野ではイメージが悪いのですが、国際的な条約の加入状況は、日本とさほど変わりません。果たさなければいけない国際的な義務も、日本と同じなのです。

しかし、今度はその WTO 体制が行き詰まっているというのが、2010 年代以降の状況です。たくさんの国が貿易協定を結んで、関税の障壁を低くして、最終的には自由に貿易をすることが目標とされているのですが、同僚の専門家によれば、多国間でそのような交渉ができる分野はもうあまり残っていないそうです。最後まで残った、例えば農業の分野では、食の安全や環境保全も考えなければならず、関係者の抵抗も大きく、なかなか難しいわけです。またトランプ大統領のような自国第一主義のリーダーが出てくると、別の意味で難しくなります。

WTO が機能しないことから考えられたのが、「環太平洋パートナーシップ協定（TPP）」です。ベルヌ条約や TRIPs 協定は、多国間ないし「マルチ」といって、たくさんの国で約束し合う仕組みです。ベルヌ条約以前の 1 対 1 の二国間の取り決めは、「バイ」といいます。TPP は「バイ」ではありませんが、一部の地域の国どうしの協定ですから、「マルチ」と「バイ」の中間くらいです。国際的なとりきめは、歴史上「バイ」の協定から「マルチ」の条約に移っ

ていったのですが，ここに来て，また逆戻りしています。

そして，TRIPs協定に不正商品問題を通じて著作権保護強化が滑り込んでいった前例に倣って，TPPにも著作権保護強化が滑り込んでいきます。20世紀前半の文化を輸出商品とするアメリカの意向で，TPPに，著作権の保護期間延長が盛り込まれました。日本の有志がこれに10年以上も反対を続けてきましたが，現状の著作者の死後50年から，死後70年に延長されることが2018年に決まってしまいました。

TPPで特に批判が強かったのが，交渉経緯が公開されなかった点です。通商条約では利害関係者からの横槍を防ぐため，交渉を秘密にすることが多いのですが，一国の文化政策に関わる著作権保護期間の延長を，それと同じように非公開で決めてしまってよいのかという議論があったことを，忘れてはなりません。ユゴーが生きていたら何と言うか，聞いてみたいところです。

(5)著作権をめぐる今日の国際情勢とALAI

前述した「世界知的所有権機関（WIPO）」は，国際的な特許や著作権のルールを決める場として，今でも機能しています。著作権に関していえば，ベルヌ条約は改正できなくなってしまいましたが，新たな条約を作ることはできます。例えば，2013年には，盲人など読書が不自由な人のために著作権を制限するマラケシュ条約が採択されています。2024年現在ここで，著作権について何を議論しているかといいますと，主として，放送機関の番組に対する権利（厳密にいえばこれは著作権ではなく，著作隣接権という権利）と，図書館や文書館などのための著作権制限規定です。いずれも，近い将来に条約ができる見込みです。

ALAIの国際大会は毎年開催され，学者と実務家が集まって，毎年異なるテーマについて研究発表と議論をしています。研究発表ではWIPOで検討されている課題が必ずとり上げられ，また，参加者の中にはWIPO職員もいます。ただし，ALAIはすでに述べたように1878年に設立されていますが，支部があるのは今でも35ヵ国のみで，ベルヌ条約の締約国に比べると少ないのが現状です。特に，アジアで支部があるのは日本と韓国だけです。日本支部は1997年創立で，2022年に25周年を迎えました。

ALAIでは今でもフランスが中心的な役割を担っていて，理事にはヨーロッ

パ人が多く、冬の定例理事会は必ずパリで開催されています。ただし、もう1回の定例理事会は国際大会中におこなわれ、国際大会はいろいろな国が持ち回りで開催しています。ちなみにALAIフランス支部は、いまだにSGDL（文芸家協会）にあって、国内研究会もここでおこないます。SGDLはパリのセーヌ左岸の大学街の少し南ぐらいの場所にある、オテル・ドゥ・マッサという立派な屋敷の中に入っています。

　日本支部も一度、国際大会を京都で開催したことがあります。このときは、クラウドコンピューティングと著作権について議論をしました。そして今、ALAI日本支部の対外的な住所は、筆者の勤務校である一橋大学となっています。

おわりに
　この章では、19世紀から現代まで、かなり長い時間軸でお話をしてきました。さて、今でも通じるユゴーの教えとは何でしょうか。それは、著作者の所有権とパブリックドメイン―誰のものでもない、逆にいうと、みんなのものである領域―の両方が重要であるという考えだと思います。それと、「内国民待遇」の考え方ですね。条約は各国の著作権法の内容に対して、強い縛りをかけていません。それぞれの国が法律を制定して、それをお互いで守り合うことを、多くの国々で取り決めたわけです。

　フランス革命後には、著作権が所有権の中でも、最も異論の余地のない、最も正当な所有権であると言われるようになります。ユゴーもそう言っていましたね。しかし、日本でもフランスでも、それはロマン主義的な誇張ではないかと指摘されることがあります。しかし筆者からみれば全然誇張でも何でもなくて、得意なことを仕事にして生きていきたいという、生き方の自由の希求が、形を変えて述べられているだけではないかと思います。創作物の所有権をきちんと持って、それを根拠に対価や利用条件の交渉をする権利がないと、お金を持った注文主に、クリエーターは対抗できなくなってしまうのではないでしょうか。その結果、過剰労働に追い込まれたり、違う仕事を探さざるを得なくなったりするのではないでしょうか。

　ITプラットフォームやそのユーザーの側に立つ論者はしばしば、世の中が

変わったのだから，特に，技術が進んで著作物の利用手段が増えたのだから，著作権の保護は緩くしたほうがよいではないかと言います。しかし，世の中はそんなに変わったでしょうか。人々が生命を全うし自由を享受するために自らの財産を所有するという社会の骨格は，変わっていないと思います。現在先進国といわれているほとんどの国が自由経済を選び，そこで財産の所有が人権として保障されていることには，ユゴーの時代から変化はないのです。

　所有権によって「もの」を直接に支配するとき，そこに他人の意思は入りません。著作物も，それを自分が作ったのなら，「もの」と同じように自分の意思だけで使用・収益・処分できるのは当然だ，という考え方は可能です。その一方でもちろん，著作物は目に見えないものなので，一定の形があり物理的に支配できる家やお金，車などの「もの」とは違うだろう，という考え方も非常に有力です。ネットの自由を尊重する人の理論的な基盤は，「もの」と著作物は違う，形のない著作物の利用は本来自由だ，ということです。正直なところ，今の日本ではこの考え方のほうが主流でしょう。

　『知財の正義』という訳書が2017年末に出て，著作権関係者の間で話題になりました。著者はアメリカの知的財産法の教授ですが，書いていることがかなりヨーロッパ的で，ユゴーと同じように，「著作権は所有権」と主張しています。しかも，最初はそう考えていなかったのに，後から明示的に説を改めたのだそうです。このように最近では若干議論の流れが変わり，著作物利用の便宜を至上価値とするような議論ばかりではなくなっています。しかもその風がアメリカから吹いてきたというのが，興味深いですね。

　先ほど述べたように，著作権が所有権なのかどうかには争いがあります。しかし，文化とその周辺をなりわいとする人を著作権が支えていることには，誰からも同意が得られるでしょう。文化の周辺で働く人というのは，例えば出版社やレコード会社の従業員，音楽や美術の教師，それから，楽器製作家などもそうかも知れませんね。創作や実演そのものを保護することを通じて，その周辺で働く人も含めて，得意なことでご飯が食べられるようになりたいと思う人たちを支えるのが，著作権なのかもしれません。

第Ⅱ部　19世紀以降のフランス著作権法

参考文献

佐藤豊『「動態的な著作権の制限規定」——オーストラリア著作権法からの示唆』（法律文化社，2025予定）

高倉成男『知的財産法制と国際政策』（有斐閣，2001）

茶園成樹『知的財産関係条約』（有斐閣，2015）

辻昶『ヴィクトル・ユゴーの生涯』（潮出版社，1979）

ロバート・P・マージェス　山根崇邦・前田健・泉卓也（訳）『知財の正義』（勁草書房，2017）

Victor Hugo, Œuvres complètes, Politique, Robert Laffont, Paris, 1985.

Desbois, H., Françon, A. et Kéréver, A., Les conventions internationales du droit d'auteur et des droits voisins, Dalloz, Paris, 1976.

（以上 2 点は一橋大学図書館所蔵）

Clunet, É., Étude sur la convention d'union internationale pour la protection des œuvres littéraires et artistiques, Marchall et Billard, Paris, 1887.

Lermina, J. et Pouillet, E., Association littéraire et artistique internationale, son histoire, ses travaux, 1878-1889, Chacornaque, Paris, 1889.

Montagne, É., Histoire de la Société des gens de lettres, Mondaine, Paris, 1889.

Société des gens de lettres de France, Congrès littéraire international de Paris 1878 : comptes rendus in extenso et documents, Bureau de la Société des gens de lettres, Paris, 1879.

（以上 4 点は仏国立図書館データベース「gallica」収録）

1791年法の原典（マイクロフィルムから作成したと思われる画像とPDFファイル）およびその英訳：https://www.copyrighthistory.org/cam/tools/request/showRecord.php?id=record_f_1791

一橋大学による1791年法の原典の所蔵情報：https://opac.lib.hit-u.ac.jp/opac/opac_link/bibid/1000178052

1793年法の原典（画像とPDFファイル）およびその書き起こしと英訳：https://www.copyrighthistory.org/cam/tools/request/showRepresentation.php?id=representation_f_1793

ベルヌ条約加盟国：https://www.wipo.int/wipolex/en/treaties/ShowResults?search_what=C&treaty_id=15

WIPO SCCR 開催状況：https://www.wipo.int/policy/en/sccr/

第2章　ユゴー・国際著作権法学会（ALAI）・ベルヌ条約

資料（全て長塚訳）
1．1789年の人及び市民の権利宣言（フランス人権宣言）（一部）
　　第17条　所有権は神聖にして不可侵であり，法に明示された公の必要のために，事前の正当な補償と引き換えにされる場合を除いて，何人もそれを奪われない。

2．劇場の著作者の請願により制定された1791年1月13日の法律（一部）
　　第3条　存命の著作者の作品は，著作者から文書で正式に同意を得ない限り，フランス全土の公開の劇場で上演してはならない。違反の場合は，興行収入の全額を没収して著作者に与える。

3．文学的美術的所有権に関する1793年7月19日の法律（一部）
　　第1条　あらゆる種類の文書の著作者，音楽の作曲家，絵やデッサンを印刷させる画家や素描家は，その作品を，生涯にわたり，共和国の領土内において販売し，販売させ，頒布することの独占権を有する。また，作品に関するこの所有権は，その全部または一部を譲渡することができる。

4．1878年の国際著作権会議（CLI）による決議及び勧告の要点
　Ⅰ．作品に対する著作者の権利は，法による認可ではなく所有権の一形態であり，立法者はこれを保障しなければならない。
　Ⅱ．著作者の権利は，相続人および承継人のもとで永続する。
　Ⅲ．諸国における現行法のもとで著作者の権利が存続すると定められている期間の経過後は，何人も文学作品を自由に複製することができる。ただし，著作者の相続人または承継人に，印税を支払わなければならない。
　　　著作者の遺族は，自らの排他権に基づいて，新たな出版を妨げてはならない。ただし，原作に忠実でない場合はこの限りではない。新たな出版は，印税支払の申出を実際に行い，6ヵ月の間をおいて2回の催告を行って遺族がこれに応答しないことを確認してから，行わなければならない。
　　　著作者の遺志が確認できるとき，遺族がこれに拘束されることは当然である。
　Ⅳ．全ての文学的，科学的，美術的作品は，その本国以外の国においては，当該の国が自国民の作品に対して適用するのと同じ法に従って取り扱われる。
　　　演劇及び音楽作品の上演・演奏についても，同様とする。
　Ⅴ．著作者は，作品が最初に出版された国において，慣例通りの方式をとってさえ

いれば，この保護を受けられる。
Ⅵ．当会議は，文学界の状況を精神面および物質面で改善するには，作家の権利の擁護を目的とする団体の設立または発展，そして，救済及び退職基金の創立が重要であると考える。

　　最後に，会議は，国際著作権法学会の創設を提案する。これには，あらゆる国の著作権管理団体と作家が参加する。

会議は，この他，以下のことを勧告する。
1．作家銀行の問題はさらに研究を尽くし，次回の当会議で検討されるべきこと，
2．国際条約は，作家に，その作品の翻訳と翻案に関する排他権を保障すべきこと，
3．将来，著作権に関する諸条約が，通商に関する諸条約とは別個に交わされるべきこと
4．フランス政府は，著作権に関する統一条約を，当会議の決議の精神に基づいて，各国代表が作成するための会議を主導すること。

5．文学的及び美術的作品の保護に関する国際同盟の創設に関する条約（ベルヌ条約）（一部）
　——1886年9月9日ベルヌにて署名，1887年9月5日批准書交換，フランスにつき1887年9月16日官報にて公布
第1条　締約国は，文学的及び美術的作品の著作者の権利を保護するための同盟を結成する。
第2条　同盟国民及びその承継人は，その作品の発行・未発行を問わず，他の同盟国がその国の国民に現在与えている，あるいは将来与える保護を享受する。
　この保護を享受するためには，作品の本国の法が要求する条件又は方式を満たせば足りる。作品の保護期間は，本国におけるそれを超えることができない。
　作品の本国とは，最初に発行がなされた国をいい，同時に複数の国で発行がなされた場合は，最も保護期間の短い国をいう。
　未発行作品については，著作者の属する国が本国となる。
第3条　同盟国で発行された文学的及び美術的作品の著作者が同盟国民でない場合，この条約の規定は出版者にも適用される。

第**2**章　ユゴー・国際著作権法学会（ALAI）・ベルヌ条約

参考年表

SGDL＝（フランスの）文芸家協会，ALAI＝国際著作権法学会，CLI＝国際著作権会議（1878），WIPO＝世界知的所有権機関，TRIPs協定＝知的所有権の貿易関連の側面に関する協定，TPP＝環太平洋パートナーシップ協定

西暦（和暦）	ユゴー	著作権法	フランス史	日本史
1789（寛政1）			7.14バスチーユ襲撃　8.26フランス人権宣言	
1790（寛政2）				寛政異学の禁
1791（寛政3）		1.13上演権の立法（仏）	ル・シャプリエ法（中間団体の廃止）	
1793（寛政5）		7.19複製権の立法（仏）	ルイ16世処刑	
1802（享和2）	2.26ブザンソンで誕生			
1804（文化1）			ナポレオン，皇帝となる（第一帝政～14）	
1815（文化12）			ナポレオン流刑（第二次王政復古～30）	
1827（文政10）	劇『クロムウェル』とその「序文」出版			
1830（文政13）	劇『エルナニ』初演。エルナニ合戦		七月革命（七月王政～48）	
1831（天保2）	小説『ノートル＝ダム・ド・パリ』出版		リヨンで絹織物工の暴動	
1837（天保8）	SGDL入会	SDGL設立（仏）		大塩平八郎の乱
1846（弘化3）	貴族院議員として意匠法・商標法を担当			米国軍艦が浦賀水道に来航
1848（嘉永1）	自分の新聞『エヴェヌマン（出来事）』創刊		二月革命（第二共和政～52）	
1851（嘉永4）	ルイ・ナポレオンへの抵抗失敗，亡命		ルイ・ナポレオンのクーデタ	

第Ⅱ部　19世紀以降のフランス著作権法

西暦（和暦）	ユゴー	著作権法	フランス史	日本史
1852（嘉永5）			第二帝政（〜70）	
1853（嘉永6）	『懲罰詩集』出版		オスマンのパリ市街改造開始	ペリーの黒船が浦賀に来航
1855（安政2）	英領ガーンジー島に居住（〜1870）			
1862（文久2）	小説『レ・ミゼラブル』出版		シャトレ座（オペラ・バレエ等の劇場）開業	生麦事件
1866（慶應2）		7.14保護期間延長立法（著作者死後50年に）（仏）		
1867（慶應3）			2度目のパリ万博	渋沢栄一ら万博視察 11.9大政奉還
1869（明治2）	息子等が反政府新聞『ラペル（呼び声）』創刊			
1870（明治3）	パリに帰還		第三共和政（〜1940） 普仏戦争（〜71）	
1871（明治4）	コミューン支持を表明，一時パリを離れる		パリ・コミューン	廃藩置県
1878（明治11）	CLIで議長を務める ALAI名誉会長となる	パリで国際著作権会議（CLI）開催（6.11〜29） ALAI設立	3度目のパリ万博（5.5〜11.10）	
1879（明治12）				大阪で朝日新聞創刊
1882（明治15）		ALAIローマ大会		福沢諭吉が新聞『時事新報』を創刊
1884（明治17）		条約制定外交会議開始		
1885（明治18）	5.22パリで死去，国葬			内閣制度創設
1886（明治19）		9.9ベルヌ条約締結（10カ国が署名）		学校令公布

第2章 ユゴー・国際著作権法学会(ALAI)・ベルヌ条約

1887(明治20)		版権条例制定(日)	
1895(明治28)			リュミエール兄弟、最初の映写機を製作
1896(明治29)		ベルヌ条約パリ追加規定	
1899(明治32)		3月 著作権法制定(日) 4月 ベルヌ条約および同パリ追加規定加入(日)		東京・大阪間に電話が開通

第3章

美術や建築の写り込み・写し込み
判例による権利制限と近時の立法

はじめに

　写真や映像が制作される際には，既存の美術や建築（以下，建築については言及を省略する）の著作物が，あるいは偶然写り込み（特に屋外設置彫刻や建築の場合），あるいは意図的に写し込まれることがある。

　このとき，美術著作物がどのような写り方ないし写され方をしていると，その著作者の排他権に抵触するだろうか。逆に言えば，写真や映像の制作者がどのような写し方をすれば著作者の権利は及ばず，許諾を得る義務も，著作権使用料の支払義務も生じないのか。当該写真や映像の利用の態様（商業的か否か等）も，重要な判断要素となろう。

　日本ではこの場合，最初に検討されるのは，著作権法46条（公開の美術の著作物等の利用）と30条の2（付随対象著作物の利用）の適用の有無であろう。両者はいずれも個別権利制限規定であり，いずれかの要件にあてはまれば，無断かつ無償の利用が認められることになる。

　フランスにおいてこの問題を考える際には，付随理論（théorie de l'accessoire）を避けて通ることはできない。これは，裁判所が長い時間をかけて育んできた不文の権利制限であり，これにあてはまれば，無断かつ無償の利用が認められることになる。フランスの著作権法が，革命時代の2つの法律から現行の1957年法へと移り変わり，1985年の重要な改正を経て1992年に法典化され，21世紀前後から欧州指令や国内のデジタル政策立法等の影響で頻繁に改正されるようになっても，付随理論の存在感は変わらない。近年の改正の際には，この問題に関連する個別権利制限規定（ただし，必ずしも無償利用を認めるものではない）もいくつか作られたが，付随理論の守備範囲はいまだに残っている。

　いわゆる「日本版フェアユース」規定の創設が検討されていた時期に，諸外

国における権利制限の議論状況や裁判実務を紹介する先行研究が出現した。それらのうち最重要のものは、独仏両国の学説状況を整理するにあたり、3つの「モデル」を採用する[1]。1つめは「オーソドックス・モデル」で、著作権法の規律の中心に著作者を置き、著作権の制限を例外として厳格解釈し、判例による創設や契約によるオーバーライドは認めない考え方である。2つめの「リベラル・モデル」は1つめの対極にあり、「情報の自由」を標榜して著作権の保護をむしろ例外と考え、権利制限規定の柔軟な運用を許容する。3つめの「利益衡量モデル」は両者の中間を行き、ケースバイケースの調和のとれた妥協を志向する。先行研究は、利益衡量モデルをとる論者が多くなってきたドイツと比べて、フランスではオーソドックス・モデルをとる論者が（2008年において）依然多いことを明らかにしている[2]。

先行研究はそれに続いて裁判例の分析をし、フランスの裁判所は、オーソドックス・モデルによる権利制限規定への接し方を「尊重」しつつ、それを「墨守」はしないことを指摘する[3]。そして、その例の1つとして、付随理論を挙げている。

筆者は、先行研究が指摘する2点、すなわち、フランスにおけるオーソドックス・モデルの学説の強さと、それにもかかわらず判例上は付随理論が定着していることは、いずれも正鵠を射ており、現在もその傾向は変わっていないと考える。一方、先行研究では、その執筆目的に規定されて付随理論そのものの紹介は短く、また扱う時代も限られている。

そこで本章では、付随理論とは何かを、その誕生から最近の運用に至るまでの裁判例を軸としつつ、包括的に明らかにする。その際には、付随理論の学説による受け止められ方、学説から判例への影響、そして先行研究公表後の新たな立法にも着目する。本章は、付随理論の定点観測を通じて、フランスの文学

---

(1) 駒田泰土「大陸法における権利制限」著作権研究35号［2008年度版］（2009年）52頁以下、特に53-56頁（以下「駒田・著作権研究」）。駒田・著作権研究をふまえたオープンアクセスの文献として、駒田泰土「大陸法における権利制限規定の構造等」『著作権制度における権利制限規定に関する調査研究報告書』（2009年）82頁以下がある。https://www.bunka.go.jp/tokei_hakusho_shuppan/tokeichosa/chosakuken/pdf/h21_hokokusho_0601.pdf に掲載されている（以下「駒田・報告書」）。なお、本章の初出にあたる論文は、リヨンでの在外研究中に書かれたものであり、邦語文献の入手にあたっては、佐藤豊・北海道大学大学院法学研究科博士研究員（当時）の助力を得た。
(2) 駒田・著作権研究56頁、駒田・報告書86頁。
(3) 駒田・著作権研究56頁、駒田・報告書87頁。

第3章　美術や建築の写り込み・写し込み

的美術的所有権とその制限をめぐる複雑な様相を，少しでも明らかにすること
を目指すものである。

1　旧法下における付随理論の誕生

　付随理論の誕生は，フランス革命直後に制定された1791年1月13-19日法と
1793年7月19-24日法(4)の治下に遡る。1791年法は上演，1793年法は複製に関し
て，著作者の排他権を定めていた。いずれも全7条という，ごくわずかな条文
から成っていた（以下，両者をまとめて「旧法」と称することがある）。
　20世紀初頭，フランスではすでに，公開の場所を写真や映画に撮影する者と，
写された人，写された物の所有者，そして写された著作物の権利者との間に，
法的な紛争が生じていた。絵はがきや映画をめぐる事案を中心に，裁判例が記
録にとどめられている。
　最初に紹介するのは，ナルボンヌ治安裁判所1905年3月4日判決［記録映画
肖像権］(5)である。この事件では，正午に教会から出てくる人々を撮った記録映
画の中に，原告が映っていた。そのことを人づてに知った原告が映画製作の責
任者に抗議し，原告の姿はフィルムから削られた。その後，原告は損害賠償を
求めて提訴したが，請求は棄却された。
　この事件では，事案は著作物ではなく個人の肖像をめぐるものであり，記録
映画の場合には写される人々から事前に許諾を得るのが困難であることや，原
告もカメラの存在を知り撮影を黙示に許諾していたことが，解決の決め手と

（4）https://www.copyrighthistory.org/ の「French」欄から，1791年法（Record-ID：f_1791）と1793
年法（Record-ID：f_1793）の一次資料（画像）を見ることができる。前者は23頁あるうちの20頁ま
でが，報告者ル・シャプリエ（Le Chapelier）の有名な演説で，21頁からが条文である（全7条）。
後者は最初3頁が手書きの条文（全7条）で，4頁目は当時の官報「Gazette nationale ou le Moniteur
universel」の1793年7月21日868頁の紙面である。この紙面は，フランス国立図書館のデータベー
ス Gallica（https://gallica.bnf.fr/）からも確認でき，そこでは報告者ラカナル（Lakanal）の有名
な演説に続いて，5条までの条文を確認することができる。なお，一橋大学社会科学古典資料セン
ターは，その貴重書コレクションの1つである「フランクリン文庫」の中に，ル・シャプリエの有
名な演説と共に1791年法を掲載したパンフレットを所蔵している（https://opac.lib.hit-u.ac.jp/opac/
opac_link/bibid/1000178052）。また，Dock, M.-C., *Étude sur le droit d'auteur*, Dalloz, 1963, pp. 152-
153には1791年法が，同書 pp. 156-157には1793年法が，全文掲載されている。旧法については，
本書第1章および第2章も参照。
（5）Tribunal de paix de Narbonne, 4 mars 1905, *D.* 1905, 2, p. 389.

なっている。しかし判決文には,「人は皆,街頭 (la rue) にあるものを見て,写真や映画に撮影する権利を有する」という重要な一節が残された。そして結論として,被写体とされた個人がそのことを知って抗議してくるまでは無断撮影は合法であり,抗議後も,すぐに肖像を削除すれば原告に損害は発生しないと判示された。この街頭撮影の自由という考え方が,付随理論の出発点である。

従って,被写体が公開の場所にない場合は,街頭撮影の自由に出番はない。セーヌ民事裁判所1952年2月15日判決［城館絵はがき］は,公道から遠く離れた私有地の中で,さらに壁に囲まれた庭園の中に建っている城館を,その所有者かつ建築の著作物の著作者に無断で絵はがきに複製する行為は,所有権と著作権の侵害であるとした。

なお現在でも,著作権だけでなく肖像権や物の外観に対する所有者の権利にも,付随理論の射程は及ぶと考えられている。

街頭撮影の自由と著作権保護の対立のみが問題となり,それにつき判断が示されたのが,ミルクール商事裁判所1924年7月10日判決［記念碑除幕式絵はがき］であった。この事件では,公開の場所に建立された第一次世界大戦死者記念碑の除幕式の様子を,碑の著作者である彫刻家からの著作権譲受人に無断で撮影し,絵はがきにして販売した行為が問題とされた。判決は簡潔に,絵はがきが碑そのものを主要な目的としており「Le Monument」と題していることを理由として,複製権侵害の成立を認めた。しかし,この判決を,絵はがきの主題が碑そのものではなくその除幕式であったなら,著作権者に無断で碑を撮影できることを認めたものと読む論者もいる。

---

(6) Carre, S., Exceptions : courte citation, représentation accessoire, in Vivant, M. (dir.), *Les grands arrêts de la propriété intellectuelle*, Dalloz 2004, p. 164. この文献は,モンペリエ大学の重要な知的財産研究チームであるERCIMが総力を挙げて編集した『知的所有権重要判決選集』(*GAPI*) の中の,1995年7月4日の2つの破毀院判決 (**2**で後述する) への評釈である。当時は若手だったERCIM出身の研究者キャール (Carre) の私見にとどまらない重みをもつことから,以下,*GAPI* と略称して引用する (読み方は「ギャピ」)。

(7) Tribunal civil de la Seine, 15 fév. 1952, *Gaz. Pal.* 1952, 1, p. 164. Commenté par Desbois, H., *Le droit d'auteur en France*, Dalloz, 3ᵉ éd., 1978, nº 255 et Gautier, P-Y., *Propriété littéraire et aritstique*, PUF, 7ᵉ éd., 2010, nº 109.

(8) Defaux, A. et Z. Azzabi, Arts visuels : la théorie de l'accessoire et du princilpal ne s'applique plus, *RLDI* nº 26, avril 2007, p. 8 ; Caron, Ch., *Droit d'auteur et droits voisins*, Litec, 2ᵉ éd., 2009, nº 369 ; Vivant, M., et J-M. Bruguière, *Le droit d'auteur*, Dalloz 2009, nº 564.

(9) Tribunal de commerce de Mirecourt, 10 juillet 1924, *Dalloz Hebdomadaire* 1924, p. 680.

第3章　美術や建築の写り込み・写し込み

　事案の解決としては複製権侵害を肯定しつつ，付随理論を明確に判決文に残したのが，ラバ控訴院1955年12月12日判決［モロッコ公共建築絵はがき］である[11]。この事件においては，著名な建築家がモロッコに建設した多数の公共建築を，ある写真家が，建物を所有するモロッコ王国の許諾の下に写真撮影した。そして，写真は絵はがき・書籍・観光案内冊子等に多数複製された。建築家が写真家を相手どり，著作権侵害の刑事訴訟を提起した。第一審では無罪判決が下ったが，控訴審では有罪となった。論点は，（1）写真撮影が建築著作物の複製といえるか，（2）公開の場所に建てられた公共建築は自由に写真撮影できるか，（3）国の許諾は違法性を阻却するかであった。そのうち（2）について，ラバ控訴院は，公開の場所に建てられた著作物にも著作権保護は及ぶが，それが溶け込んでいる全体の中の一要素としてであれば，誰もが，建物や広場や彫刻を自由に複製しうると明確に述べた。しかし本件の場合，建物はそれをとり囲む他の建物や自然の風景から切り離され，写真の構図の唯一とはいえないまでも主要な構成要素になっているので，自由に複製できる場合にはあたらないとされた。

　以上みてきたように，付随理論は，公開の場所に設置される美術や建築の著作権保護と街頭撮影の自由とを調和させるため，裁判例によって生み出された。当時の法は，著作者には上演権と複製権があることを，まるで碑文のように簡潔な文言で定める1791年法と1793年法であった。2つの法律が定められてから150年以上をかけて，著作者の権利は少しずつ社会に根を下ろしていった。それに伴い，そういえばこの建物も，この噴水も，といった具合に，美しいフランスの街頭は誰かの著作物に囲まれるようになった。街頭で自由に写真や映画を撮り，それを公衆に伝達できるようにするためには，付随理論が必要だった[12]。写真や映画という当時まだ新しかった技術の活用と，著作者側の権利主張が対立する局面で，裁判官たちが付随理論を生み出したことは，現代に通じるものがある。ただし，付随性が認められるかどうかはあくまで事案により，そのハードルは必ずしも低くはなかった。

(10) Desbois, *supra note 8* et Gautier, *supra note 8*.
(11) Rabat 12 déc. 1955, *RTD Com.* 1956, p. 676 obs. Desbois. Commenté par Gautier, *supra note 8* et Caron, *supra note 8*.
(12) Gaudrat, Ph., *Répertoire civil Dalloz v° Propriété littéraire et artistique*, 2007, n° 785.

2 1957年法における付随理論の立法の見送り

(1) 41条とその厳格解釈

 20世紀の半ばに，フランス現行著作権法の骨格をなす1957年3月11日法が制定されるに至った。同法は，公表された著作物の著作権の制限ないし例外に関する規定として，41条を有していた。これは，旧法下の判例を明文化したものであり，そこには，家族の範囲でなされる上演や演奏(同条1号)，私的複製(同条2号)，引用・報道紹介（les revues de presse)・公の場でなされた論説の報道利用（同条3号)，パロディ（同条4号）という，極めて限られた場合が定められていた[13]。

 その後の重要な立法を，少し先取りしてここで書いてしまおう。1985年7月3日法が，ソフトウェアやデータベースの著作権保護を明文化するなど，1957年法に重要な改正を加えた。しかし1957年法41条は，1985年法11条により，3号第3文の「ラジオ放送」を「テレビ放映」に修正する，極めて微細な改正を受けたのみであった。1985年法はフランス法に著作隣接権を創設したため，同法29条には，1957年法41条とほぼ同様の著作隣接権の制限ないし例外規定が設けられた。なお，1985年法はその31条から37条によって，フランス法に私的録音録画補償金制度を創設したことでも知られる[14]。

 1992年には知的所有権法典（CPI）が編纂され，1957年法と1985年法はその法律の部第1部に統合された[15]。権利の制限ないし例外に関する1957年法41条はCPI L. 122-5条となり，1985年法29条は同 L. 211-3条となった。

---

(13) LOI n° 57-298 du 11 mars 1957 sur la propriété littéraire et artistique, Journal officiel de la République française, Lois et décrets n° 62 du 14 mars 1957. この官報の検索可能なPDFデータ（version papier numérisée）を入手するには，まずLégifranceのウェブサイト（https://www.legifrance.gouv.fr/）に入り，官報（JORF）のデータベースを日付で検索すればよい。なお，パロディについては拙稿「フランス著作権法におけるパロディ」著作権研究37号［2010年度版］(2011年) 60頁参照。

(14) LOI n° 85-660 du 3 juillet 1985 relative aux droits d'auteur et aux droits des artistes-interprètes, des producteurs de phonogrammes et de vidéogrammes et des entreprises de communication audiovisuelle, Journal officiel de la République française, Lois et décrets n° 153 du 4 juillet 1985. この官報も，前掲注13と同様の方法でデジタルデータを入手することができる。なお，私的録音録画補償金制度については本書第5章参照。

さて、権利制限規定に対するフランス法の伝統的、かつ現在も有力なスタンスは、その厳格解釈である。厳格解釈は、以下のような論理をたどって導かれる。

フランスでは、著作権の内容は包括的（synthétique）に、いわば一般条項として定立されている[15]。1957年法26条には「著作者が著作物を財産的に利用する権利は、興行権と複製権から成る」と定められていて、その文言は極めて簡潔であった。同条は1791年法と1793年法にそれぞれ定められていた権利を統合したものであり、1992年の法典化の際にも、一言一句変わることなく CPI L. 122-1条に受け継がれた。ここでいう興行権には、生の上演や演奏はもちろん、映画の上映、放送・有線放送、インターネットを通じた送信など、あらゆる態様でなされる著作物の公衆への伝達が含まれる。

その一方で、制限規定は個別具体的（analytique）に記述されている。ここから、著作権の保護が原則で、制限規定は例外であるという考えが導かれる。そうである以上、「例外は厳格に解釈すべし」との法諺にならうべきであるとされる。具体的には、次のような2つの解釈態度がとられる。

まず、①制限規定は限定列挙であり、条文に明示されていない場合について、裁判所が著作権を制限することは許されない。次に、②制限規定の適用があるのは、問題の利用行為が条文の要件を完全に満たす場合のみである。そして、制限規定を、著作物利用者に有利な方向に拡大解釈することは許されない（逆に、著作者に有利な方向の拡大解釈は許される）[17]。

---

(15) Code de la propriété intellectuelle, partie législative, 1re partie. 上記 Légifrance のウェブサイトの Codes より、閲覧日現在の知的所有権法典を見ることができる。また、財田寛子氏による和訳（2023年2月現在）が、著作権情報センターのウェブサイト（https://www.cric.or.jp/）の「外国著作権法」のページに掲載されている。本章で同法典の条文を訳すにあたっては財田訳を参照したが、訳の最終的な責任は筆者が負う。

(16) Zöllinger, A., *Le droit des propriétés intellectuelles*, Ellipses, 2021, p. 26.「synthétique」および「analytique」は両方とも哲学用語であり、通常はそれぞれ「総合的」「分析的」と訳されるが、本章では意訳した。

(17) Commentaire à l'article L. 122-5, in Sirinelli, P., et. al (eds.), *Code de la propriété intellectuelle commenté*, 11e éd., Dalloz 2011, p. 152. この文献は、毎年発行される注釈付き知的所有権法典である。その2011年版は、パリ第1大学のシリネリ教授をはじめとする3名の研究者と、Dalloz 社の編集者が共同で編集したもので、各部分の筆者名は示されていない。従って、その赤い表紙にちなみ、以下 *Code Rouge* と略称して引用する。また、Zöllinger, *supra* note 16 は、本文(1)の限定列挙の要請に言及しつつ、付随理論の存在を紹介する。また、制限規定が厳格解釈されるべきことも述べている。

(2) 付随理論の位置付け

ところが，1957年3月11日法の立法者は，付随理論を同法41条の規定の中に明文化しなかった[18]。

そのことを，学説はどう受け止めたか。デボワは，旧法下の裁判例の考え方を通用させる立法者意思の表れとも考えられるとし，公道上の著作物を楽しむ公衆の権能，それを複製し伝達する芸術家や写真家の権能をその根拠としている。ただし，デボワはそれに続けて，その考え方は，創設された41条3号の中に含まれる新たな規定の厳格解釈に反することになるという。新たな規定とは，時事の報道目的の利用や，公開の演説の著作物の利用に関する規定である。付随理論に従って利用されるのは公開の演説の著作物ではないし，絵はがきの作成などの利用に報道目的はない。従って今後は，写真の中に著作権のある建造物が遠く小さく写っていて，その特徴が見る者の注意を惹かず，その写真を複製して著作物を記憶にとどめようとは誰も思わないような場合のみが適法となるだろう，とデボワは主張している[19]。これにより，裁判所が同法41条に定めのない場合を非侵害とすることに変わりはない。しかし，1でみてきたように，旧法下の裁判例では主題に対する付随性が基準となっており，それさえあれば，著作物が明瞭に写っていても著作権侵害とはならない可能性がある。以上より，デボワの基準は，旧法下の裁判例の基準より，著作者側に有利な結論をもたらすと考えられる。以下，これを「明瞭性基準」という。これに近い考え方は，日本の判例や裁判例にもみられる[20]。

一方，デボワの上記の主張をそれほど重視せず，デボワを含む当時の学説は旧法下の裁判例が1957年法下でも通用することを支持していたとみる論者もおり[21]，見解が分かれている。

---

(18) 注14の1985年法掲載官報を見ると，興味深いことに，著作隣接権の制限ないし例外規定である1985年法29条2項には，付随理論を明文化した条文が設けられていた。そして，それは現行 CPI L. 211-3条1項5号に受け継がれているようである。しかし，この点の検討は他日を期したい。

(19) Desbois, *supra* note 8.

(20) 最判平成13年6月28日民集55巻4号837頁［江差追分］では，言語著作物が短縮して利用されたとき，共通部分が歴史的事実やアイディアや起承転結の展開だけなら，創作的表現は利用されていないので，翻案にはあたらないとされた。その後の東京高判平成14年2月18日判例時報1786号136頁［雪月花］では，書の著作物を現物の50分の1に縮小した事案について，見る人が認識できるのは字体，書体や全体の構成までで，墨の濃淡や潤渇等の，表現形式上の本質的特徴が再現されていないので，書は複製されていないとした。

第3章　美術や建築の写り込み・写し込み

3　1957年法下の判例法理としての付随理論

　それから1995年まで，フランスの下級審裁判所は，公開の場所に設置された著作物について，付随理論を適用した判決を蓄積してきた[22]。それらには，旧法下の裁判例との連続性がみられる。そのうちのいくつかを簡単に紹介しておこう。事案はいずれも，写真撮影に関するものである。

　まず，パリ控訴院1990年11月27日判決［レンヌ通り絵はがき］がある[23]。これは，パリのレンヌ通りの絵はがきにモンパルナスタワーが写っている場合，タワーの建築家の許諾は不要であると判示したものである。その理由は，タワーは実際の風景の一部として写っており，その風景はあらゆる保護を受けないからであるとされている。詳細は明らかではないが，地図で見るとレンヌ通りはサン・ジェルマン大通りとモンパルナス大通りを結ぶ長い通りで，モンパルナスタワーに最も近い端でもタワーから約400m，最も遠い端では2km以上離れている。タワーは遠景として写っているのであろう。

　次にパリ控訴院1990年10月23日判決［ラ・ジェオード絵はがき］である[24]。これは，やはりパリの科学・産業都市にあるラ・ジェオードという鏡張りで球体をなす現代建築の絵はがきを，建築家から著作権を譲り受けた法人に無断で作成した事案である。パリ控訴院は第一審判決同様，1957年法は公開の場所に設置された著作物の著作権を制限する規定を有しないので，これらの著作物の複製の許否は著作権者の判断に委ねられるとした。そして，問題の絵はがきを検証した結果，第一審被告が付随性を主張するのとは反対に，ラ・ジェオードは主要な被写体となっているので，複製権侵害が成立すると判断した。

　同じく公開の場所に設置された著作物をめぐる事案だが，付随理論というよりは，むしろデボワ的な明瞭性基準による解決がなされた判例もある。破毀院1987年7月16日判決［プジョー広告］は[25]，プジョー305という自動車の広告に，パリ・デファンス地区の公開の場所に設置された噴水のごく一部が写り込んだ

---
(21) Gaudrat, *supra note 12*.
(22) 一連の裁判例については *Code Rouge*, p. 170, n° 63.
(23) Paris, 27 nov. 1990, cité par Stérin, A.-L., *Guide pratique du droit d'auteur*, Maxima 2011, n° 287.
(24) Paris, 23 oct. 1990, *RIDA* oct. 1991, p. 134.

115

事例である。裁判所は第一審から一貫して侵害を否定したため，著作者側が上告した。破毀院は，写り込んだ部分は噴水の特徴的な輪郭を公衆に伝えておらず，著作物の部分複製とすらいえないとして，上告を棄却した。

そして1995年，ついに破毀院が付随理論を正面から採用する。

破毀院1995年7月4日第2判決［マイヨール彫刻］⁽²⁶⁾は，「傑作の危機」という題名の，パリのチュイルリー庭園（公開の場所）で撮影されたテレビのドキュメンタリー番組に，同庭園内に設置された，A.マイヨールによる複数の彫刻が写されたという事案である。これに対して，美術著作権集中管理団体SPADEM（現存せず）が，複製権および興行権の侵害を主張して提訴した。第一審では付随理論の適用により侵害が否定されたが，控訴審は，例外規定の厳格解釈の原則を強調しつつ，公開の場所に設置された著作物を付随的に利用することを許容する規定はどこにも存在しないとして，侵害を認定した。第一審被告の公共放送局（France 2の前身にあたるAntenne 2）が上告したが，上告は棄却された。破毀院は，「公開の場所に設置された著作物の上映は，それが主題に対して付随的である場合のみ適法である」と明言した。その上で，本件の事案に対する最終判断権（souveraineté）を事実審裁判所がもつことを前提に，「彫刻の全体がアップで映され，そのような撮影方法が主題との関係で必要といえないときは，彫刻自体が意図的に提示されているので，適法とはいえない」という判断には，法的根拠があると判示した。つまり，結論としては，控訴審判決同様に著作権侵害が認められた。付随理論は，こうして判例法理として確立した。

マイヨール彫刻事件と同じ日に同じ法廷で，引用に関する重要な判決が下されたことも見逃せない。破毀院1995年7月4日第1判決［ヴュイヤール壁画］⁽²⁷⁾は，上記第2判決と当事者を同じくする。それは，演劇界の事情に関するドキュメンタリー番組に，シャンゼリゼ座構内のバー兼喫煙室に設置された，E.ヴュイヤールによる壁画が写り込んでいたという事案に関するものである。こちら

---

(25) Civ. 1re, 16 juill. 1987, *Bull. Civ.* I, n° 255. 駒田・報告書87頁および同・著作権研究68頁にも紹介がある。
(26) Civ. 1re, 4 juill. 1995, *D*. 1996 Jur. 4, note Edelman ; *Légicom* 1995, n° 8, p. 159 note Caron et *GAPI* n° 12, 2e esp.
(27) *Ibid*. et *GAPI* n° 12, 1re esp.

の事件では，撮影が公開の場所でおこなわれたわけではなかったため，付随理論は用いられず，一貫して引用が争点となった。第一審判決はその成立を認めたが，控訴審で逆転した。そこでは，美術著作物の全体が写っていれば，放映時間が短かろうと番組主題と関連性があろうと，引用は成立しないとされた。公共放送局が上告したが，破毀院は控訴審の上記判断を支持し，上告は棄却された。このように，L. 122-5条1項3号aの「短い引用」という文言もまた厳格解釈されるのであり，フランスでの美術著作物引用の判断基準は，日本法に比べて厳しいといえる。(28)そして，そのことが，次にみるような付随理論の適用範囲の拡大につながっていく。

　マイヨール彫刻事件とヴュイヤール壁画事件はいずれも，破毀院まで争う余裕のある美術著作権集中管理団体と公共放送局が，放送への絵画の写し込みに際して，自らに有利な実務慣行を確立すべく，正面から争った事件であるといえる。マイヨール彫刻事件では，破毀院は不文の権利制限としての付随理論を採用したが，それを事案にあてはめた結果，著作権侵害が肯定された。また，ヴュイヤール壁画事件では，明文の権利制限規定である引用について，控訴審の厳格解釈が，破毀院によって承認された。この時期の破毀院はまだここにとどまっていたが，2000年代には次の展開が始まる。

4　非公開の場所における写し込みへの拡大適用

　マイヨール彫刻事件以降，付随理論は破毀院による統制に服することとなった。そして破毀院は2000年以降，テレビ局による非公開の場所における美術著作物の写し込みをめぐる紛争を，付随理論の枠組で判断するようになった。(29)以下では，そのような破毀院判決3つを紹介する。特に3つめは有名なので，下級審の判断も含めて，少し詳しく紹介する。

　まず，破毀院2000年12月20日判決［マレ・スティーブンスいす］(30)がある。これは，テレビコマーシャルに複数の1930年代の名作いすが写し込まれた事例で(31)

---

(28) 特に，著作権法32条の近年の解釈傾向（知財高判平成22年10月13日判例時報2092号136頁［絵画鑑定書］）とは，大きな隔たりがある。
(29) Caron, *supra note 8*, n° 369.
(30) Civ. 1re, 20 déc. 2000, *Bull. Civ.* I, n° 320.

ある。控訴審判決が侵害を認定したため，第一審被告のコマーシャル製作会社は，いすが部分的にかつ暗いところで写っているにもかかわらず，判決はその特徴が公衆に伝達されたかを十分に検討していないと主張して上告した。しかし，上告は棄却された。その際，上告理由が明瞭性基準の系統に属する主張であったにもかかわらず，破毀院は，これに付随理論で答えた。破毀院は，確かにいすの登場時間は短いが，熟慮の上で繰り返し登場しているので，単に付随的であるとはいえないと判示したのである。

次に，破毀院2001年6月12日判決［書籍表紙写真］(32)である。この事件では，書籍のテレビコマーシャルに，当該書籍の表紙を構成する風景写真の全体がはっきりと写っていた。写真の著作者は，表紙への複製しか許諾していないので，これは無断複製および無断上映であるとして提訴した。控訴審判決は著作権侵害を否定した。写真の著作者が，正当な著作権料を得る権利の侵害や契約解釈の誤りを理由に上告したが，上告は棄却された。破毀院はここで，写真の上映は書籍の宣伝というテレビコマーシャルの主題に対して付随的であり，当該テレビコマーシャルは写真の著作物を公衆に伝達しているわけではないと判断した。

この破毀院判決はたいへん簡潔であり，また，この事件における紛争の本質は，著作権譲渡契約の解釈であった。そのため，この判決の意義と射程は，理解が難しい。しかし，破毀院によって「付随的に利用された著作物は公衆に伝達されていない」という判示がなされたことは，指摘しておく価値がある。この判決が，下記5でみる排他権の限界説の登場を準備した可能性があるからである。

さらに，破毀院2003年11月13日［ユトリロ］(33)がある。事案は以下の通りである。1997年6月から10月まで，ユトリロの絵画の展覧会が，地方の某美術館で開かれていた。同年8月に，それを紹介するルポルタージュが，公共放送局

---

(31) フランスでは，いすのデザインは著作物として保護される。フランスにおける応用美術の保護については，駒田泰土「フランスにおける応用美術」企業と法創造5巻3号（2009年）44頁，駒田泰土「応用美術——それはカテゴリーではなく，利用方法のことである」同『知的財産法研究における大陸法的視座』（有斐閣，2023年）（以下「駒田単著」）25頁以下参照。
(32) Civ. 1re, 12 juin 2001, *Propr. Intell.*, 2001, note Lucas ; *Juris-data* n° 010073.
(33) Civ. 1re, 13 nov. 2003, *Bull. Civ.* I, n° 229. 欧州人権条約をめぐる論点があまりに有名なためか，付随理論との関係では引用されることが少ないが，判断は付随理論の枠組の中でなされている。

118

France 2 の夜 8 時の全国ニュースの中で放映された。ルポルタージュは 2 分 8 秒で，その中には，某美術館の場所と建物の紹介やユトリロに関する映画の 1 シーンと共に，展示された絵画のうち12枚の全体が写っていた。France 2 は絵画の撮影にあたり，某美術館の許諾は得たが，ユトリロの著作権者の許諾を得ていなかった。

　第一審は，絵画全体が映っているので引用は成立しないとしたが（3 のヴュイヤール壁画事件参照），この場合は権利者の許諾は不要であることを，欧州人権条約10条（表現の自由）⁽³⁴⁾を根拠に，公衆が展覧会の内容を迅速的確に知る権利から導いた。その際，業界慣行を補強的な根拠として用いてもいる。

　控訴審は，著作権者の控訴を一部認容した。引用に関する判断は原審を是認する一方，過去に無断利用実績があったことがそのまま慣行といえるわけではない等と述べ，欧州人権条約10条 2 項の「他人の権利」に著作権も含まれることを根拠に，公衆に知らせるためであっても，著作権者の許諾を得ずに著作物の全体を放映してはならないとした。

　France 2 が上告したが，破毀院は上告を棄却した。判決は上告理由第 1 点（引用の規定と付随理論の解釈・適用）に対し，まず原判決の引用関連の判示を正当とし，それに続けて，この上映は熟慮の上でなされており，単に付随的とはいえないことから，原判決は正当であると答えた。上告理由第 2 点（慣行の存在）については，原判決の判示を正当と認めた。上告理由第 3 点（欧州人権条約10条との関係）に対しては，（1）立法者は著作権保護に対して CPI L. 122- 5 条や L. 122- 9 条（著作者遺族による濫用的権利行使の抑止）のような適切な例外規定を設けていること，（2）絵画を違う方法で映したり，著作権者の許諾を得たりなど，報道目的達成のためには他にもやり方があったことを理由に，条約違反はないとした。

　こうして付随理論は，広告会社や放送局によって，視聴覚著作物の撮影が非公開の場所でおこなわれる場合にも援用されるようになり，しかもそれにとどまらない。従来は偶然的かつ／または不可避の写り込みのみが対象であったの

---

(34) 欧州人権条約（The European Convention on Human Rights）の英語正文は https://www.echr.coe.int/Documents/Convention_ENG.pdf，日本語訳は https://www.echr.coe.int/Documents/Convention_JPN.pdf。10条 1 項が表現の自由を規定し，2 項が，その行使は他人の権利の保護を目的とした法の規制に服することを規定する。

に対して，著作物全体を意図的に写し込むような場合にも，引き合いに出されるようになった。

　広告会社や放送局側の思惑は以下の通りである。書籍のテレビコマーシャルや美術展のルポルタージュ番組を作り，そこに絵画を利用したいが，書籍表紙写真事件では著作権譲渡契約が[35]，ユトリロ事件では引用に関する権利制限規定が，著作者に有利に厳格解釈された。その結果，絵画の利用には許諾が必要となり，費用がかかる。このような場合の無許諾利用を正当化するために，付随理論を活用すればよいのではないか――。

　しかし，そのように変化を遂げた付随理論によっても，ユトリロ事件は放送局側の思い通りに解決できなかった。展覧会を報道するために撮影が不可避とはいえない12枚もの絵画を，熟慮の上ではっきりと写すのは，付随性で説明できる範囲を超えた，絵画そのものの意図的な上映であると考えられたのであろう。なお，「報道のために必要である」という事情は，引用の成立にはプラスに働くが，付随性の認定はむしろ阻害しかねない。

　そこで2006年に立法的解決がなされた。報道目的の美術著作物の複製および興行に関する一部有償の権利制限規定（L. 122-5条1項9号）は，ユトリロ事件をきっかけに[36]，報道機関等の強いロビー活動を受けて創設されたものであるといわれている[37]。

5　EC情報社会指令の国内法化と排他権の限界説の登場

　上述したCPI L. 122-5条1項9号は，2006年8月のいわゆるDADVSI法[38]により，2001年のEC情報社会指令5条3項cを国内法化して導入されたもので

---

(35) フランスにおける著作権契約については，拙稿「フランス法と著作権契約法コード」著作権契約法委員会『著作権契約法現行コード』（（社）著作権情報センター附属著作権研究所研究叢書 No. 21，2010年）124頁参照。
(36) *Code Rouge*, p. 156, n° 13.
(37) Defaux et Azzabi, supra note 8, p. 10.
(38) 読み方は「ダドゥシ」。紹介，井奈波朋子「フランスにおける情報社会指令の国内法化について（正続）」コピライト541号26頁・545号48頁（共に2006年）。https://www.tatsumura-law.com/attorneys/tomoko-inaba/columnからも入手可能。なお，2009年6月のいわゆるHADOPI 1（読み方は「アドピ・アン」）法についても，井奈波朋子「三振ルールで揺れるフランス」コピライト583号（2009年）28頁があり，上記URLから入手できる。

もあった。この際にはまた，同指令5条3項aを国内法化して，CPI L. 122-5条1項3号eに，教育・研究目的の利用に関する有償の権利制限規定が設けられた。同時に，CPI同条に2項が新設され，同指令5条5項およびベルヌ条約9条2項の三段階テスト（から「一定の特別な場合」要件を省いたもの）が，明文で規定されるようになった。

しかし，同指令5条3項hの「公開の場所に恒久的に設置するために制作された，例えば建築作品や彫刻のような著作物の利用」と，同項iの「著作物やそれ以外の保護対象物の，他の制作物への偶然の写り込み」は，2006年のDADVSI法によって国内法化されることはなかった。これはまず，同指令5条3項を国内法化するかどうかが任意であったためである。また，フランス法は，同項hやiが想定するような事態に，判例法理としての付随理論によって対応済みであると考えられていたためである。[40]

2000年代前半には，付随理論の理論的根拠にも，新たな展開があった。それまで「付随的利用もいったん著作者の排他権に服するが，裁判所は明文の根拠なく権利制限しうる」と考えられていたところ，「付随的に利用された著作物は公衆に伝達されていないから，その利用はもともと排他権の範囲外にあり，裁判所は非侵害の判断を下しうる」という考え方が現われたのである。これにより，「条文にない例外規定の裁判所による創設」は禁じられているではないかという，著作権者側からの批判（2(1)参照）をかわすことができる。[41]

この考え方は，4でみた2001年の書籍表紙写真事件破毀院判決に，極めて簡潔な表現で登場していた。それは，次の6(1)で詳しく紹介するテロー広場事件の破毀院判決によって，ややあいまいながらも繰り返され，Être et avoir（読み方は「エートル・エ・アヴォワール」）事件のパリ控訴院判決において，明確に示された。[42] しかし，同事件の破毀院判決も，その後の破毀院判例（6(4)でみる

---

(39) Directive 2001 / 29 / EC of the European Parliament and of the Council of 22 May 2001 on the harmonisation of certain aspects of copyright and related rights in the information society, OJL 167 22. 6. 2001 pp. 10-19. http://eur-lex.europa.eu/より入手可能。邦訳は原田文夫訳『情報社会における著作権および関連権の一定の側面のハーモナイゼーションに関する欧州議会およびEU理事会のディレクティブ2001/29/EC』（著作権情報センター，2001年）。なお，ウェブ上では夏井高人参考訳が利用可能である。http://cyberlaw.la.coocan.jp/index2.html
(40) Caron, Ch., La limite de l'accessoire consacrée avec un nouveau fondement, *Comm. com. électr.* n° 7, juillet 2011, comm. 62. その末尾参照。
(41) *Code Rouge*, p. 152.

Aufeminin. com 事件) も，この考え方には追随していない。

　学説においては，2006年に体系書『著作権と隣接権』の初版を，2009年に第2版を刊行したキャロン (Caron) が，同様の考え方を明確に打ち出していく。キャロンによれば，付随理論は，著作者の排他権の内的制限 (limite interne) ではなく，外的限界 (limite externe) に関する判例理論であるという。[43]

　キャロンによれば，著作物が付随的または背景的に写真や映像に写っているとき，公衆はそれではないものに注目している。このような場合，著作物は公衆に伝達されているわけではない。従って，当該上映は，著作者の排他権の外的限界 (limite externe) に服する行為である。外的限界を超えた利用は公有に帰した物の利用なので，それを許容するための立法は特に必要ない。一方，排他権の対象物の利用を許容するための内的制限 (limite interne) は，明文の規定がなければ許されない。引用やパロディがその例である。[44]

　そして，フランスの判例が長年認めてきたのも，この意味での権利の限界であり，付随理論は「些事については法官は留意せず」の法諺を，不完全な，または二次的にすぎない著作物利用に関する著作権法の規律の中に定着させたものであるとする。[45] 以下，この理論を排他権の限界説と呼ぶ。

　しかし一方で，付随理論を明文の規定に基づかない判例による権利制限と位置付け，かつ，それを支持する学説も，有力に存在する。

　例えばゴドラ (Gaudrat) は，表現の自由という見地から，判例による権利制

---

(42) 英語でいう be と have のこと。後述するように，これは学校をテーマにした映画のタイトルである。

(43) Caron, supra note 8, n° 369 et s. なお Vivant et Bruguière, supra note 8, n° 563 et s. も同旨。

(44) Caron, supra note 40, paragraph 8. なお，日本にも，他人の創作的表現の明瞭かつ微細な利用を，利用する側の著作物等の中に埋没しており，その本質的特徴部分を直接感得できないという理由で，権利範囲の外に出して適法にしようとする説（高部説）がある。これはドイツ法の影響を受けつつ，キャロン説にも近い発想であるように思われる。それに対しては，法的安定性を確保するため，創作的表現の利用は全て権利範囲に入れておいて，改めて権利制限するほうがよいとする批判（上野説）がある。参照，「シンポジウム　翻案」著作権研究34号［2007年度版］(2008年) 18頁［高部真規子］・47頁以下［上野達弘］。

(45) Caron supra note 8, n° 369. 駒田・報告書87頁および駒田・著作権研究56頁も，この見解を紹介している。しかし，これまでみてきたように，付随理論は，表現の自由を含みつつそれに限られない，街頭撮影の自由を保障するために生まれ，維持されてきたように思われる。また，山口俊夫編『フランス法辞典』（東京大学出版会，2002年) 637頁によると，上記の法諺はもともと少額事件の民事裁判管轄に関するものである。自説の裏付けに用いるため，キャロンが意図的に拡大解釈している可能性もあると，筆者は考える。

第3章　美術や建築の写り込み・写し込み

限としての付随理論を支持し，それが実定法であることを承認する。また，同理論の根拠が，公開の場所に設置されていることによる複製の不可避性から，主題との関連における付随性へと移っていること（上記4参照）を，正確に指摘している。ゴドラは，現在は1957年法施行直後と変わらない状況であり，付随理論は，2006年法の施行後も相変わらず実定法なのだと論じている。

また，ポロ＝デュリアン（Pollaud=Dulian）およびゴティエ（Gautier）も，法律構成には迷いをみせながらも，付随理論を判例による権利制限，すなわち排他権をいったん認めた上で制限する理論と位置付けて，それに賛成している。

ただしゴティエは，付随理論の代わりに背景理論（théorie de l'arrière-plan）という言葉を用い，フランス法が昔から認めてきたのは後者であるとする。ゴティエによれば，背景理論では写り込んで（写し込まれて）いるものが公衆への伝達の主たる対象であるかどうかを，公衆の目を惹くかどうかのみによって判断する。しかし付随理論では，それが「二次的」であるかどうか，すなわち，より重要な主たる伝達対象が他にあるかどうかや，権利者の損害の軽微さも考慮するという。

キャロンとゴティエとでは，付随的ないし背景的利用を，いったん排他権の対象にしてから許容するのかどうかが異なる。しかし，付随的利用を一足飛びに排他権の限界の外に押し出してしまうキャロンの思考過程には，公衆は「そこ」を見ていない，ないし「その著作物」は公衆に伝わっていないと考える，ゴティエの発想が影響しているのかもしれない。

一方で，厳格解釈を徹底する学説もある。リュカ兄弟（とりわけアンドレ（André）・リュカ）は，上記4の段階の付随理論を，不文の例外を作り出すものであると批判し，それに与しないことを明らかにしている。

このように，2000年代以降，判例・学説の両方において，付随理論を排他権の外的限界ととらえる考え方が登場した。しかしそれは従来の考え方，すなわ

---

(46) Gaudrat, *supra note 12*, n° 791.
(47) ポロ＝デュリアンについて駒田・報告書87〜88頁を参照。
(48) Pollaud-Dulian, F., *Le droit d'auteur*, economica 2005, n° 819 et s.; Gautier, *supra note 8*, n° 108 et s.
(49) Gautier, *op.cit.*, n° 108.
(50) Gautier, P-Y., Le triomphe de la théorie de l'arrière-plan - à propos de l'arrêt CA Paris, 4ᵉ ch., sect. B, 12 sept. 2008, *Communication Commerce électronique* n° 11, Novembre 2008, étude 23, n° 7.

123

ちそれを排他権の内的制限とみる考え方や，その存在自体を批判する考え方と併存していたといえる。

6 テロー広場事件・Être et avoir 事件破毀院判決とその後の展開

　2000年代以降の付随理論の展開は，理論面にとどまらない。公開の場所に設置された著作物以外への適用が主張されるようになった後も，それはいわば「伝家の宝刀」であり，その適用により著作権侵害が否定されることは稀であった。つまり，付随性は簡単には認められなかったのである。例えばマレ・スティーブンスいす事件のように，被利用著作物がはっきり写っていなくても，熟慮の上で繰り返し写し込まれているときは認められないし，逆にユトリロ事件のように，上映時間が短くても，被利用著作物の全体がはっきり写っていれば認められない。実際に認められたのは，著作権譲渡契約の解釈に紛争の本質があるような特殊な事案（書籍表紙写真事件）についてのみであった。

　公開の場所に設置された著作物の絵はがきや広告への撮影をめぐる，より古典的な事案でも同様である。よほど遠景にあれば付随理論の適用があるが（レンヌ通り絵はがき事件），アップなら基本的に侵害である。あとは，一部分のみが写っていたり，ピントが合っていなかったりする場合に，明瞭性基準による解決（プジョー広告事件）に頼る他はない。

　しかし，以下で紹介するテロー広場事件と Être et avoir 事件では，共に破毀院判決が非侵害の結論をとっており，そのこと自体が特筆に値する。さらに，両判決の理由付けは異なっており，テロー広場事件破毀院判決では，排他権の外的限界としての付随理論が適用された。それを Être et avoir 事件破毀院判決がすぐさま修正し，破毀院は再び，付随理論を排他権の内的制限と位置付けるようになった。2つとも注目の的となった有名な判決である一方，事案はそれぞれに特殊であり，判決の射程には注意が必要である。そこで，事案と判旨を詳細に紹介する（(1)と(2)）。続けて，下級審判決段階からの，両判決への学説

---

(51) Lucas, A. et H-J. Lucas, *Traité de la propriété littéraire et artistique*, 3ᵉ éd., Litec 2006, nº 298 [A. Lucas]. この書物はリュカ兄弟の共同著作物であるが，その目次冒頭の断り書きによれば，第1部の国内法の部分は，主として，弟でナント大学教授（当時）のアンドレ・リュカが執筆したものである。

第3章　美術や建築の写り込み・写し込み

の反響を紹介する（(3)）。最後に，Être et avoir 事件破毀院判決後に下され，同様に付随理論を排他権の内的制限と位置付けた Aufeminin.com 事件破毀院判決を，簡潔に紹介する（(4)）。

(1)テロー広場事件（破毀院2005年3月15日判決）

　この事件は，公開の場所に設置された著作物を絵はがきに複製したという，たいへん古典的な事案に関するものである。しかし，前述したように，理論および事案へのあてはめの両面で，それまでの裁判例とは区別すべきものとなっている。

　事案は以下の通りである。リヨン市役所の西側にあるテロー広場は，20世紀の終わりに改修された。改修部分のうち広い面積を占めるのは，広場の地面を淡色の石材で同じ大きさの69個の正方形に区分けし，個々の正方形の中心に色の濃い石材を配して，さらにその中心に小さな噴水とそれを照らす照明とを設けた部分である。それを囲むように，広場の北端には背の高い，南端には背の低い，色の違う石材で縞模様に作られた柱が立っている。そして，市役所や美術館等の歴史的建造物が，広場に面して建っている[52]。

　改修を担当した造形芸術家と建築家が，4社から発行された合計9枚の絵はがきについて，改修部分が無断で写されており，彼らの氏名表示もなされていないとして，著作権および著作者人格権侵害による損害賠償を求めて提訴した。

　問題の9枚の絵はがきのうちには，夜景が5枚，夕景が1枚，昼間の風景が3枚ある。全9枚のうち2枚（夜景が1枚，昼間が1枚）には，歴史的建造物が写っているだけで，改修部分は写っていない。他の7枚は，歴史的建造物を背景として改修部分が写っており，そのうち5枚には多数（30ないし40）の機能中ないし停止中の噴水が写っている。残り2枚については，写っている噴水はいずれも機能しているが，その数は少数ないし不明である。

　第一審のリヨン大審裁判所2001年4月4日判決[53]は，1枚1枚の写真の撮影内

---

[52] この記述は主として判決文によるが，2011年に筆者が現場を見て補筆したところもある。なお，ウェブ上の検索エンジンを用いて"place des Terreaux Lyon"に関する画像を検索すれば，様々な画像を見ることができる。また，「Google マップ」などのウェブ上の地図で，大縮尺の航空写真を表示するのもわかりやすい。

[53] TGI Lyon, 1ʳᵉ ch., 4 avr. 2001, *Juris-Data* nº 139964.

容の違いに頓着することなく，9枚全部について請求を棄却した。判決はまず，改修部分が美術ないし建築の共同著作物であることを認め，公開の場所に設置された著作物にも原則として著作者らの複製権は及ぶことを確認した。しかし，以下のように判断して侵害は否定した。すなわち，本件の場合，改修部分である広場とそれを囲む歴史的建造物とは分かちがたく結びついており，歴史的建造物を撮ろうとすれば，必ず改修部分の一部が写ってしまう。実際，問題となった絵はがきにも必ず1つは歴史的建造物が写っている。このことからすれば，改修部分は，テロー広場全体の眺望という主題に対して付随的に複製されているにすぎない。改修部分の複製を禁じることは，公開の場所にある歴史的建造物の複製を禁じることと等しいので，認められない。——このように判示する一方で，判決文には，「礼儀としては」氏名表示をするほうが望ましい，という一節もみられる。

　著作者らの控訴（美術著作者団体も控訴審から参加）に対して，リヨン控訴院2003年3月20日判決は，第一審判決を一部変更した。すなわち，夜景の絵はがきに関しては，噴水の照明を創作した第三の共同著作者が訴訟当事者となっていないことを理由に，請求は受理できないとした。それらを除く昼間の風景の絵はがきに関しては，第一審と変わらない付随理論による侵害否定の判断がなされた。ここでも，1枚1枚の写真の内容に即した判断はなされていない。

　著作者らが上告した。上告理由の1つは，夜景の絵はがきについて，改修部分が3名の共同著作物であることを争うものであった。もう1つは，付随理論はCPI L. 122-5条の厳格解釈に基づいておらず，著作物の創作的表現が公衆に伝達されているのに絵はがきに著作者らの氏名が表示されていないのは，L. 121-1条（著作者人格権の保護）およびEC情報社会指令5条違反であると主張するものであった。

　破毀院2005年3月15日判決は，上告を棄却した。まず，上告理由の1つめは破毀院における新たな事実の主張を伴うため，不適法であるとされた。そして2つめについては，「問題の著作物のこのような表示は，広場全体の描写とい

---

(54) CA Lyon, 20 mars 2003, *Site Web Légifrance*.
(55) 共同著作物の著作権訴訟を起こす場合のフランス法の規律については，拙稿「65条」半田正夫・松田政行編著『著作権法コンメンタール 2』（勁草書房，2009年）I 3 2参照。
(56) Cass. 1re civ., 15 mars 2005, *Site Web Légifrance*, D. 2005, p. 1026 et s., obs. Daleau.

第3章　美術や建築の写り込み・写し込み

う主題に対して付随的なものであり，そのために，著作物の公衆に対する伝達とはなっていない」という判断が示され，上告は理由なしとされた。

このように，テロー広場事件の破毀院判決は，排他権の限界としての付随理論の考え方に基づいて，実際に著作者の権利の侵害を否定した。ただし，上告理由が氏名表示に関する著作者人格権侵害の成否のみを問題としていたことには，注意が必要である。

(2) Être et avoir 事件（破毀院2011年5月12日判決）

「Être et avoir」（邦題：ぼくの好きな先生）は，ニコラ・フィリベール監督によるドキュメンタリー映画である。フランスはオーベルニュ地方の村の学校を舞台に，幼稚園から小学校最終学年まで13人の児童とその全員を担任するベテラン男性教師との，学びを軸にした日々の交流を，冬から初夏にかけての村の自然描写や，児童たちの家庭事情なども交えて伝えている。114万人を超える劇場動員と数々の賞に輝く大ヒット作品である反面[57]，ここでとりあげる事件よりも前に，教師からの著作権訴訟や児童の親たちからの肖像権訴訟がすでに提起されており[58]，その制作過程にあつれきがあったことを推測させる。

事案は，この映画において，小学生向けのフランス語読解の教則本である「Gafi le fantome（幽霊のガフィ）」の複数のイラストが複製され，幾度にもわたって上映されたというものである。これらのイラストは，本の中の「教育用図版」ないし「ポスター」のものであり，もともと教室の壁に貼って使うものであった。それは教室の壁（特に，教室正面中央の白板のすぐ下）に貼られており，映画の背景をなす教室の飾り付けの中に溶け込んでいる。

これらのイラストは，全部で104分の映画に22回登場し，時間でいえば18分にわたって写っている。そのうち10分1秒は大写しであり，特に6つのイラストがはっきり認識可能である。この他に，DVDのボーナストラックとして収録された予告編にも3回登場し，ボーナストラック全体で55秒登場する。

イラストの著作者と，彼が所属する権利者団体のSAIF[59]が，映画製作会社に

---

(57) http://www.allocine.fr/film/fichefilm_gen_cfilm=35962.html
(58) Caron, supra note 40 の Note 冒頭部分に，この映画をめぐる他の判決へのレファレンスが示されている。

対し，複製権・興行権侵害を理由に，損害賠償を求めて提訴した。原告らは，イラストに着色（子供たちによる塗り絵）をしたことによる改変と氏名不表示の両方に基づいて，著作者人格権侵害も主張している。

第一審のパリ大審裁判所2006年12月20日判決[60]は，侵害の結論を下した。それは，EC情報社会指令上の権利制限規定である5条3項h（公開の場所に恒常的に設置するために制作された著作物の場合）も，同i（偶然の写り込み。直訳すれば，著作物や保護対象物が他の制作物に偶然に含まれること）も2006年改正で国内法化されなかった以上，例外規定の厳格解釈の原則に照らせば，もはや旧来の付随理論は通用しないと明言した。また，被告作品の主題との関係は考慮すべきでなく，原告作品がはっきり特定可能であることをもって，侵害を認めるに足りると明言した。

しかし，判決は，SAIFによる著作財産権に基づく請求（165,000ユーロ）[61]に対して1ユーロ，SAIFが代表する集団的利益の侵害（5,000ユーロ）について1ユーロ，イラストレーターの著作者人格権侵害（50,000ユーロ）について1ユーロの，象徴的な損害賠償しか認めなかった。その一方で，訴訟費用は，SAIFとイラストレーターのそれぞれに対して請求の全額を認めた。なお，第一審では損害額は争点になっておらず，差止はもとより請求されていない。

また，著作者人格権については，主文では氏名不表示に基づく侵害しか認められていない。その理由は特に示されていない。

著作者側と監督側の双方から控訴がなされた。どちらの側にも，多数の者や団体が，任意または強制的に参加している。このうち，監督側任意参加人のUSPA（映画製作者連盟）の補助的弁護人が5でその説を紹介したキャロンであり，控訴審のパリ控訴院2008年9月12日判決[62]は，大いにキャロンの理論の影響を受けている。すなわち，同判決によると，付随理論は権利制限ではなく，著作権による排他権そのものの限界に関する理論であり，従って，2006年の法改

---

(59) http://www.saif.fr/　なお，前掲注8論文の主著者であるデフォー（Defaux）は事件当時，SAIFの法務担当者であり，2024年現在は法務部長となっている。
(60) TGI Paris 20 dec. 2006, *RLDI* 2007/24, p. 24.
(61) 日本円にすると2580万円近かった（2006年12月20日現在のレートで計算）。これは，事件当時のSAIF会員の著作物利用に関する料金表に基づいて計算した額である。Defaux et Azzabi, supra note 8, p. 9.
(62) Paris, 4ᵉ ch. sect. B, 12 sept. 2008, *Juris-Data* n° 2008-370395.

第3章　美術や建築の写り込み・写し込み

正以降も有効であるという。

　事案への付随理論の適用については，以下のように判断されている。すなわち，著作者側が主張するように，確かにイラストが中央に映るシーンもあるが，それは子供がかがんだからである。イラストが映っている間も，カメラは子供の動作を追っており，観客の関心はそちらにある。イラストは，束の間カメラになめられただけで，ほとんどの場合には「背景」であり，一度も教師の手にとって用いられておらず，通常の教室風景の一部をなすだけである（そもそも壁に貼るのが本来の使い方である）。イラストはそれ自体としては決して上映されていないので，公衆への伝達を欠く。また，このようなドキュメンタリー映画を撮るためには，実際の教室風景を再現する必要があり，教育用図版を壁からはがさなかったことは責められるべきではない。また，イラストが公開の場所に恒常的に設置された著作物でなくても，付随性は認められる。結論として，イラストは作品主題に対して付随的に用いられているにすぎず，公衆への伝達を欠くため，著作者の権利は一切侵害されていない。第一審判決は破棄すべきである。

　これに対しては，著作者側が上告した。上告理由の骨子は，イラストは繰り返し熟慮の上で上映されており付随的利用とはいえないこと，控訴審判決は2006年改正著作権法の条文に基づかない権利制限をしていることであった。

　しかし，破毀院2011年5月12日判決[63]は，上告を棄却した。その根拠は以下のように示された。すなわち，「当該利用はEC情報社会指令5条3項iにいう偶然の写り込みとして，著作者の独占権が制限される利用であり，フランスの立法者が実定法としての国内法化を望んだものであることが，立法準備作業により裏付けられる。」

　このように，Être et avoir 事件では，第一審が付随理論に基づく権利制限をせず，著作権侵害成立の判断をした。控訴審は，排他権の限界としての付随理論を用いて非侵害の結論を導いた。上告理由が例外規定の厳格解釈を主張したのに対し，破毀院は，実定法の範囲を拡大させてそれに基づく権利制限を正当化するという，これまでにない判断を示し，結論としても著作権侵害を否定

---

[63] Civ. 1re, 12 mai 2011, *Site Web Légifrance*.

した。

(3)両事件への学説からの反響

このように理論の揺れが大きく，また，破毀院で非侵害の結論に至った両判決に対しては，下級審段階から学説による反響が多々あった。以下ではそれらのうちの主要なものを紹介する。

ゴドラは，テロー広場事件破毀院判決には特に反対しない一方で，著作権侵害を肯定したÊtre et avoir事件の第一審判決を批判し，現在は1957年法施行直後と変わらない状況であり，付随理論は，2006年法の施行後も相変わらず実定法なのだと論じている。[64]

ゴティエは背景理論（上記5）の見地から，テロー広場事件破毀院判決に対しては，絵はがきの主たる被写体が改修部分である以上，付随性を認めたことは誤りであるとして反対の姿勢をとっている。一方で，Être et avoir事件控訴審判決に対しては，「伝達はない」という判示は言いすぎだとしつつも，判決の結論には賛成する。[65] その論旨は，著作物ははっきり写っており伝達はなされているが，公衆の目は惹かないので権利制限の対象となるということであろう。

ポロ＝デュリアンは，ゴドラやゴティエと同様に，付随（ないし背景）理論の歴史的展開を踏まえて，それを判例による権利制限ととらえ，かつ，その存在を肯定する。そして，著作権で保護される部分と公有に帰した部分の分離不可能性を根拠に，テロー広場事件第一審判決（著作権侵害を否定）に賛成している。[66]

キャロンは，Être et avoir事件破毀院判決の結論に賛成し，「過剰な保護は創作の芽を摘む。著作権の最大の敵は自分自身である」と述べる。[67] しかし，理論構成については当然，控訴審判決を支持する（上記(2)で述べたように，彼は勝訴した側の代理人である）。そして破毀院判決に対し，その理論的根拠が排他権の外的限界から内的制限へと移ったことを指摘した上で，その必要はなかった

---

(64) Gaudrat, *supra note 12*, n° 791.
(65) Ibid., n° 9.
(66) Polllaud-Dulian, *supra note 48*, n° 821.
(67) Caron, supra note 40 の末尾。

第3章　美術や建築の写り込み・写し込み

との批判を加える。それによれば，EC情報社会指令5条3項i（偶然の写り込み）が国内法化されなかったのは，フランスにはすでに（排他権の外的限界としての）付随理論があったからだという。また，同項は任意規定であるので，同判決は，国内裁判所は指令の任意条項に照らして国内法を解釈できないと判示した2009年1月22日の破毀院判決に反するという[68]。結局，破毀院は指令に言及せず，パリ控訴院と同じ理由づけをとればよかったのだという。

　キャロンにおいては，付随性は，（1）利用する側の著作物の主題との関係，（2）利用された著作物がどのように表現されているか，の2点において判断される。Être et avoir事件の事案に照らすと，（1）につき，映画が教師と生徒の日々の交流を主題としていて，教室の壁に貼られたフランス語の教則本そのものを主題としていたわけではないこと，（2）につき，教室の他の飾り付けと一体化して瞬間的に写されたにすぎないことが，付随性を認める根拠である[69]。そして，同事件破毀院判決に対しては，偶然と付随的は異なるのであり，偶然なら付随的でなくても（作品全体の利用でも）適法になってしまう一方，準備された付随的利用は不適法ということになり，不当であると批判する。

　ヴィヴァン（Vivant）とブリュギエール（Bruguière）の教科書はキャロンの説に追随しており[70]，ヴィヴァンには，Être et avoir事件破毀院判決の結論に賛成する評釈がある[71]。

　ベンサムンは，2006年のDADVSI法の立法過程を詳しく紹介した上で，Être et avoir事件破毀院判決が指摘するような，EC情報社会指令5条3項iが黙示のうちに国内法化されたことを裏付ける議論はなかったとして，同判決に反対している。そして，同事件が付随理論を用いて解決しようとした問題に対しては，個別立法の必要性を示唆している[72]。

---

(68) Civ. 1re, 22 janv. 2009, *D.* 2009, AJ 428 obs. Daleau.
(69) Caron, supra note 40, paragraph 7.
(70) Vivant et Bruguière, *supra note 8*, n° 564.
(71) Vivant, M., Droit d'auteur et théorie de l'accessoire : et si l'accessoire révélait l'essentiel ?, *JCP G*, n° 28, 11 juillet 2011, 814.
(72) Bensamoun, A., L'exception fondée sur l'accessoire : accessoirement non transposée..., *RLDI*, n° 72, juin 2011, p. 9.

(4)Aufeminin.com事件（破毀院2012年7月12日判決）[73]

　最後に，Être et avoir事件破毀院判決後のわずか1年後に下されたAufeminin.com（読み方は「オフェミナン・ポワンコム」）事件破毀院判決を，簡潔に紹介する。同判決は，不明確なところがありつつもÊtre et avoir事件破毀院判決を踏まえた判断をしており，テロー広場事件破毀院判決には与しないことを表明したといえる。

　この事件の事実関係は以下の通りである。原告が俳優Patrick Bruelを撮影した写真が，女性向け総合ポータルサイトAufeminin.comに無断掲載されており，さらにそれがGoogleの画像検索サービスGoogle Imagesの検索結果の中に，アイコン状の縮小画像（vignette）として出現する状態であった。原告がGoogleに警告を発したにもかかわらず，すぐに削除がなされなかった。このため，原告はGoogleが無断で写真の著作物の複製と公衆提示（présentation au public）をおこなったとして，著作権侵害訴訟を提起した。[74]

　控訴審までの裁判所は侵害を肯定した。Googleは上告理由において，当該複製行為がGoogle Imagesサービスの提供という目的に対して付随的であり，また，検索結果画面における縮小写真の公衆提示が偶然なされたどうかを検討しなかった点において，パリ控訴院が下した原判決は法的根拠を欠くと主張した。

　これに対して破毀院は，EC情報社会指令5条3項iにいう「偶然の写り込み」とは，問題の著作物を含みつつ公衆提示されているものの主題（sujet）に対して，「付随的」かつ「非意図的」になされるものでなければならないと判示した。そして，写真をアイコン状に縮小することはこれに該当しないし，指令該当性が検索サービスの活動や提供との関係で判断されるものでもないと判示した。その結果，同指令5条3項iの解釈に関する控訴審の判断は維持され，著作権侵害の成否に関するGoogleの上告は理由なしとされた。すなわち，著作権侵害があることを認めた部分は破毀されていない。従って，破毀院判決の意義は，検索エンジン運営主体が速やかな削除を怠った場合になお，付随理論

---

(73) Cour de cassation, Chambre civile 1re, 12 juillet 2012, nos 11-15.165 et 11-15.188, *Bull. civ.* I, no 162.
(74) Lucas, A., Chronique, *Propriétés Intellectuelles*, no 45（2012.10），pp. 405〜406.

によって救済を求めることはできないと判示された点に認められる。

その一方で，Aufeminin.com の運営会社と Google による上告理由のうち，EC 電子商取引指令に基づく速やかな削除による免責の成否に関しては，原判決は部分的に破毀されている。すなわち，控訴審の判断は法的根拠を欠くとされ，事件はリヨン控訴院へと差し戻されている。[75]

判決文からは必ずしも明確ではないが，破毀院は，Être et avoir 事件破毀院判決同様，同指令5条3項iはすでに国内法化されているという前提の下で，その解釈論を展開し，上記の判断を下したものと思われる。すなわち，リュカが指摘するように[76]，破毀院は，テロー広場事件で採用された排他権の外的限界説からは離れ，Être et avoir 事件に追随する判断をしたと考えられる。

以上のように，2000年代から2010年代前半にかけて，破毀院による付随理論の用いられ方は，その理論的根拠においても，また，事案に対する結論においても変動した。そして，付随理論の法的根拠を EC 情報社会指令5条3項iに求める Être et avoir 事件破毀院判決の考え方を，判断基準として用いる破毀院判例も出現している。このような変動は，2016年における2つの立法のきっかけとなった。[77]

7　2016年の2つの立法

(1) インターネット上の画像検索結果における表示

1つは，CPI L. 136-1条から L. 136-4条の立法である。これらの条文は，CPI の体系の中では，著作物の利用契約に関する規定群の最後に置かれている。4つの条文に付された標題は，意訳すれば「三次元ないし二次元の，あるいは写真による美術の著作物の検索と参照に適用される規定」である。

4つの条文は，創作の自由および建築と文化財に関する2016年7月7日の

---

(75) Ibid. なお，この事件の国際私法的側面については，本書第6章参照。
(76) Lucas, supra note 74, p. 406.
(77) Carre, S., Des exceptions d'usage public, in Vivant, M.（dir.）, *Les grands arrêts de la propriété intellectuelle* 3ᵉ éd., Dalloz 2019, p. 361, n° 30. 注6で引用した *GAPI* はその後改訂を重ね，最新のものは2019年に刊行された3版である。付随理論を含む項目の名称は，初版（前掲注6）の「様々な権利制限：短い引用，付随的興行など」から，「公衆に向けた利用行為における権利制限」に変わったが，執筆担当者は初版のままである。以下でこれを引用する場合は *GAPI3* とする。

法律30条によって創設された。4つの条文は、インターネット上の画像検索サービスの検索結果に、彫刻・絵画や写真などの美術の著作物が、アイコン状の縮小画像として表示されることにつき、集中管理団体による法定ライセンスの仕組みを導入するものである。

2016年7月7日法の趣旨は、検索エンジン運営主体と美術や写真の著作者との間に、「よりよい価値の分配」を実現することである。それまでは、2000年6月8日のEC電子商取引指令14条を国内法化したフランス法に基づき、権利者からの警告を受けて被疑侵害物を速やかに削除すれば、検索エンジン運営主体は著作権侵害には問われなかった。しかし2016年改正後は、創設された4つの条文が適用されるため、検索エンジン運営主体は集中管理団体と協約を結ばなければならなくなった。

このように現在では、美術や写真の著作物が画像検索サービスの検索結果に小さく表示される場合には、CPI L. 136-1条からL. 136-4条の適用により、集中管理団体を通じて、美術著作物の著作者に報酬が支払われるはずである。しかし、集中管理団体のウェブサイトを見ると、2024年11月においても、この制度が実際に運用されている様子はない。

(2) パノラマの例外

2016年には、権利制限規定の本体をなすCPI L. 122-5条にも改正があった。それは、デジタル共和国のための2016年10月7日法38条と39条による。38条は、非商業的なテキストおよびデータマイニングを許容するCPI L. 122-5条1項10号を創設したが、この規定は付随理論とそれほど関係がない。一方、2016年10月7日法39条によって創設された、いわゆるパノラマの例外（exception de panorama）に関するCPI L. 122-5条1項11号は、付随理論の一部を明文化したものであるといえる。

同号は、公表著作物の著作者が禁止できない行為に、以下のものを追加した。

---

(78) LOI n° 2016-925 du 7 juillet 2016 relative à la liberté de la création, à l'architecture et au patrimoine.

(79) *GAPI3, supra note 77*, p. 361, n° 30. なお、本書第6章に、2001年5月21日の指令2001/29の3条1項の公衆伝達権と画像検索エンジンの関係についての記述がある。

(80) LOI n° 2016-1321 du 7 octobre 2016 pour une République numérique.

第3章　美術や建築の写り込み・写し込み

すなわち「公道に恒久的に設置された建築の著作物と彫刻の複製および興行であり，自然人によって行われ，いずれの商業的性格を有しないもの」。

ベンサムンによれば，パノラマの例外は，美術著作物の権利者団体が従来から無断かつ無償の利用を認めてきた範囲を明文化したものである。CPI L. 122-5条1項11号と，2001年のEC情報社会指令5条3項hの「公開の場所に恒久的に設置するために制作された，例えば建築作品や彫刻のような著作物の利用」と比べると，パノラマの例外を享受できるのが自然人の非商業的な利用に限られる点において，指令よりも著作権者側に有利な立法がなされたといえる。

テロー広場事件の事案に即して，パノラマの例外ができたことの意味と，パノラマの例外が明文化された後の付随理論の存在意義について考えていく。

テロー広場の改修部分は公道に恒久的に設置されており，かつ，建築または彫刻のどちらかにはあてはまるであろう。そうであれば，自然人がそれを写真撮影し（複製），SNSで共有する（興行）ことは，商業目的がないことを条件に，広く許容される。もはや付随性は要件ではないので，写真の主題が何なのか，写真に人物や周囲の歴史的建造物が写っているかどうかは，関係なくなる。つまり，改修部分だけを意図的にはっきりと大写しすることも，何ら問題なくなる。ただし，それが自然人による非商業的な利用である場合には。

CPI L. 122-5条1項11号を条文通りに読むだけでも（特に厳格に解釈せずとも），それは，自然人以外の行為や，絵はがきの作成のような商業目的のある行為には適用されない。つまり，現行法下でテロー広場事件が再び起きたら，著作権者側は法の明文が許容する例外にあてはまらないとして契約締結を迫り，絵はがき業者側は引き続き，判例理論としての付随理論の適用を主張するであろう。仮にテロー広場事件がパノラマの例外の立法のきっかけの1つとなったのだとしても，同事件の事案はパノラマの例外の射程外にある。

一方で，ベンサムンは，パリのエッフェル塔の夜間照明に著作権の保護がある場合も，それはパノラマの例外の適用を受けると明言している。テロー広場事件では，噴水の夜間照明について，改修部分の著作者とは別の著作者がいる

---

(81) 高等教育研究省の「フランスデジタル大学」において，ベンサムンの監修により2018年に実施された著作権法無料オンライン講座の説明動画1分14秒以下（ベンサムン本人出演）。https://www.fun-mooc.fr/fr/cours/les-fondamentaux-du-droit-dauteur/
(82) 注81の動画の47秒以下。

ことが認められていた。表現の手段や技法からみて、夜間照明そのものは建築とも彫刻でもないはずである。夜間照明に別個の著作権が認められる場合にパノラマの例外が適用されることは、厳密にいえば、CPI L. 122-5条1項11号の「建築の著作物と彫刻」という文言の拡大解釈になりかねない。

しかし筆者は、美術著作物の権利者団体がL. 122-5条1項11号の上記のような解釈を許容している背景にも、付随理論があるのではないかと推測している。なぜなら、少なくとも夜間照明の表現形式のうちの一部、例えばその輪郭や空間的な広がりは、建築や彫刻の表現形式に規定されているからである。建築や彫刻の夜間照明を自然人が非商業目的で利用することは、建築や彫刻の利用に付随するので、許容してよい。権利者団体はこのように考えているのではないだろうか。

パノラマの例外については、極左の政治家がストリートアートをキャンペーンビデオに写し込んだことに画家が抗議した裁判例がすでに発生している。パリ司法裁判所は、政治家個人に対しては、パノラマの例外を援用し著作物を無断で利用することを認めている。[83]

8　今日における付随理論の守備範囲
　　　——近時の立法の適用のない場合

以上のように、写真や映像の制作と美術著作物の利用をめぐっては、2006年以降、（必ずしも無償ではない）権利制限規定や、法定ライセンス制度の立法がなされた。

すなわち、まず2006年には、平面の美術著作物を時事報道目的で利用する場合の権利制限規定（L. 122-5条1項9号、上記4参照）と、教育・研究の場における説明のための著作物利用に関する有償の権利制限規定（CPI L. 122-5条1項3号e）とが設けられた。前者では、利用される分量や寸法に照らして、当該著作物それ自体に関する時事報道といえる場合のみが無償であり、それ以外は有償となっている（同号3文）。

---

(83) TJ Paris, 21 janv. 2021, *Propriétés Intellectuelles*, n° 79 (2021.4), pp. 93-95 et 111-113. 判例紹介を担当するBruguièreは、この判示には批判的である。

そして2016年には，公道に恒久的に設置された建築の外観や彫刻（およびそれらの夜間照明）については，自然人が非商業目的でおこなう限り，主題への付随性の有無に関係なく，どのような利用も無許諾かつ無償でなしうるという「パノラマの例外」が立法された（L. 122-5条1項11号，上記**7**(2)参照）。なお，インターネット上の画像検索サービスの検索結果に，美術や写真の著作物がアイコン状の縮小画像として表示されることについては，Aufeminin.com事件を受けて，集中管理団体による法定ライセンスの仕組みが導入された（L. 136-1条〜L. 136-4条，上記**7**(1)参照）。

さらにその後，2019年のDSM指令5条を国内法化する2021年11月24日のオルドナンス[84]によって，上記したCPI L. 122-5条1項3号eから，教育および職業教育の過程における説明のための著作物の一部利用が分離された。3号eは研究者に向けた説明に特化した規定となり，教育および職業教育の過程における説明については12号が創設された。12号の要件はL. 122-5-4条で改めて定められている。同条Ⅰには無償の権利制限規定があるが，同条Ⅱにより，集中管理団体から適切なライセンスが提案された場合には，そちらが優先する。そして，このライセンスはDSM指令12条を国内法化した拡大集中許諾の対象となる（L. 122-5-4条Ⅱ3項）。

こうした一連の立法がなされた後も，これらのいずれにもあてはまらない利用行為について，付随理論が適用される余地は残されている。具体的には，絵はがきやポスター・チラシ広告，あるいはテレビコマーシャルや映画などをめぐる紛争においてである。今日では，どのような場合が付随理論の守備範囲に入るのかみていこう。

(1)公開の場所における撮影

まず，写真や映像の撮影が，自然人ではない者によって，または商業目的で，公開の場所でおこなわれる場合である。パノラマの例外の適用はないので，被疑侵害者側は判例理論としての付随理論を援用し，付随性の主張立証に移るこ

---

(84) Ordonnance n° 2021-1518 du 24 novembre 2021. https://www.legifrance.gouv.fr/loda/id/LEGIARTI000044362817/2021-11-26/ これは委任立法としてのオルドナンスであり，第五共和国憲法38条を根拠とする。山口俊夫編『フランス法辞典』（東大出版社，2001年）403頁。

とになる。その際には2005年のテロー広場事件破毀院判決が参照されるべきだとの主張もある[85]。

しかしテロー広場事件では，改修部分の創作的表現が大きくはっきりとみてとれるにもかかわらず，「主題に対して付随的だから公衆への伝達はない」という，いかにも無理がある判断が下されている。このような排他権の限界説による不文の権利制限は，厳格解釈の原則との関係など軽く飛び越えて，2006年改正で実定法となった三段階テスト（L. 122-5条2項）との間でさえも，問題を生じかねないように，筆者には思われる。判決は広場全体の描写が主題だというが，問題になった改修部分は，相当の空間的広がりをもっていた（筆者が現地で見た印象はそうだし，Googleマップで見ても，広場全体で700平米なのに対して，噴水部分は400平米ぐらいある）。従来の判例の基準で付随性が成立するのは，歴史的建築物の壁面が大きく写され，改修部分は少ししか写っていないような場合に限られる。広場全体を主題として撮ろうとすれば，改修部分は必ず，絵はがきの大部分を占めるはずである。これで付随性が認められてしまうのは，従来の判例からみればかなりの変化である。

従来の判例でなかなか認められなかった付随性が，テロー広場事件では容易に認められた背景として，以下のことが推測できる。それは，改修部分が簡素で現代的な広場のデザインであり，あまりの簡素さから，そもそも著作物なのかどうかが現実に争点になった上で，著作物性が（かろうじて）認められたことである。裁判所は改修部分を著作権で保護することに，そもそも納得していなかった可能性がある。

以上のように，テロー広場事件は確かに公開の場所における商業目的の写真撮影に付随理論を適用した例だが，同事件破毀院判決の大胆な付随性認定の射程は狭く，著作物性に問題があるような事案に限られると解される。また，同判決がとった排他権の限界説を，2011年のÊtre et avoir事件破毀院判決がとらず，2012年のAufeminin.com事件破毀院判決もそれに追随したとみられることは，すでに指摘した（上記6(4)）。

以上のように，テロー広場事件破毀院判決の先例的価値には疑問があると解

---

(85) Bruguière, J-M., Exploitation des images d'oeuvres d'art plastiques et photographics, *Légipresse*, n° 345 (2017.1), p. 20, n° 4.

第3章　美術や建築の写り込み・写し込み

される。だとすれば，公道恒常設置著作物の無断利用が，個人以外の者により，あるいは商業目的でなされた場合には，1995年のマイヨール彫刻事件破毀院判決（上記3）の基準が，今でも参照に値するのではないか。そこでは，主題との関係での付随性を判断する際に，公道恒常設置著作物を意図的に写していたかどうかに加えて，その表現がどれほど精細に公衆に伝達されているかどうかも考慮され，その結果，意図的な大写しは著作権侵害とされた。結局，パノラマの例外の対象外の行為について，付随理論で権利制限が認められるのは，1990年のレンヌ通り絵はがき事件（上記3）においてモンパルナスタワーが遠景に写っていたような場合に限られると解される。[87]

(2)屋内における美術著作物の写し込み

一方，撮影が屋内でなされる場合はどうであろうか。この場合にもパノラマの例外の適用はない。そして，上記した報道目的や教育目的の利用に関する新たな権利制限規定のどれにもあてはまらない場合に，写真や映像の制作者側が援用できるのは，もはや付随理論だけである。Être et avoir事件破毀院判決以前からすでに，付随理論の適用範囲は，公開の場所における撮影以外の場合にも広げられていた（上記4）。

そして，現時点での付随理論の解釈基準としては，Être et avoir事件破毀院判決が想起される。しかし，同判決が寛大に付随性を認定したことの先例的価値にも，これまた注意が必要である。同事件において，イラストは映画の中にはっきりと一定時間写っていた。それは，熟慮の上で繰り返し写されており，テレビコマーシャルをめぐる従来の裁判例に照らすと，付随的利用とはならないケースだった。その一方で，映画の主題と比べることをすれば，イラストの利用を付随的ということはできた。また，映画が商業的に大成功したため，侵害を認めると，集中管理団体の料金表に基づく損害額が大きくなりすぎ，また，[88]

---

(86) GAPI3, supra note 77 の項目名は「公衆に向けた利用行為における権利制限」である。ここに，マイヨール彫刻事件とテロー広場事件の両方が，標題判決として掲載されているのは，類似の問題が生じたらこの両方を参照せよというメッセージであろう。
(87) Stérin, supra note 23, n° 287.
(88) 同事件第一審判決は象徴的な損害賠償額の1ユーロを認定し，原告らはこれを不服として控訴した。Defaux et Azzabi, supra note 8, p. 10.

類訴が相次ぐとすれば映画産業にとって打撃となりかねない。もちろん報道目的も教育目的もないため，2006年改正で新設された2つの権利制限規定（CPI L. 122-5条1項3号eと9号）には頼れない。その結果，パリ控訴院は排他権の限界説に立って付随理論を適用して非侵害の結論を導き，破毀院は黙示的に国内法化されたEC情報社会指令5条3項i（偶然の写り込み）を根拠に同じ結論を維持した。[89]

以上のように，Être et avoir事件破毀院判決の結論も，事案に制約された，射程の狭いものであると筆者は考える。

実際，Être et avoir控訴審判決の後に出された判決に，パリ控訴院2010年4月7日判決［ルエ鶏テレビコマーシャル］[90]がある。ルエ鶏（ル・マンの西にあるルエ村というブランド産地の鶏）のテレビコマーシャルに，鶏を置いたテーブルの上にかかっていたテーブルセンターの図柄が映ったところ，その著作権者から提訴されたという事案である。パリ控訴院は，熟慮の上で繰り返し写し込まれていることを理由に，本件では付随理論の適用はないとした。ここには，上記4の段階での付随理論がそのまま生きているといってもよい。[91]

定評ある実務書も，付随理論で許諾を要しないと確実にいえるのは公開の場所に設置された著作物の写り込みのみであり，美術著作物のコマーシャルフィルムへの写し込みの場合，付随理論が適用されない可能性があると述べている。[92]

Être et avoir破毀院判決の1年後には，前述のAufeminin.com事件破毀院判決が出ている。そこでは，付随理論をEC情報社会指令5条3項iに照らして厳格解釈し，ウェブサイトや画像検索エンジンの検索結果に表示される写真

---

(89) Être et avoir事件破毀院判決について，筆者はベンサムの見解（前掲6(3)，注72）に賛成である。ただし，美術著作者と映画製作者の間のルール作りについては，立法までは必要なく，関係団体間で適切な料金をとりきめることができれば，それでよいようにも思われる。同事件の場合，美術著作物の創作的表現が映画の観客によって享受されている。もちろん映画制作の自由も大切だが，この事案で，美術の著作者に何の経済的利益も還流しないことが，筆者には腑に落ちない。「表現の自由」を根拠として，著作権を無償で制限することを主張する見解はフランスにもあるが（*GAPI3, supra note 77*, n° 28），それは，商業映画制作のコストダウンのために用いるべき根拠であろうか。なお，同判決は*GAPI3*の「公衆に向けた利用行為における権利制限」の項目において，標題判決には選ばれていない。

(90) Paris, Pôle 5, ch. 1, 7 avril 2010, *Site Web Légifrance*.

(91) Alleaume, Ch., Synthèse de la propriété littéraire et artistique nov. 2009-nov. 2010, *Légipresse*, n° 278, déc. 2010, p. 448, n° 12.

(92) Stérin, *supra note 23*, n° 287.

を権利制限の対象から外し，著作権侵害を認めた（上記6(4)参照）。より近時では，2021年のパリ司法裁判所判決も同様である。1枚の写真をテレビ番組に合計6回写し込んだところ，シーンによって写真が不明瞭だったり明瞭だったりした事案について，被疑侵害者は付随理論の適用を主張した。しかし判決は，写真の番組への複製は「付随的でも偶然でもない」として，適用を認めなかった[93]。

Aufeminin.com 事件の1ヶ月前には，ル・コルビュジエが共同著作者である名作家具を明瞭に写し込んだインテリア写真を，広告制作者に向けてウェブ上で販売することを，家具の著作権侵害とする破毀院判決が下されている[94]。ただし，この判決では，上告理由で付随理論の適用が主張されていたにもかかわらず，破毀院はそれに応えていない。すなわち，破毀院はインテリア写真に問題の家具が「はっきりと見え，完璧に特定できる」ことだけを基準に，侵害の判断を下している。リュカは，この判決は付随理論によって権利制限をしたというより，著作権法の一般原則に従っただけのものであり，その論理構成は1987年のプジョー事件に近いという[95]。確かに，そこで示された判断基準は，デボワ的な明瞭性基準（上記3参照）であるように思われる。

結局，室内における既存著作物の写し込みの事案については今でも，付随理論ないし明瞭性基準が厳格に適用されており，結論として著作権侵害が認められることは少ないと考えられる。

おわりに

本章では，フランスの付随理論とは何かを，その歴史から現状に至るまで説明してきた。

それは20世紀初頭に，公開の場所に設置される美術や建築の著作権保護と，まだ新技術であった写真や映画の分野の表現者による街頭撮影の自由とを調和させるため，旧法下の裁判所によって生み出された（上記1）。

現行法の基礎である1957年3月11日法の立法者は，付随理論を，同法41条の

---

(93) TJ Paris, 7 janv. 2021, *Légipresse*, n° 390（2021.3), p. 78.
(94) Cour de cassation, Chambre civile 1re, 12 juin 2012, n° 11-10.923, publié au *Bulletin*.
(95) Lucas, A., Chronique, *Propriétés Intellectuelles*, n° 44（2012.7), p. 338.

一連の権利制限規定の中に明文化しなかった。そのことの意味については見解が分かれているが，明文化されなかったことを機に，「例外規定の厳格解釈」という法伝統から，付随理論の適用範囲を従来の判例理論よりも狭める見解（デボワが提唱した明瞭性基準）が登場したことは特筆すべきである（上記2）。

1957年法（1992年に内容は変わらず法典化された）においても判例理論にとどまった付随理論を，1995年に破毀院が承認する（上記3）。破毀院はその後，屋内において平面的な美術著作物を映像に写し込むような場合にも付随理論を適用しようとしたが，それによって実際に非侵害の結論が出た例は少ない（上記4）。

21世紀に入ると，欧州指令の国内法化の要請も後押しになって，付随理論では自由利用を認めがたいいくつかの利用方法について，個別立法による解決がなされるようになってきた。また，付随理論を，裁判所による明文の根拠なき排他権の制限と説明せず，付随的に利用された著作物は公衆に伝達されていないから，その利用はもともと排他権の範囲外にあると説明する考え方が，破毀院判例と学説（キャロンが提唱した排他権の限界説）に現われた（上記5）。そのような状況下で，2010年代にかけて，いくつかの注目すべき破毀院判決が出現する（上記6）。特に排他権の限界説によるテロー広場事件判決（2005年）と，付随理論を欧州指令の黙示の国内法化に基づく権利制限と初めて位置付けたÊtre et avoir事件判決（2011年）が有名である。しかし，両判決の結論，すなわち，いずれも著作権侵害を認めなかったことについては，事案を考慮してその射程を定める必要がある。

現在では，報道目的や教育・研究目的の利用，そして個人による屋外の非商業的撮影については個別権利制限規定があるが（上記7），付随理論もいまだに活用されている。ただし，それが実際に著作権侵害の阻却につながる場合は，それほど多いとはいえない（上記8）。

このように，フランスの付随理論には，差異を内包した継続性がある。本章が検討対象とした約120年を通じて，確かに付随理論は，適用対象となる事案を拡大してきた。しかし，結論まで含めると，これによって著作権侵害とならない場合がごく限られていることは，あまり変わっていないように思われる。また，その理論的根拠についても，デボワやキャロンの見解やテロー広場・Être et avoir両事件に代表される破毀院判決にみられるように，変遷を繰り返して

きた。そして現在では，欧州指令の黙示の国内法化という，玉虫色の理由付けに落ち着いている様子である。

　美術著作物の写り込みや写し込みに関する日仏の法制を比較すると，共通点と差異と，どちらの方が目立つであろうか？　筆者には差異が目に付く。なぜなら，フランスでは近年いくつか個別権利制限規定もできたが，その射程はそれぞれ狭く，また，個別権利制限規定のなかには，有償のものも多いからである。

　例えば，日本でよく知られている「はたらくじどうしゃ」事件[96]の事案は，個人による撮影ではないためパノラマの例外からは外れるし，研究・教育目的や報道目的の個別規定も適用されない。そして，バスの車体全体に描かれた原告の絵画が，被告が商業出版する絵本の表紙写真にあれだけ大きな面積で明確に写っている以上，付随理論の適用はあり得ない。確実に，著作者あるいは権利者団体との間で権利処理がなされるであろう。

　日本との違いのもう1つが，権利者団体の存在感である。テロー広場・Être et avoir両事件には，美術著作物の権利者団体が参加している。また，上記3でみたマイヨール彫刻事件とヴュイヤール壁画事件はいずれも，権利者団体と公共放送局が争った，一種の政策形成訴訟であった。本章でとりあげた付随理論関連の判例は，Légifranceのキーワード検索で大量に見つかったもののごく一部で，特に有名なものばかりである。

　フランスの著作権判例の1年あたりの正確な数を，筆者はいまだ正確に調べられていない。博士課程の大学院生に調べ方を聞いたこともあるが，相手もそれを知らなかった（というよりそのことに興味がない様子であった）。しかし，上記の検索結果と，Code Rougeや専門雑誌に掲載される判例の数から推測すると，それは日本の比ではないと考えられる。そして，権利者団体による手厚い法務支援（SAIF法務部長の知人もよく法廷に行くという）が，それを支えているように，筆者には思われる。

---

[96] 東京地判平成13年7月25日判例時報1758号137頁・判例タイムズ1067号297頁。

第Ⅲ部

現代フランスの文化政策と著作権法
――本の世界を中心に

第4章

文化的例外の第二幕
2013年ルスキュール報告書の序文全訳と解題

はじめに

　本章は，フランスの文化通信大臣（Ministre de la Culture et de la Communication）からピエール・ルスキュール（Pierre LESCURE）に委嘱され，2013年5月13日に大統領に提出された報告書のうち，第1巻の骨子を翻訳紹介することを目的としている。[1]

　執筆責任者のルスキュールは1945年生まれのテレビ司会者・ジャーナリスト・プロデューサーで，民間有料テレビ局カナル・プリュス（Canal＋）の創設者の1人となり，後に社長も務めた。彼は，文化通信省の若手官僚を中心とした，文化はもちろん法・財政・技術など様々な専門知識をもつ8人の執筆チームを率いて，精力的に聴聞や調査をおこない，2012年8月6日の委嘱から約9ヵ月で報告書を完成した。[2]

　報告書は全2巻から成り，そのうち第2巻（全229頁）は報告書作成作業の記録である。最初に委嘱状が掲載され，続いて聴聞（auditions）とそれを補完するインタビュー（entretiens）の対象リスト，出張記録，一般参加ブログの記録[3]，そして聴聞議事録などがある。報告書公表直後は公式サイト（http://www.culture-acte2.fr/）上で，聴聞の動画と音声までもが公開されていた。それらが削除された現在でも，議事録は読めるわけである。記録の残る公式な聴聞は94回おこなわれ，対象の者や団体は，官公庁，国会や欧州議会の議員，著作権集中管

---

(1) https://www.culture.gouv.fr/Espace-documentation/Rapports/Rapport-de-la-Mission-Acte-II-de-l-exception-culturelle-Contribution-aux-politiques-culturelles-a-l-ere-numerique から全文ダウンロード可能。

(2) http://www.culture-acte2.fr/composition-de-la-mission/ このウェブページは一種のアーカイヴのようである。ルスキュール報告書公開当時と同じ URL を保ち，同じ内容を掲載している。

(3) https://web.archive.org/web/20121209033743/http://www.culture-acte2.fr/forum/participer/（Wayback Machine によるアーカイヴ）

理団体，映画などの文化産業はもちろん通信や決済手段の事業者も含む私企業，アーティスト，著作権法研究者などである（報告書第2巻4頁，7〜17頁）。それに加えて，聴聞対象に不明確な点を確認したり，聴聞対象外からも意見を聞いたりするために，非公式のインタビューが100回以上おこなわれた（聴聞対象との重複を避けたリストは同18〜27頁）。同31頁以下は全て聴聞議事録であり，2010年代のフランスの文化的状況を知るための貴重な資料となっている。

一方，第1巻（全478頁）が報告書の本体をなす。それは35頁にわたる「総括」（synthèse）と，41件の「資料」（fichiers）から成る。総括には報告書の主張がまとめられ，資料では，総括の主張を裏付けるべく，統計数値や判例等が集められ，分析されている。各資料の末尾にはたいてい，具体的な施策の「提言」（propositions）がいくつか書かれており，それらを合計すると全80項目にのぼる。80項目の提言は，一覧できるよう巻末にもまとめてあり（473〜478頁。以下，頁数はすべて報告書第1巻のもの），これを読んでいくと，総括や資料のどこに何が書いてあるかがだいたいわかるようになっている。

本章Ⅰは，総括の序文（「総括」5頁）の全訳である。ここには，報告書の基調をなす考え方が述べられている。

本章Ⅱでは，まず総括本文に付された見出しを，出現箇所の頁数と共に太字で示した。これにより，総括本文の体系が明らかになり，知りたいことに応じて本文にあたることができる。次に，見出しに対応する本文がどの資料に裏付けられているかがわかるように，資料の標題（これも内容の要約となっている）・番号・出現箇所の頁数を示した。そして，提言をそれと関連のある資料の後に並べた。

巻末一覧と各資料の末尾とで，かっこ書きが省略されているなど，提言の記述に違いがある例がいくつかみられた。その場合は，情報量が多い方の記述を採用した。

原語があると理解が深まりそうなところは，かっこ書きで原語を付記した。また，日本語で読んだときに意味がとりづらいところは，報告書の頁を明示しつつ，注で意味を説明した。

最初に要点を指摘しておくと，報告書の主張は，A オンライン上の作品（oeuvres）や文化的供給物（offres culturelles）への公衆アクセス，B 創作者の報酬

第4章　文化的例外の第二幕

と創作への資金供給，C 知的所有権の保護とアップデート，の3つに大別される。このうち，日本への示唆が大きいのは，Aでは，デジタル技術による新たな創作や既存作品のデジタル化への公的支援を充実させるための，各種特別会計（提言5・46・48）の創設を含む様々な方策であろう。ただしこの部分を真に理解するには，映画製作支援を中心とする，これまでのフランスの文化政策に関する知識が必要である。Bでは，既存の私的コピー報酬（rémunération pour copie privée）制度の改良提案（提言40～42）に加えて，インターネットに接続して文化的コンテンツを視聴可能な機器への新たな課税提案（提言48・49）がなされていることが注目される。Cでは，「三振ルール」を緩和してインターネット上の非商業的なファイル交換を許容する方向の提案（提言55～57）と，商業的侵害には厳しく臨む提案（提言59～67）とが，同時になされていることが興味深い。

I　「総括」の序文

　フランスは，1980年代より，文化的例外という概念を国際社会に広めてきた。この概念は，文化には作品の創作や伝播と密接に結び付く様々な課題があるので，普通法や市場経済の一般原則に文化を全面的に委ねられるものではないだろう，という思想に基づいている。文化的例外は，文化が経済的側面をもつことを肯定しつつも，文化の倫理的，政治的，社会的広がりを認め，それを守ろうとする。この広がりによって，文化は，人間の尊厳を基礎づけるものの1つとなる。

　文化的例外の概念は，文化的作品の創作，製作，配給，放送を促す首尾一貫した一連の施策となって現れる。規制のメカニズム，資金調達の手段，税法上

---

(4) 文化的例外の第一幕は社会党のミッテラン政権下において，有名なジャック・ラング文化大臣により切って落とされた。第二幕としてのルスキュール報告書が書かれたのも，社会党のオランド政権下であった。しかし，クサビエ・グレフ／垣内恵美子監訳『フランスの文化政策』（水曜社，2007年）331頁は，政権が右派であろうと左派であろうと，文化政策の位置付けはあまり変わらないことを指摘する。

(5) 映画に関しては，（特活）映像産業振興機構『フランスにおける映画振興に対する助成システム等に関する実態調査報告書』（独立行政法人日本芸術文化振興会委託事業，2021年2月（2022年3月改訂））が，詳細かつ新しい。https://www.ntj.jac.go.jp/assets/files/kikin/artscouncil/France_Movie/France_movie_chyosa_V2.pdf

149

の仕掛け，等々……。特定の文化領域に固有のもの（書籍の再販売価格統制，映画二次利用のタイミング規制，投資と放送の義務，映画および視聴覚製作支援会計，フランス語の歌のクオータ制）もあれば，より一般的な射程をもつもの（私的コピー報酬制度，付加価値税率の軽減）もある。それぞれの特徴を保ちつつ，これらの施策は共通の原則に従う。それは，創作の多様性の支援，フランス語によるフランス的な創作の促進，公衆が良質で変化に富んだ文化的供給物にアクセスできること，そして，作品の利用や放送から利益を得る者が創作の資金を負担することである。

　情報通信技術の発展は，これらの施策のうちの数々を問い直し，ときに脅かす。インターネットは本来，国際的な交易をもたらすようにできており，外国企業をフランス市場に呼び込む。こうした外国企業には，規制や資金調達に関する国内法のメカニズムは適用できない。技術進歩とそこでの作品利用の増加は，創作者や文化産業の収益源を掘り崩す。オンラインの合法的な作品供給サイトは未熟で収益性も低く，ほぼ無数に存在する無料の違法な作品供給サイトとの競争に，否応なくさらされている。クラウド・コンピューティングの隆盛により，有体物への情報蓄積の機会は減り，私的コピー報酬制度は揺らいできている。

　しかし，何より大事なことだが，技術とデジタルなサービスの発展は，創作者にとっても公衆にとっても，すばらしいチャンスである。創作者はその作品をこれまでよりも簡単に創作し，製作し，普及させることができる。公衆は，有体物に納められた文化的商品よりも豊富かつ多様に常時供給され，しかもより安価な文化的供給物にアクセスすることができる。従って，文化的例外第2幕の課題は，文化的例外の基本原則を保ちつつ，このチャンスを生かすことである。その2つの目的を両立させるには，有体物による頒布とアナログ放送の旧世界を前提に考えられた仕組みを，根底から変えていく必要がある。

　断固として野心的な文化政策を言葉で定義する必要がある。それは，公衆の権利と創作者の権利の双方を尊重する政策である。両者の利益は，長期的には密接に結びついており，根底では同じところに収束している。あたかも対立するかのような外見や，面白おかしい言説に欺かれてはならない。また，文化産業とデジタル産業も，調査団による聴聞がその例をたくさん描き出しているよ

うに，一見すると対立している。しかし，この見せかけの対立も，必ずや克服されるべきものである。「コンテンツ」の創作や製作に携わる者と，その普及や頒布をおこなう者とは，互いを敵どうしではなく，パートナーとして考えるべきなのである。

　一方で，デジタル技術の可能性によって，公衆がもっと作品にアクセスできるようにすべきである。そのためには，オンラインの文化的供給物が質量ともに，より豊かになる必要がある（A）。他方で，文化的作品のデジタル利用は，文化の経済的側面において，徐々に重要な位置を占めるようになってきている。そこからは，創作者に適切な報酬が支払われ，創作への適切な資金供給がなされなければならない。このことは，新たな創作が続いていくために必要不可欠である（B）。これら2つの目的が交わるところで，知的所有権——創作者と公衆との間でなされた妥協の法的表現——は，その規定においても運用においても，デジタル時代の課題に適合したものとなるべきである（C）。

II　「総括」の見出し，資料，提言

<u>A オンライン上の作品や文化的供給物への公衆アクセス（6頁）</u>
　1 作品をデジタル環境でより利用しやすくすることで，作品の供給を活発化する（8頁）
　資料 A-1．文化商品（produits culturels）の合法的なデジタル供給の現況（47〜56頁）
　資料 A-2．公衆のニーズを合法的供給主体は認識しているか（57〜68頁）

　a 作品のデジタル利用を促進する（8頁）
　資料 A-3．デジタル時代の利用義務（69〜81頁）

提言1　デジタルを作品利用の主たる方法とする業界ルール（政令による拡大適用を予定したもの）を定めるよう代表機関（organisations représentatives）との交渉を誘導し，永続的なデジタル利用義務の要件を定め，アナログとデジタルの利用義務をかみ合わせる。

第Ⅲ部　現代フランスの文化政策と著作権法

提言2　創作やデジタル化への公的援助（国立映画センター（CNC），国立書籍センター（CNL），録音製作者向けの給付付き税額控除（crédit d'impôt）等）を受ける条件として，当該作品を提携先（conventionné）デジタル文化サービスで利用可能とすることを義務付ける。

提言3　文化通信省および著作権高等評議会（CSPLA）の下で，代表機関との交渉を，あらゆる文化セクターにおける絶版著作物（œuvres indisponibles）の強制的集中管理（gestion collective obligatoire）を実現する方向へと誘導する。[6]

資料A-4．デジタル化支援（83～88頁）

提言4　利用により採算がとれる見込のある作品のデジタル化に関しては，返済義務付き前払金（avances remboursables）の形で，映画・文化産業資金調達機関（IFCIC，資料A-8参照）を優先的に出動させる。

提言5　商業的成功可能性は低いが文化財として価値の高い作品については，デジタル化支援会計（compte de soutien à la transition numérique）から，補助金の形で財政出動する。どの作品を優先するかは，文化財としての価値と物理的媒体の傷み具合により決定する。

提言6　このどちらにもあてはまらない作品もありうる。これらについては，すでに国立映画センターで採られているような，補助金と返還義務付き前払金を併用した混合的助成を適用するのがふさわしい。

b 映画二次利用のタイミング規制を緩和する（9頁）
資料A-5．映画二次利用のタイミング規制（chronologie des médias）[7]（89～106頁）

（6）書籍の分野に関しては，ルスキュール報告書の委嘱に先立ち，絶版書籍のデジタル利用に関する2012年3月1日の法律が制定されていた。しかし，作家らがこれに異議を申し立てる訴訟が起こり，強制的集中管理は構想通りには実現しなかった。本書第6章参照。

第4章　文化的例外の第二幕

提言7　映画業界を，2009年7月6日合意を以下の方向へと修正するよう誘導する。

——オンデマンドビデオ（vidéo à la demande, VàD）の解禁を早め，劇場公開後3ヵ月とする。その対象は，全てのオンデマンドビデオとすることも，協定に基づき自主的に参加するものに限ることも考えられる。

——国立映画センターに専門家委員会を置き，試行実験（劇場公開より前または同時の解禁，追加料金付き早期解禁（VàD premium），映画館過疎地限定早期解禁（VàD géolocalisée））や例外（20部以下しか製作されていない映画や商業的に失敗した映画）の認可を委ねる。

——サブスクリプション型オンデマンドビデオ（VàD par abonnement, VàDA）の解禁を早め，劇場公開後18カ月とする。

——100部以下しか製作されていない映画には，メディア変更（fenêtre glissante）の原則を導入する。これにより，誰も事前出資をしていない場合に，当該映画の利用が各メディアを通じて促進される。

——テレビ放映中にオンデマンドビデオの権利を凍結することを，禁止ないし制限する。

提言8　2009年7月12日法を改正し，ビデオディスクの解禁時期に関する合意の適用範囲を広げる。

（7）これは直訳すると「各メディアの年代順」であり，新作映画の劇場公開後，各メディアがそれを放送ないしリリースするまでに義務付けられる待機期間のことをさすが，本章では意訳した。映像産業振興機構・前掲注5）では，「メディアのタイムライン」と訳している。畔堂洋一「フランス映像産業システムと海外ビデオ・オン・デマンドの関係」（2021年11月27日，大阪市立大学大学院文学研究科大学研究フォーラム2021セッションDにおける発表）もほぼ同様。https://web.archive.org/web/20220127170738/https://www.lit.osaka-cu.ac.jp/lit2022/wp-content/uploads/2021/11/D2.pdf（Wayback Machineによるアーカイヴ）
（8）直訳すると「滑る窓」。ここで「窓」は，ビデオやDVDの製作者，有料または無料のテレビ局，オンデマンド配信業者など，新旧様々な方法で劇場用映画の二次利用をする企業のことであり，本章では「（各）メディア」と訳した。101頁によれば，「メディア変更」とは，本来であれば事前出資を条件としてメディアごとに解禁タイミングが決まっているところ，誰も事前出資をしていない場合には，解禁タイミングの遅いメディアによる割り込みを許容することのようである。

提言9　外国のシリーズ番組がオンラインやテレビで利用可能となるまでの時間を短縮するよう，各メディアに努力を促す。そのために，特に伝達プロセスのデジタル化を支援する。

2 革新的で文化多様性のある一連の文化的サービスが発展するよう支援する（10頁）
資料 A-6．文化多様性とデジタルな文化的サービス（107～115頁）

a 競争の歪みを正す（11頁）
資料 A-7．オンライン文化市場における競争の歪み（117～124頁）

提言10　オンラインサービスの付加価値税に関する消費者居住国ルールが，2015年1月1日の期限通りに適用されるよう注視する。

提言11　個人情報収集行為への課税を検討するにあたり，デジタル文化サービスに固有の課題を考慮する。

提言12　フランスおよびEUの当局に働きかけ，競争法が適用されるべき関連市場を画定する。

b 各種支援制度をデジタル時代の課題に合わせる（12頁）
資料 A-8．デジタル文化サービスへの支援（125～142頁）

提言13　EU諸機関に対し，伝播と伝達の助成（特にデジタル文化サービスへの助成）を，文化振興に関する様々な助成の中に含めるよう主張する。

提言14　映画・文化産業資金調達機関（IFCIC）を公的投資銀行（BPI）に関連付けて（枠組協定への署名），デジタル関連諸施策の位置付けを高める。その際には，産業別の支援窓口（国立映画センター，国立書籍センター，ジャーナリズム支援基金）との共同出資を促進し，場合によっては，デジタル化支援

会計の予算を出動する。その一環として、文化産業（特に音楽とビデオゲーム）のデジタル化と、革新的で編集方針の確立したデジタルサービス（特に、公私の文化媒介者を互いに結び付けるようなもの）の発展を支援する。

提言15　映画・視聴覚金融株式会社（SOFICA）を、オンデマンドビデオの発展に貢献するよう誘導する。具体的には、オンデマンドビデオの収益への関与のみを対価として映画製作に投資すれば、税制面でより優遇されるようにする。

c オンライン上の文化供給が適切に規制されるようにする（13頁）

資料 A-9．文化のデジタル供給の規制（143〜154頁）

提言16　視聴覚メディアサービス（SMA）指令を改正し、その物理的適用範囲と地理的適用範囲を明確化するよう主張する。具体的には、前者については伝達方法の変化を考慮して「編集責任」を再定義し、後者については「サービス施設」の概念の解釈を工夫して、サービス受信国の法規を適用するよう主張する。

（9） médiateurs culturels は図書館、メディアテーク（本と同程度に CD や DVD も貸与する図書館）、書店、その他の文化商品小売業者のこと（報告書140頁）。それを本章では文化媒介者と訳した。

（10） sociétés anonymes agréés qui ont pour activité exclusive le financement en capital d'oeuvres cinématographiques ou audiovisuelles は、税制面の優遇と引き換えに、家計の貯蓄を映画製作支援に回すための、政府の認可を受けた未公開株式投資会社（報告書140頁）。複数形であるため、おそらく、作品ごとに設立されるものと思われる。公益財団法人ユニジャパンウェブサイト上「フランスの支援概要」（2021年9月）8頁の記述も参考にした。この資料は以下のページから PDF でダウンロード可能。https://www.co-pro.unijapan.org/support-for-the-partner-country

（11） La directive 2007/65/CE du 11 décembre 2007 relative aux Services de médias audiovisuels（SMA）。報告書144頁によると、この指令は「国境なきテレビ」指令（89/552/CEE）を補完するものである。

（12）「変化」は意訳。報告書146頁以下には、「編集責任」を果たすには自動アルゴリズムを用いた番組編成では足りず、人の介在が必要であることを明示すべき、という含意がある。

（13） ここも意訳。原文には「（概念を）通じて」としか書いていないが、報告書148頁以下には、サービス（テレビ放送）受信地の法を適用することが、「サービス施設」という指令の文言と矛盾しないことが述べられている。サービス施設の所在地として、規制の緩い国を選ぶことを許さない趣旨であり、税制に関する提言10と平仄を合わせた提言である。

第Ⅲ部　現代フランスの文化政策と著作権法

提言17　視聴覚高等評議会（CSA）の下で，自発性（多様性の発揮，創作資金の調達，社会福祉に適合した価格，非商業的供給への支援）と，（助成金，消費者，そして作品に対するアクセスに関する）優遇のバランスのとれた協定メカニズムを導入する。この協定メカニズムをデジタル文化サービス全般に拡大適用し，CSAを，一方向（linéaire）・双方向（non linéaire）を問わない文化的・視聴覚的メディアの規制当局とする。[14]

提言18　CSAにオンラインの文化的慣行の調査研究を委嘱する。

資料A-10.　流通とユーザーへのアクセス（155～166頁）

提言19　CSAの下で，あらゆる情報流通事業者（プロバイダ，インターネット接続端末メーカー，アプリストア経営者，そしてソーシャルメディアプラットフォーム）に，提携先デジタル文化サービスを，紛争処理手続を具備しつつ供給する義務を課す。

提言20　あらゆる情報流通事業者に，公的機関が編集した双方向サービスを供給し，それらを，様々なアクセスプラットフォームで利用可能な検索手段において埋没させないことを義務付ける。

d　文化的例外を保ち，現代化する（14頁）
資料A-11.　国際通商ルールにおける文化的例外（167～171頁）

３　低価格で使いやすい供給物を，公衆の権利を尊重しつつ供給する（15頁）
a　無料ないし低価格の供給物が現われるようにする（15頁）
資料A-12.　デジタル時代の文化商品の付加価値税（173～183頁）

提言21　共同体指令2006/112/CEの見直しにおいて，技術的中立性原則を

---

[14]　直訳すると「線状の」ないし「直線的」。

確立するよう主張する。この原則により，ある財またはサービスが，有体物によって頒布されてもオンラインで配信されても，同一の付加価値税率が適用される。

提言22 付加価値税率の低減を受けられる電子サービスが，十分に柔軟な方法で決定されるよう注視する。それは，創作性や革新の妨げとなってはならず，また，適否の基準について解決困難な問題を生じるものであってはならない。EU加盟国が，低減税率を享受できる文化的な財やサービスを，一定のリストの中から自由に選択しうるような規定作りを支援する。

資料 A-13. 図書館におけるデジタル貸与の供給（185〜193頁）

提言23 出版社が，図書館におけるデジタル利用の集中管理を自発的におこなうよう誘導する。さもなければ，指令2001/29と2006/115を必要に応じて改正することも視野に入れつつ，この問題の共同体規模での考察を開始する。

提言24 会員登録によるアクセスコントロールと「電子透かし」型のDRMを用いて，図書館におけるデジタル貸与の供給を促す。電子書籍単一価格法を改正し，出版社に，明確・透明かつ差別を伴わない形で，図書館向けの供給をするよう義務付ける。

提言25 公的助成の様々な措置（国立書籍センター，書店への各種支援）の中に，図書館におけるデジタル貸与を位置付ける。

b ユーザーの使い勝手を改善し，ユーザーの権利を保障する（17頁）
資料 A-14. 技術的保護手段，互換性，私的コピー（195〜205頁）

提言26 視聴覚高等評議会（CSA）に技術的保護手段の規制を委ね，この任務を実効的に果たすに足る権限を与える。規制当局としてのCSAの任務をあらゆる技術的保護手段と権利管理情報に広げ，パブリック・ドメイン作品

第Ⅲ部　現代フランスの文化政策と著作権法

やプログラムも対象とする。CSA に，自ら立件する（s'autosaisir）権限を与える。CSA に予審の権限を与え，有用な情報へのアクセスを確保する。規則制定権限をソフトローの手法（模範実務ガイドライン（guide de bonnes pratiques）や勧告）で補完する。

提言27　互換性を推進する。技術的保護手段と互換性との関係を明確にする（特にフリーソフトウェアについて）。消費者団体が CSA に事件付託（saisir）できるようにする。オープンフォーマットの使用を推奨する（具体的手段としては，デジタル文化サービスの助成において当該フォーマットを用いる者を優先する，そのことを出版・製作・デジタル化支援の条件とする，そのことを利用義務の一環として業界ルールに盛り込む）。デジタル著作権管理の互換性を促進する動き[15]を支援する。競争法が厳格に適用されるよう注視する。

提言28　技術的保護手段と私的コピーに関する著作権の例外の関係を明確にする（合法的にコピー可能な少しの部数を定める，消費者への情報提供義務を課す，消費者が CSA に事件付託（saisine）する際の手続を簡素化する）。また，指令2001/29の改正作業において，オンライン利用に関して例外を認める範囲を拡張するよう主張する。

B 創作者の報酬と創作への資金供給（18頁）
資料 B-1．価値の移動[16]（209～217頁）

1 創作者に作品のデジタル利用に伴う報酬を保障する（19頁）
a 価値の配分を秩序付ける（19頁）
資料 B-2．コンテンツとサービスの間の価値の配分（219～228頁）

---

[15] 報告書201頁に，オープンな電子書籍規格「MO3T」の例が挙げられている。
[16] 報告書209頁によれば，経済的価値は川上（amont）から川下（aval）に移動した。ここで川上は伝統的文化産業であり，川下は新たなデジタル企業群（acteurs numériques）である。報告書同頁は以下のように続けている。後者の経済成長は，「コンテンツ」の価値の過酷なまでの低下を伴う。それは単に，前者がビジネスモデルの再構築に失敗し，後者は革新に成功したことの帰結ではない。その理由としては，あらゆる「コンテンツ」には対価の支払が必要だという合意が後退したことと，デジタル企業群のうちのいくつかが得た支配的な地位も挙げることができる。

第4章　文化的例外の第二幕

提言29　異業種間合意（accords interprofessionnels）によって制定される部門別業界ルールの中に，出版社・製作者とオンラインサービス事業者との関係に関する条項を盛り込み，契約慣行を秩序付ける（標準的契約条項（conditions générales）の透明性，前払金，最低売上保証，売上実績報告の方式……）。

提言30　CSAに，出版社・製作者とオンラインサービスとの間の価値の配分に関する調査研究を委嘱する。

資料B-3．創作者の報酬（229～239頁）

提言31　知的所有権法典の中に，オンライン利用の際の著作者と実演家の報酬に関する集団的合意（accords collectifs）を盛り込む。この合意は，製作者および出版社の代表を一方の，著作者および実演家の代表を他方の当事者として締結されるものであり，政令によってその創作部門全体に拡張され，報酬の最低限度額と報酬基準の計算方法を定める。

提言32　オンラインサービス事業者から直接報酬を徴収し，権利者間で分配することができるように，著作者および実演家の権利の集中管理団体にオンライン利用に対する報酬の集中管理を委ねる。

資料B-4．オンラインにおける音楽著作権の集中管理（240～251頁）

提言33　集中管理に関する指令[17]の検討，さらにあらゆる国際交渉の場において，集中管理団体への作品提供の排他性に関するルールが変更されないよう注視する。

提言34　レコード製作者の代表が業界ルールの確立または／および実演家の最低報酬額の創設を拒否する場合には，まずストリーミング，次にダウンロー

---
(17) 指令2014/26/EU。

第Ⅲ部　現代フランスの文化政策と著作権法

ドについて，著作隣接権の強制的集中管理の実施を検討する。

提言35　衡平な報酬を，一方向的ウェブキャスティングにも拡大適用する。

資料 B-5．デジタル時代の写真家の権利（253～260頁）

提言36　写真家の著作者人格権および著作権の尊重を促すために，写真家団体がおこなう教育啓発活動を支援する。

提言37　幅広い協議に基づいて行動規範（code de bonne conduite）を作り，その中でイメージバンクや「著作権保有（DR）[18]」表示の使用に関する秩序を形成する。「DR」を適切に表示しつつ，共同組合形態の業者，写真家団体，または独立の写真家から調達した写真を用いていることを，プレス（presse）[19]への助成の条件とする。

資料 B-6．舞台の生上演の録画とデジタル放送（261～267頁）

提言38　舞台の生上演の製作者のために，製作した舞台を録画することを許諾しまたは禁じうる，独自の（sui generis）権利を創設する。製作者はこの権利に基づいて，一括払いまたは録画の利用から上がる収益に比例した報酬を得るべく，交渉することが可能となる。

提言39　舞台の生上演の録画物のオンライン利用を，国立シャンソン演芸（variété）ジャズセンター（CNV）と私設劇場支援協会（ASTP）による支援制度の中に位置付ける。

---

(18)　« droits réservés » の略。
(19)　ここでプレスは，報道目的のないものを含む定期刊行物一般をさすと考えられる。本書第7章参照。

第4章 文化的例外の第二幕

b 私的コピー報酬制度を強化し，作品利用方法の変化を先取りする（22頁）
資料 B-7．私的コピー報酬制度（269〜292頁）

提言40 現行の委員会の答申と相違ないように，私的コピー報酬の金額一覧表（barèmes）を政令で定める。この委員会に，関係各省庁の代表と機器販売事業者の代表1名を，構成員として迎える。対象となる物理的媒体やハードウェアの税抜価格にあわせて，私的コピー報酬額の上限を定める（知的所有権法典 L. 311-5条）。

提言41 集中管理団体の芸術文化活動支援[20]を，作品のデジタル放送にも広げる。すなわち，革新的なプラットフォームやオンライン上の宣伝活動を支援できるようにする（同 L. 321-9条）。使途報告書の公表や，支援対象プロジェクトの概要の公開により，私的コピー報酬の使途の透明性を高める（同 R. 321-8条）。

提言42 私的コピー報酬の計算にあたり，クラウドコンピューティングサービスからなされた複製（同 L. 311-4条）をどれだけ算入すべきかを明らかにする。これについての実務の現状を正確に調べるため，実態調査を開始する。

c 検索エンジンへのヒットに対する報酬請求権の創設につき省察を深める（24頁）
資料 B-8．デジタルの価値連鎖における検索エンジン（293〜301頁）

提言43 検索エンジンその他の情報検索事業者が提供するサービスのうち，どれが許諾（と報酬）を要する行為かを，欧州司法裁判所の判例と著作権高等評議会の研究成果に照らし，明らかにする[21]。

---

[20] ここでは，私的コピー報酬制度による支援のこと。報告書22頁によると，徴収総額の25％が分配されずに芸術文化活動支援に充てられており，そのことの正当性が議論になっているようである。しかし報告書自体はそれを正当と認め，その根拠をさらに強化する方針をとっている。本書第5章参照。

第Ⅲ部　現代フランスの文化政策と著作権法

2 創作への資金供給にデジタル企業群（acteurs numériques）をより貢献させる（25頁）

a 映画および視聴覚支援会計を現代化し，映画を伝播し伝達する新たな企業群を取り込む（25頁）

資料B-9．映画および視聴覚製作の支援（303～312頁）

提言44　テレビの見逃し配信から得られた広告収入にも，テレビ放送事業者映画支援税（TST-E）[22]を課す。

提言45　収税の衡平を取り戻すため，オンデマンドビデオ税の欠陥を修正する。フランス国外の本拠地からフランスの公衆に向けておこなわれるオンデマンドビデオサービスにも課税する。広告収入による無料オンデマンドビデオサービスにも課税範囲を広げることが，技術的に可能かどうか調査する。課税範囲を，オンデマンド視聴覚メディアサービス（SMAD）事業者や関連製品小売業者（ビデオプラットフォーム，インターネット接続端末メーカー，アプリストア等）へと拡大する。

b 電気通信事業者の貢献を再考する（26頁）

資料B-10．電気通信事業者と創作への資金供給（313～323頁）

提言46　テレビ放送配給者映画支援税（TST-D）[23]を廃止し，代わりに，電気通信事業者（opérateurs de télécommunications）の売上高に対する税を創設す

---

[21] 報告書24頁は，検索エンジンが各種文化産業から価値を奪っていることを認識してはいるものの，プレス隣接権の創設や民法の不当利得理論の活用によって報酬請求権を導入することには，この時点では慎重であった。同頁には，本書第7章でみるプレス業界団体とGoogleとの契約交渉が，当面の解決策となろうと書かれている。しかし，同章で紹介するように，プレス隣接権はその後実現する。

[22] éditeurs de services de télévision に向けたTST（taxe sur les services de télévision）のこと。放送のために広告主やスポンサーから金銭を受領している者は全てéditeursである。映像産業振興機構・前掲注5）60頁。

[23] distributeurs de services de télévision に向けたTSTのこと。フランスでテレビ放送の配給事業をおこなう者は全て対象となり，ネットワークアクセスのサービスを提供する者も，テレビ放送の受信が可能であれば含まれる。映像産業振興機構・前掲注5）60頁。

る。この税の税率は事業者の税負担を増大させないように計算される。また，税収は文化産業デジタル化支援会計（compte de soutien à la transition numérique des indstries culturelles）の財源となる。ただし，この税が欧州司法裁判所の判決によって指令違反とされた場合は除く。

提言47 欧州司法裁判所で指令違反の判決が出た場合，電気通信・郵便規制当局（ARCEP）に委託される実態調査に基づき，視聴覚サービス事業者の伝達活動全体を捕捉できるよう，テレビ放送配給者映画支援税を拡張する。

c インターネット接続機器のメーカーや輸入者の力を借りる（27頁）
資料 B-11. 文化産業デジタル化支援会計（325〜332頁）

提言48 文化的コンテンツを蓄積できるか，あるいは読むことができるインターネット接続機器への課税を導入する。

提言49 この税の税収によってまかなわれる特別割当会計を創設し，文化産業のデジタル化を支援するための活動（さらに，いずれは私的コピーに対する権利者への報酬）に資金を拠出する。[24]

3 新たな創作形式と新たな資金供給方法を支援する（29頁）
資料 B-12. デジタル創作の発展（333〜337頁）

提言50 マルチメディアおよびデジタル芸術支援に関する地域圏文化事業局（DRAC）の活動を強化し，国のマルチメディア芸術創作支援制度（DiCréAM）の特派員の活動との整合性を強化する。また，国の施策の方向性を，大臣通達の形で定める。

提言51 地域圏単位で戦略を文書化することにより，国，各地方自治体，各

---
[24] この税と私的コピー報酬制度との関係については，本書第5章参照。

文化団体による施策相互の関連性を高める。

提言52 新たな創作形式を支援する諸団体のために，「国立デジタル劇場」のラベルを創設することが時宜を得ているかどうかにつき，検討を開始する。(25)

資料B-13．参加型資金調達（クラウドファンディング）（339～344頁）

提言53 参加型資金調達に適用されるべき法的枠組と，クラウドファンディングのプラットフォームを通じて集まった資金の税法上の位置付けを，明確にする。

C 知的所有権の保護とアップデート（30頁）
1 違法コピーとの闘いを方向転換し，営利目的侵害を対象とする（30頁）
a 非商業的交換に関する考察を深める（31頁）
資料C-1．非商業的ファイル共有の合法化（347～357頁）

提言54 非商業的ファイル交換の合法化に関する考察を深める。その目的は，非商業的交換とは何かを明示し，それを法的に承認する様々な方法を明らかにすることである。

b 三振ルール（réponse graduée）制度を緩和する（32頁）(26)
資料C-2．三振ルール実施総括（359～371頁）

資料C-3．三振ルールの緩和（373～384頁）

提言55 三振ルールと著作権侵害との関係を明確にする。個人的または組織的に富を増やしていることの証拠がない限り，侵害の責任追及をしないよう，

---

(25) 全国の主として中規模の都市にある70の公立劇場に「国立劇場」（scènes nationales）のラベルを付して，国と地方自治体がこれを支援する仕組みに倣うものである。報告書335～337頁，特に336頁。

第4章　文化的例外の第二幕

検察に求める。著作権高等評議会（CSPLA）の下で，権利者が被った損害と，問題とされる行為の営利目的の有無を考慮に入れつつ，侵害の再定義に関する検討を始める。

提言56　三振ルールの措置を緩和する。教育啓発に重点を移し，制裁としてのインターネット接続切断を廃止する。制裁を非刑事罰化し，減額する。インターネット接続契約者が自らのアクセスポイントで無断ファイル共有がおこなわれないよう監視する義務を，手段債務（obligation de moyens）とする。[27]

提言57　こうして緩和された三振ルールの運用を，視聴覚高等評議会（CSA）に委ねる。[28] それにより，著作権の保護を，デジタルな文化的供給物に関する包括的な政策の中に位置付ける。

提言58　著作者の権利やオンライン上の適法な文化的供給物[29]に関する啓発を，

---

(26)「三振ルール」は著作権侵害への制裁の普通法に対する例外である。それは，ピアツーピアのファイル共有に対する適用を想定して，2009年のいわゆるHADOPI（読み方は「アドピ」）法によって導入された（報告書359頁）。そこでは，知的所有権法典L. 336-3条にいうインターネット接続契約者に，そのアクセスポイントが著作権法で保護される文化的コンテンツの無断ファイル共有（ダウンロードも含む）に使われないよう監視する義務を課した。そして，義務違反に対処する新たな行政機関としてHADOPI（Haute Autorité pour la diffusion des œuvres et la protection des droits sur internet，インターネットにおける著作物の普及・権利保護上級当局）を創設し，対処の手続を定めていた。その手続は直訳すると「段階的応答」だが，警告が三段階（報告書360頁に図解あり）に分けてなされるため，日本ではこのように通称される。インターネット接続契約者への制裁として接続切断があり，それを行政が最終的に判断することになっていたため，当初のHADOPI法は憲法院によって違憲とされた。井奈波朋子「三振ルールで揺れるフランス」コピライト583号（2009年）28頁（https://www.tatsumura-law.com/attorneys/tomoko-inaba/column/?attachment_id=985でも読める）。本報告書では，違憲判決を受けて修正された三振ルールの運用について，総括と改善提案がなされている。
(27) これまではobligation de résultat（結果債務）とされており，地方自治体，図書館，大学，店舗などの公私のインターネット接続契約者が運営する，いわゆる公衆無線LANにおいて違法ダウンロードがなされた場合でも，責任を負うことになっていた。報告書375頁。
(28) 本章は，2013年時点の記録を残すことを目的としている。2024年11月時点でルスキュール報告書のどの提言が実現し，どれが実現しなかったかを検証する作業は，基本的におこなっていない。しかし，提言57にもかかわらず，組織としてのHADOPIが2021年12月31日まで存続したことは，ここで指摘しておきたい。それは2022年1月1日にCSAに統合されてArcom（https://www.arcom.fr/）となった。Arcom は Autorité de régulation de la communication audiovisuelle et numérique であり，訳すならば視聴覚デジタル伝達規制当局である。
(29) 報告書383頁を参照して意訳した。元は単にpratiques culturellesであり，直訳すれば「様々な実践」。

芸術・文化教育およびメディア教育の中に盛り込む。

資料C-4．オンラインの商業的侵害との闘い（385〜397頁）

提言59　侵害撲滅全国委員会（CNAC）の下で，知的所有権の権利者とインターネット中間業界（intermédiaires de l'Internet）[30]のそれぞれの代表の参加を得て，模範実務憲章（charte de bonne pratique）の採択を目指して必要な調整をおこなう。

提言60　関税法典を改正して，サイバー税関（Cyber Douane）[31]の権限を知的所有権侵害にも拡大する。対審の原則を尊重しつつ，知的所有権侵害の発見と確認の手続を整備し，違反を繰り返している疑いのあるサイトをリストアップできるようにする。さらに，このリストを模範実務憲章に署名した業者に向けて公表できるようにする。

提言61　ミラーサイト探知装置が技術的に実行可能かどうかを評価する。実行可能であれば，裁判官の統制を受けた行政当局により，判決文の長期にわたる執行のためにそれを用いる。

提言62　インターネット上の犯罪行為の防止と停止のために，インターネット中間業界が果たす役割の全体的考察を，欧州規模で推進する。

c 営利目的の侵害との闘いを強化する（34頁）
資料C-5．ホスティング業者の責任（399〜406頁）

提言63　ホスティングサービス使用契約の約款に，知的所有権保護を盛り込むことを奨励する。

---

(30) 報告書390頁によれば，インターネット上のサイトが存在し，閲覧され，ビジネスに使われることに資するあらゆるサービスの業界をさす。主要なものとして，ホスティング，検索エンジン，電子決済，ネット広告，プロバイダ，ドメイン名取得の各業界。
(31) 報告書395頁によれば，2009年に創設された電子商取引における詐欺対策サービス。

第4章　文化的例外の第二幕

提言64　部門ごとに，権利者と作品の法定寄託（dépôt légal）を担う公的機関の協力を得つつ，痕跡データベース（bases d'empreintes）と自動検知手段を活用して，インターネット上に流布された保護対象コンテンツの探知を容易にするための取り組みを立ち上げ，その成果を相互に共有する。

資料C-6．サイト表示（référencement）と検索エンジンの役割（407〜411頁）

提言65　主要な検索エンジンとソーシャルメディアに働きかけ，侵害サイトやそれへのリンクを表示しない旨の行動規範を採択させる。

資料C-7．経済的・資金的中間業者：「フォロー・ザ・マネー」アプローチ（413〜417頁）

提言66　クレジットカードや電子マネーの会社に，模範実務憲章へ署名するよう働きかける。署名した会社は，そのサービス利用約款に侵害との闘いを明記することと，知的所有権法に繰り返し違反しているサイトに対し適切な措置をとることを約束する。

提言67　広告代理店を代表する各職業団体に，模範実務憲章に署名するよう働きかける。署名した団体は，知的所有権法に繰り返し違反しているサイトの広告メッセージが流布しないようにすることを約束する。

資料C-8．サイトブロッキングとドメイン名の停止（419〜423頁）

2 知的所有権をデジタルの作法（usages numériques）[32]と調和させる（36頁）
a 著作権の例外規定を現代に合わせる（36頁）
資料C-9．デジタル時代の変容的創作（425〜432頁）

提言68　集中管理団体に，欧州共同体域内のプラットフォームと締結している協定を拡張し，追って定義する範囲内で，変容的作品（oeuvres transforma-

167

tives) も対象とするよう求める。

提言69　著作権高等評議会の下で，非商業的な範囲内での「創作的または変容的」な目的を追加して，引用の例外を拡張することにつき精査する。

資料 C-10．デジタルの作法に合わせた教育目的の例外（433〜440頁）

提言70　教育目的の例外（知的所有権法典 L. 122-5 条 3 項）を定義し直し，デジタルの作法を取り込む。その際には，教育実践と技術的ツールの発展を害しないよう，また，教員どうしが協力することの妨げにならないように配慮する。

提言71　教員の制作したデジタルリソースをクリエイティヴ・コモンズ・ライセンスの下で開放するよう促し，パブリック・ライセンス付き教科書の開発を奨励する。

提言72　法的例外に服するか否かを問わず，全ての種類の著作物について，教育利用全般を対象とする強制的集中管理の制度を導入する。

資料 C-11．障害者の例外（441〜446頁）

提言73　障害者の例外を実効的なものとする。障害者向けファイル変換をおこなう団体に，オープンかつ変換可能な規格で作られたファイルを確実に供給し，障害者の直面する制約に応じたファイルが作成できるようにする。デジタル化の補助金を受けるための条件として，補助金を受ける者が，デジタ

---

(32) 報告書36頁の二段落目で知的所有権と対置されているのは「インターネットユーザーの文化的諸慣行（pratiques culturelles des internautes）」である。従って，「デジタルの作法」は，おそらくこれと同義と思われ，具体的には既存著作物の変容的利用（提言68）や教員間でのデジタル化した既存著作物の共有（提言70）のことを指しているのであろう。なお，同じ段落の最後には，「著作者の権利の諸原則は，デジタル時代においてもその説得力を全く失わない」が，その適用方法は時代に合わせて変えなければならないと書かれている。

ル化された作品のソースファイルをPLATONプラットフォーム[33]に寄託することを義務付ける。認可された団体によるファイル変換技術への投資を支援し，それによって開発されたツールが団体間で共有されるよう促す。障害者向けに変換された作品全体を網羅する統一データベースを創設し，認可された団体や個人がアクセスできるようにする。

b デジタル・パブリック・ドメインを守り，活用する（38頁）
資料C-12. デジタル・パブリック・ドメイン（447〜454頁）

提言74　デジタルの領域におけるパブリック・ドメイン保護を強化する。知的所有権法典において，パブリック・ドメインの積極的な定義を確立する。パブリック・ドメイン作品の忠実な複製もまた，パブリック・ドメインにあることを明記する。パブリック・ドメインのほうが，付随的な諸権利（droits connexes）[34]よりも優位にあることを明示する。

提言75　デジタル・パブリック・ドメインの伝播を妨げることなく，その経済的価値を活用する（valoriser）。公私協力方式でデジタル化された際になされがちなデータの独占に，規制の枠をはめる。編集・解説（éditorialisation）や付随的サービス[35]による高付加価値化の取り組みを支援する。

c 自由ライセンス（licences libres）をより広く承認する（mieux reconnaître）（38頁）
資料C-13. 自由ライセンス（455〜460頁）[36]

---

(33) PLAteforme de Transfert des Ouvrages Numériques（デジタル作品転送プラットフォーム）。フランス国立図書館が2010年6月から運用しており，出版社から提供された作品のデジタルデータをストックし，視覚障害者を支援する一定の施設や法人の求めに応じ，メタデータを付して転送する。施設や法人は，点訳終了後に元のデータを消去しなければならない。報告書442頁。
(34) 報告書452〜453頁によれば，パブリック・ドメイン作品をもとにした二次的著作物の著作者の権利や，デジタル化されたパブリック・ドメイン作品に技術的保護手段を用いる者が主張する「権利」のことをいう。
(35) オンデマンド印刷がその代表例。報告書453頁。
(36) 報告書455頁によれば，クリエイティヴ・コモンズ・ライセンス，オープン・ナレッジ・ファウンデーションのライセンス，GPLライセンス等の総称。

提言76 知的所有権法典を改正し，著作者らが予め作品の翻案を認めたり，保護期間満了前に作品をパブリック・ドメインに返したりすることを可能にする。

提言77 集中管理団体を，その認可更新の機会に，会員が管理作品を自由ライセンスに委ねうる旨を定款に規定したり，会員向けに自由ライセンスの利用に関する研修を実施したりするよう誘導する。

提言78 公の補助金を受けたプロジェクトにおいて，自由ライセンスの採用を奨励する。そのために，例えば，最低でも一定の比率の作品を，自由ライセンスの下で提供することを義務付ける。

3 メタデータへのアクセスを容易にする（39頁）
資料 C-14. 文化的メタデータ（461～471頁）

提言79 納本等を受け付ける公的機関の下で，集中管理団体および職業団体と協力して，メタデータのオープンなレジストリを創設する。実行可能性に関する研究を立ち上げ，利害関係者に，以下のような二段階の手続を提案する。すなわち，1）作品と権利者を特定するためのポータルの創設，2）簡素化された許諾付与メカニズムの開発。

提言80 製作およびデジタル化のためのあらゆる補助金に，レジストリの管理者が推奨する形式のメタデータを提供するという条件を付す。

第5章

図書館利用者によるコピー
私的コピー報酬と複写権法定集中管理との併存

はじめに

　図書館内に写真式コピー機（以下「コピー機」）が設置され，図書館利用者が蔵書を借り出さないまま，自らコピーをとれるようになってから，すでに長い年月が経過した。また近年では，利用者が館内で，自分のスマートフォンを用いて蔵書の必要なページの写真を撮ることも可能となった。

　本章では，図書館利用者が事実上なしうるこのような行為を，フランスの現行著作権法がどのように位置づけているかを明らかにする。結論を先に述べると，図書館利用者自身のスマートフォンでの撮影は，私的コピーとして権利制限規定に服するが，著作者をはじめとする権利者には，その報酬が支払われる（1）。一方で，館内コピー機による複写の行為主体は図書館とされており，こちらは上述の私的コピー報酬（rémunération pour copie privée）制度ではなく，複写による複製権（droit de reproduction par reprographie，以下「複写権」）の法定集中管理制度（2）の対象となる。この2つの制度の区別がつくように説明することが，本章の最大の目的である。

　なお，こうした著作権法上の制度とは別に，年度ごとの予算法律により，コピー機に特別目的税の課税がなされて図書館の蔵書購入費用に充てられたり，インターネットへの接続が可能な機器に課税する提案がされたりしたこともある。そのような措置ないし提案についても，可能な限り触れていきたい。

　本論に入る前に，本章における複製（reproduction），複写（reprographie），そしてコピー（copie）の語義について説明しておく。

　フランス法は150年以上もの間，1793年7月19–24日法（以下「1793年法」，本書第1章・第3章参照）の簡潔な文言のみを根拠に，著作物の複製をめぐる様々な類型の紛争に向き合ってきた。その期間，すなわちフランス革命直後から，

第Ⅲ部　現代フランスの文化政策と著作権法

現行の1957年3月11日法(1)（以下「1957年法」）の制定までの間には，著作物の伝達技術が急速に進歩し，文化を楽しむ人の範囲は大きく広がり，文化産業の規模も急拡大した。それにもかかわらず，1793年法は現行法の地位を譲らず，著作権に関する立法は，同法を補う部分的なものにとどまった。そのような経験を通じて，複製は，複製物を介した著作物の公衆への伝達行為を全て対象とする，包括的（synthétique）な概念となっていった（本書第3章参照）。

従って，フランスの複製には，日本著作権法2条1項15号が定めるあらゆる有形的再製を含む他，日本では（広義の）翻案ないし二次的著作物の作成となるような行為も含む（知的所有権法典（CPI）L. 122-4条参照）。また，複製物の流通経路を決める権利，すなわち，いわゆる用途権（droit de destination）(2)をも含む。つまり，適法に作成された複製物の流通に，重ねて著作者の許諾が必要か，それともそのような権利は第一譲渡によって消尽するかという問題が，フランスでは複製権の問題として論じられてきたのである(3)。

複製は，このように大きな広がりをもつ。そのうちのごく一部が，複写である。複写は，CPI L. 122-10条3項で定義されている。それによれば，「紙やそれに類する媒体への忠実なコピーとしてなされる複製であり，写真または同等の効果を有する技術によっており，直接読めるもの」である。本章との関係で

（1）LOI n° 57-298 du 11 mars 1957 sur la propriété littéraire et artistique, Journal officiel de la République française (JO), Lois et décrets n° 62 du 14 mars 1957. この官報の検索可能なPDFデータ（version papier numérisée）を入手するには，まずLégifranceのウェブサイト（https://www.legifrance.gouv.fr/）に入り，官報（JO）のデータベースを日付で検索すればよい。

（2）Code de la propriété intellectuelle, partie législative, 1re partie. CPI は，前掲注1）のLégifranceウェブサイトのCodesの欄より，閲覧日現在のものを見ることができる。また，財田寛子氏による和訳（2023年2月現在）が，著作権情報センターのウェブサイト（https://www.cric.or.jp/）の「外国著作権法」のページに掲載されている。本章における同法典の条文を訳すにあたっては財田訳を参照したが，訳の最終的な責任は筆者が負う。

　CPIは1992年に，1957年3月11日法等を原文のまま法典化したもので，法律の部（partie législative）と命令の部（partie réglementaire）から成り，前者の条文にはL. の，後者の条文にはR. の符号が付される。なお，「CPI」の読み方は「セペイ」である。

　CPI L. 122-4条の第1文はあらゆる無断複製を禁じ，第2文は，「翻訳，翻案もしくは変形，編曲，その他あらゆる技術もしくは方法による複製」につき同様とすると定める。これは，複製と（広義の）翻案について，それぞれ異なる支分権を観念する日本法とは，異なる考え方に立っているものと解される。

（3）Pollaud-Dulian, F., *Le droit de destination : le sort des exemplaires en droit d'auteur*, LGDJ, 1989. ポロ＝デュリアンの博士論文を元にするこの書籍の140頁（140段落）では，複製概念の包括性は，フランスの著作者の権利の「絶対的（absolu）性質」に由来するとされている。

いえば，コピー機を用いて紙にコピーする行為が，典型的にこれにあたる。

　コピーもまた，複製の下位概念である。それは名詞であり，複製物のうち元の著作物に忠実に作られたものを指す。そして，その意味のコピーを「作る行為」を指す名詞としても用いられる。2つめの意味のコピーは，「コピーする」(copier) と動詞化して用いられることもある。

　コピーは複写よりも広い概念である。彫刻の忠実な三次元的複製物を作成するのはコピーであるが，複写ではない。また，コピーにはデジタル・アナログの両方があるが，複写はその定義より，写真またはそれに類似の技術を用いて，紙またはそれに類する物理的な媒体におこなわれ，人間が直接読めるものでなければならないので，デジタルの複写は存在しない。

　本章ではこの3つの言葉を，それが表す内容に応じて使い分けるが，法の条文や参照した文献において「複製」が用いられている場合は，そのままにした。

1　利用者による私的コピー

(1)権利制限規定の適用範囲

　図書館利用者が蔵書を手にし，館内で自らそれを複写したり，自分のスマートフォンで撮影したりする行為は，外形的にはコピーにあたる。そして，それが私的コピーといえるかどうかが問題となる。

　知的所有権法典（CPI）L.122-5条1項は，以下のように規定する。

L.122-5条　著作物が公表された場合には，著作者は，次の各号に掲げる行為を禁止することができない。
（1号略）
2号　適法な出所からなされるコピーまたは複製であって，コピーする者の私的使用に厳密にとどめられ，かつ，集団的使用が意図されないもの。ただし，原著作物が創作された目的と同一の目的のために使用されることが意図される美術の著作物のコピーまたはL.122-6-1条のIIに規定する条件に従って作成されたバックアップコピー以外のソフトウェアのコピー，並びに電子的データベースのコピーまたは複製は除く。

第Ⅲ部　現代フランスの文化政策と著作権法

(以下略)

　この規定は日本の著作権法30条1項本文に相当するものである。著作隣接権についても CPI L. 211-3 条に同様の規定がある。なお日本では，著作権法102条1項が，著作隣接権について30条1項を準用している。
　さて，CPI L. 122-5 条1項2号は，文書(écrit)や楽譜などの印刷物のコピーのみならず，録音録画物のコピーや，美術作品の原作品のコピーをも対象としている。しかし本章では，コピーされる対象を書籍（主として言語著作物を印刷した印刷物）に限定する。想定しているのは，利用者が図書館内のコピー機を自ら操作して紙のコピーをとったり，自身のスマートフォンを用いて書籍の写真を撮ったりする場合である。そのため，同号但書については検討の対象から除かれる。
　ここで，図書館内に設置されたコピー機を用いた複写については，仮にその操作を利用者自身がおこなったとしても，利用者は同号の「コピーする者」，すなわち複写の主体とはいえず，主体は図書館（正確にはその設置者）であると考えられている。フランスでは，自ら所有する機器によるコピーであることが，厳密に求められている[(4)]。従って，館内コピー機による複写の法的な位置付けは，2における検討に委ねられる。
　機器が自らの物でありさえすれば，コピーの手段が何であるかは問題とされない[(5)]。コピー機がまだそれほど普及していなかった頃に，それに1957年法41条2号（CPI L. 122-5 条1項2号）の適用があるかどうかが争われたことがある。裁判所は，1957年法の立法者はすでにコピー機の存在を知っていたから，複製権について法で定められた例外は，現代的手段によってなされた複写にも適用される，と判示した[(6)]。最近の図書館における運用の様子（3参照）は，この議論の射程が，スマートフォンで写真を撮る方法によるコピーにも及んでいるこ

---
(4) 日本でも，1984年の改正以後，公衆の用に供される自動複製機器を用いた複製は，私的使用のための複製とはいえないとされてはいる（30条1項1号）。しかし，附則5条の2により「当分の間」，紙へのコピー機は，同号の自動複製機器のうちに含まれないことになっている。このような寛大な考え方は，フランスには存在しない。
(5) Pollaud-Dulian, F., *Juris-Classeur Propriété littéaire et artistique*, Fasc. 1246 (mai 1995), n° 40.
(6) Caron, C. et X. Linant de Bellefonds, Reprographie : Commentaire de la loi du 3 janvier 1995, *Légipresse* 1995, n° 121, II, p. 46 (note 15).

第5章　図書館利用者によるコピー

とを裏付ける。

　そして,「私的使用」であるかどうかは, 作成されたコピーが集団的に使用されず, 個人ないし家族程度の小人数の範囲でのみ使用されるかどうかを基準に判断されている。

　従って, コピーが営利目的でなされたかどうかは関係ない。コピーを作成した者が, それを上記の範囲を超えて使用した場合には, そこから一切の利益を得ていなくとも, その使用は私的使用とはいえない[7]。

　コピーが上記のような小人数の範囲でのみ使用される場合には, コピーした者の主観的目的は問われないという見解もある。1957年法の立法者意思に通暁するデボワは, 学生が試験に備えるために複写することだけでなく, 弁護士が調査のために複写することも, 私的使用のうちに含めている[8]。

　その一方で, 複写物の職業的使用は私的使用ではないことが, 1957年法以前から下級審判決で示されてきた[9]。1957年法下にあっても, 企業内部でのコピー, 例えば, 株主の集まりで多数配布するための新聞記事の複写は, 集まりの外に向けて頒布がなされない場合でも, 私的使用ではないとされた[10]。リュカも, 私的使用とはコピーする者が自然人としてなす使用をいい, 法人企業が使用する場合は含まないので, 企業内部でのコピーを合法視する考えは誤りだという[11]。

　限界事例となるのは, 自由業者の場合である。1981年の破毀院判決では, 歌手が小人数の同業者から演奏の評価を受けるオーディションで歌うために, シャンソンを（編曲しつつ）複製したことが私的使用にあたるとされた。これは, 職業的使用の性質があっても, 家族に準ずる小人数の範囲での使用であったため, 私的使用と認められた例である[12]。

---

(7) Lucas, A. et H-J. Lucas, *Traité de la propriété littéraire et artistique 2ᵉ éd.*, Litec, 2001, p. 261. なお, 同書初版（1994年）はリュカ兄弟の共著であったが, 第2版以降は分担執筆となった。分担は, 目次の冒頭に示されている。本章に引用する全ての部分は, 弟のアンドレ・リュカの見解である。
(8) Desbois, H., *Le droit d'auteur en France, 3ᵉ éd.*, Dalloz, 1978, p. 307. これに, A. et H-J. Lucas, *supra note 7*, p. 262 も賛成している。
(9) *Code de la propriété intellectuelle, édition 2019*, Dalloz, p. 169, n° 17. 同書は, 紙媒体で毎年刊行される信頼度の高い注釈付き知的所有権法典である。その赤い表紙にちなんで, 以下 Code rouge として発行年と共に引用する。
(10) Code rouge 2019, p. 169, n° 16.
(11) A. et H-J. Lucas, *supra note 7*, pp. 261-262.
(12) Code rouge 2019, p. 170, n° 17.

第Ⅲ部　現代フランスの文化政策と著作権法

　上述したように，デボワは弁護士についても同様の可能性を認める。しかし，2で登場する複写権集中管理団体のフランス複写権利用センター（以下「CFC」）は，弁護士事務所用のセクター別契約を用意しており，料金は事務所の規模別となっている。少なくとも，大規模な弁護士事務所に設置されたコピー機による複写は，私的コピーとは認められないであろう。

　最後に，現行の CPI L. 122-5 条1項2号は，私的コピーの成立要件として，それが「適法な出所からなされる」ことを掲げる。これは，違法ダウンロードをめぐる2000年代の判例に現れ，2011年12月20日の法律第2011-1898号によって条文化された要件である。2021年にトゥールーズでなされた図書館職員向け著作権研修資料によると，図書館利用者が館内で借りている状態にある蔵書も，「適法な出所」の内には含まれる。従って，蔵書のスマートフォンによる撮影は私的コピーである。しかし，前述したように，図書館の所有するコピー機を用いると，図書館利用者の私的コピーとはいえなくなる。

　以上のように，フランス法においては，図書館内で自分のスマートフォンで蔵書を写真撮影することは，法定の他の要件を満たせば，私的コピーとして適法となる。具体的には，その写真データを家族の範囲を超える大人数で使用したり，法人企業の業務のために使用したりしなければよい。ただし，実演家や弁護士といった自由業者の行為については，はっきりしないところが残る。

(2) 私的コピー報酬制度

　このように，フランスでは，図書館内で利用者が自分のスマートフォンで蔵書を撮影できる。3で後述するように，2022年に筆者はそのような撮影を体験

---

(13) Centre Français d'exploitation du droit de Copie の略であり，読み方は「セーエフセー」。ウェブサイトは2つ見つかっており，より新しそうなのは https://www.cfcopies.com/ であるが，より情報量豊富なのは https://v1.cfcopies.com/ である。前者のトップページ下部から「FAQ」を開くと，後者のコンテンツが表示される。

(14) https://v1.cfcopies.com/utilisateurs/copies-professionnelles-papier-et-numeriques/copies-pedagogiques-papier-et-numeriques-8/cabinets-avocats

(15) Code rouge 2019, p. 154 et p. 170 n° 20.

(16) Michel Fraysse, Bibliothèques et droit d'auteur : les notions de base, Les mardis des bibliothèques, media d'Oc, Toulouse, 2021.11.30, p. 19. https://www.abf.asso.fr/fichiers/file/Midi-Pyrenees/FORMATION/211130_Droit%20d'auteur.pdf ただし，この資料はもうウェブ上になく，Wayback Machine（https://web.archive.org/）を用いて閲覧した。

してきた。このような法解釈と実務の背景にあるのは，スマートフォンの記録媒体が，私的コピー報酬制度の対象となっているという事実である。

フランスは1985年7月3日法[17]（以下「1985年法」）による著作権法大改正の一環として，著作隣接権の制度を創設すると同時に，著作権者と著作隣接権者を対象に，私的録音録画報酬制度を導入した。これは，2001年に私的コピー報酬制度へと拡大され，報酬は現在も順調に徴収されている。以下，これについて時系列を追って説明する。

① 「ラング法」としての私的録音録画報酬制度とその法的性質

私的録音録画報酬制度を創設した1985年法は，フランス著作権法に，著作隣接権の導入，視聴覚製作等の契約の法規制，ソフトウェアの保護の明文化など，数多くの重要な変革をもたらした。それは，1957年法下における著作物伝達技術の進歩に対応することを目的としていた。そして，それはミッテラン大統領率いる社会党政権下で，ジャック・ラング文化大臣（高名な社会党の政治家）の任期中に立法された一連の法律，すなわちラング法（loi Lang）の1つでもある。

ラングは「文化的例外」[18]と「文化的多様性」の概念を打ち出した。それらが何なのかは，最狭義のラング法といえる「書籍の価格に関する1981年8月19日の法律81-766号」（以下「1981年法」）に，よく現われている[19]。同法は書籍の再販売価格の規制であり，「文化的多様性」の担い手である中小の書店を，大規模小売店との競争から守るために，価格の自由に「文化的例外」を設けるものである。

フランスには，書籍，音楽や映像のソフト（CDやDVD），文具，そしてPCをはじめとする機器類をまとめて商う大手チェーンストア（例えばFNAC）がある。のみならず，郊外に立地し，衣食住に必要な品物の全てを広大なワンフロアで商う，日本では見ない規模のハイパーマーケット（例えばCasinoやGéant）

---

(17) LOI n° 85-660 du 3 juillet 1985 relative aux droits d'auteur et aux droits des artistes-interprètes, des producteurs de phonogrammes et de vidéogrammes et des entreprises de communication audiovisuelle, JO, Lois et décrets n° 153 du 4 juillet 1985. この官報も，前掲注1）と同様の方法でデジタルデータを入手することができる。
(18) 本書第3章で紹介するルスキュール報告書は「文化的例外の第二幕」と題されている。
(19) LOI n° 81-766 du 10 août 1981 relative au prix du livre. https://www.legifrance.gouv.fr/loda/id/LEGITEXT000006068716/

177

があり，そこで書籍が売られている。こうした業態は1970年代にはすでに存在していた。そこで，出版社の団体が「本は他の商品（あるいは製品）とは違う」（Le livre n'est pas une marchandise（ou un produit）comme les autres）を合言葉に運動し，1981年法が制定されるに至った[20]。その骨子は，出版社に新刊書籍の[21]「公衆向け販売価格」を定めさせ，それをあらゆる小売事業者に守らせることである（同法1条）。こうして中小の書店を保護しなければ，「売れる本」ばかりが出版されることにつながり，「文化的多様性」が失われるであろうと考えられた。1981年法は現存し，インターネット書店もその適用対象となっている[22]。電子書籍については，「電子書籍の価格に関する2011年5月26日の法律」が，1981年法と同様の規律を定めている[23]。

さて，1985年法の国民議会における第一読会は，1984年6月28日におこなわれた。報告者2名による詳しい法案説明に続いて，最後にラング本人が登場し，関係者を労い，法案の根本思想を説明する短い演説をしている。その中には以下のような一節がみられる。「以前から述べているように，西側世界を駆動する2つの論理——外国からの輸入品の流通の論理と創作の論理——のうち，我が国とその政府が優先することにしたのは，創作の論理である。この論理は根本的な法改正をもたらし，そのうちの1つがこれから審議する法案である[24]」。

ラングはまた，著作権法専門誌RIDA[25]の1985年法特集号（1986年1号と2号）の一番初めにも，法の趣旨を説明する短い文章を寄稿している。それによれば，「この法改正は，一連の戦略の中にある複数の重要な法的局面のうちの1つである。その戦略は，文化の分野でフランスが立ち向かわなければならない課題

---

(20) SNE（後掲注55）のサイトには，「ラング法の哲学」として今もその趣旨の言葉が残る。https：//www.sne.fr/prix-unique-du-livre/regime-du-prix-du-livre/ また，個人の研究サイトと思われるhttps：//controverses.minesparis.psl.eu/public/promo11/promo11_G5/index8ff3.html?page=le-livre-un-produit-comme-les-autres も参照。
(21) https：//www.vie-publique.fr/eclairage/280026-le-prix-unique-du-livre-40-ans-apres-la-loi-lang
(22) 同上。
(23) https：//www.vie-publique.fr/loi/20842-loi-lang-edition-numerique
(24) JO, n° 69 A. N. (C. R.) du 29 juin 1984, pp. 3825 et s, p. 3826 notamment. なお，この演説の末尾の言葉によれば，1957年法の立法には20年近くかかったが，1985年法は3年足らずで実現したという。
(25) Revue internationale du droit d'auteur の略であり，読み方は「リダ」。1957年法の制定準備が進んでいた1953年に創刊され，2022年まで季刊誌として年4号が発行されていたが，2023年は電子版のみの発行となり，2024年から休刊している。https：//www.la-rida.com/

第5章　図書館利用者によるコピー

に，物的および知的な解決手段を与えるためにある」。またそこには，市場に委ねていては十分な資金が回らなくなる分野を，国家が原資を調達したり必要な制度を整えたりして支えるのだ，という記述もみられる[26]。つまり，この「一連の戦略」の下で，カセットテープやビデオテープの製造者・輸入者から，私的録音録画の報酬を強制的に徴収することが定められた。製造者・輸入者らは，書籍を扱うあらゆる小売店と同様に，市場において利益を追求する自由を，一定程度制約されることとなったのである。

　こうしたラングの関与は語り伝えられている。私的コピー報酬の徴収・分配団体であるコピーフランス（Copie France）の公式ウェブサイト上の「私的コピー報酬はいつからフランスにあるのですか？」という記事にも，1985年法をラング法と呼ぶ記述がみられる[27]。

　私的録音録画報酬制度はこのように，政府の強いイニシアティヴによって導入された。しかし，それを税と混同してはならない。上記 RIDA の1986年2号で，脚本等の権利者団体 SACD[28] の職員が「彼女についてみんなが知っている二，三の事柄」というしゃれた副題をもつ，同制度の解説記事を執筆している。それによれば，この報酬は特別目的税ではなく，レコードやビデオに固定された著作物の私的コピーを合法化する代わりに，その著作者らに支払われる特殊な著作権使用料である。本章の観点から興味深いことに，この記事には，報酬の対象となる行為にコピー機による複写は含まれない旨が明記されている[29]。

　SACD のウェブサイト上の，2001年改正を経た現在の私的コピー報酬制度の解説によれば，それは法定許諾（licence légale）であり，著作者の排他的権利の例外であり，消費者の自由と著作者らの財産権を両立させるものである[30]。その出発点と以後の変遷を以下でみていく。

---

(26) Lang, J., La loi du 3 juillet 1985, *RIDA* 1986, n° 127, p. 7.
(27) 公式サイト上の FAQ（https://www.copiefrance.fr/fr/faq）より Depuis quand la rémunération pour copie privée existe-t-elle en France？参照。なお，原田文夫「海外ニュース」コピライト2002年10月号47号も同様。
(28) Société des Auteurs et Compositeurs Dramatiques の略であり，読み方は「エスアーセーデー」。https://www.sacd.fr/
(29) ASTIER, H., La copie privée — deux ou trois choses que l'on sait d'elle —, *RIDA* 1986, n° 128, p. 113. 副題は1967年のゴダールの映画「彼女について私が知っている二，三の事柄」のもじりである。
(30) https://www.sacd.fr/fr/comprendre-la-copie-priv%C3%A9e

179

第Ⅲ部　現代フランスの文化政策と著作権法

②制度の骨格，2001年改正による適用範囲の拡張，紛争とその沈静化

　1985年法によって創設されたのは，アナログの録音録画のみを対象とした私的コピー報酬制度であった（1985年法28条，31条～37条）。当時，報酬の徴収対象となった製品は，主にオーディオとビデオのカセットテープであった。1985年法が1992年に法典化された際に，CPI 3編1章に，L. 311-1条からL. 311-8条までの規定による単一の節が作られた。このように徴収対象製品こそ限られていたが，現在の私的コピー報酬制度の骨格は，1985年にでき上がっていた。当時から存在し，今ではCPIに整理されている条文によれば，それは以下のようである。

　レコード（フランス語ではフォノグラム）とビデオグラムに固定された著作物の著作者および実演家，そしてレコードとビデオグラムの製作者は，CPI L. 122-5条1項2号とL. 211-3条1項2号にいう私的コピーにつき，報酬を受ける権利を有する（L. 311-1条1項）。報酬を支払うのは，私的録音録画のために使用し得る記録媒体（当時は主としてカセットテープ）の製造者・輸入者らである（L. 311-4条1項）。報酬の額は，媒体の型や容量等に応じて決定される（同条3項）。その実務を担うのは，L. 311-5条1項に定める委員会（「私的コピー委員会」と呼ばれているので，以下これに倣う）であり，これは，権利者の代表の人数が，製造者・輸入者の代表と消費者の代表とを合計した人数と同じになるように構成されている。

　報酬の徴収にあたるのは，文化担当大臣から認可された1つの団体である（L. 311-6条Ⅰ項）。徴収額の著作者・実演家・製作者間の分配割合は，レコードが2対1対1で，ビデオグラムが三者均等割りである（L. 311-6条1項・2項）。徴収団体の会員は，著作者・実演家・製作者の権利の集中管理団体であり，徴収した報酬はそこに支払われる（L. 311-6条Ⅱ項）。しかし，各集中管理団体においては，受け取った額の25％を構成員に分配せず，創作，生上演の伝達，芸術文化教育，アーティスト育成等の活動の支援に使わなければならない（L. 324-17条1項1号）。こうした一連の活動は，集中管理団体の間で文化活動（l'action culturelle）といわれる。

　私的録音録画報酬制度は，以後，何度もの改正を経験する。その中で最も注目すべきは，2001年7月17日の法律2001-624号15条（以下「2001年法」）により[31]，

L. 311-1条に2項が追加され，あらゆる著作物のデジタルコピーにつき，その記録媒体も報酬の徴収対象となり，報酬は著作者と出版社に分配される旨を定めたことである。こうして，私的録音録画報酬制度は私的コピー報酬制度へと姿を変えた。

これにより，報酬の徴収対象は，オーディオやビデオのカセットのみならず，デジタル機器に組み込まれた，あるいはそれらに外付けされる様々な記録媒体へと広がった。後者の例としては，CD-ROMやUSBメモリ，外付けハードディスクなどがある。しかし，何といっても，前者にスマートフォンやタブレットの内蔵記録媒体が含まれていることが，本章の観点からたいへん重要である（パソコンの内蔵記憶媒体は，対象とはならなかった）。そして，1985年法が定めた音楽や映画の分野の様々な権利者に加えて，書籍や静止画像の著作者らも，デジタルコピーに対する報酬の分配対象となった。

後述するように，報酬の徴収対象の拡大は，権利者団体においては，実は1989年から主張されていた。文理上の根拠として，L. 311-4条1項の文言が「著作物の私的使用目的の複製に用いることのできる記録媒体」と幅広く，デジタル媒体は含まれないとは解し難いことが挙げられ，2000年10月にはコンセイユ・デタが，また2001年1月には私的コピー委員会が，ここにデジタル媒体が含まれる旨の見解を発表したという経緯もあった。[32] 2001年法が議会を通過したのがバカンス直前だったこともあり，立法過程で大きな議論はなかったとされているが，アナログ記録媒体からの補償金徴収額の減少が，立法の背景にあることが指摘されている。[33]

2001年法成立当時，政権はもはや社会党にはなく，シラク大統領の時代になっていた。しかし，ラング法としての1985年法が築いた基礎の上に立って，同法の適用範囲を拡大し，以後爆発的に普及するスマートフォンの記録媒体から，私的コピーの報酬を徴収する制度が作られた。それが実務に与えた影響はたい

---

(31) LOI n° 2001-624 du 17 juillet 2001 portant diverses dispositions d'ordre social, éducatif et culturel, JO n° 164, du 18 juillet 2001, p. 11496.
(32) Caron, C., Les claires-obscurs de la rémunération pour copie privée, *Le Dalloz* 2001, n° 42, p. 3422, n° 3.
(33) Caron, C., Les nouveaux horizons de la remuneration pour copie privée, *Com. comm. électr.* novembre 2001, Comm. 109, p. 17 n° 1 et p. 18 n° 5.

へん大きかった。ポワティエ大学の知的所有権法の修士相当の学位を有し、静止画（イラストや写真）の著作権管理団体 SAIF に長年勤め、現在ではその法務部長をしている知人は「私的コピーの報酬が入ってくるようになって、やっとうちみたいな弱小団体がやっていけるようになったのよ」と、繰り返し筆者に語っている。

　このように、2001年法そのものは静かに成立した。しかしその後、私的コピー委員会による報酬額の決定について、支払義務を負う事業者が行政訴訟を提起し、コンセイユ・デタで委員会決定が無効と判断される例が頻発した。デジタル記録媒体の製造者・輸入者は、1985年法時代から存在する業務用機器の除外規定（CPI L. 311-8条）を援用したり、違法な出所からのコピー（私的コピーの報酬ではなく、著作権侵害の損害賠償の対象のはずである）を算定根拠から除外するよう主張したりした。特に業務用機器の除外については、2010年10月21日に欧州司法裁判所の有名な Padawan 判決（C-467/08）が、明らかに私的コピーに用いられていない機器から報酬を徴収することは、2001年の情報社会指令（2001/29/EC）5条2項b）（複製権の制限）に反すると判断し、これがフランスのコンセイユ・デタの判断にも影響を与えた。また、消費者団体からも、スマートフォンなどを購入した金額のうち、いくらが私的コピーの報酬なのかを知りたいという要望が寄せられた。それらを踏まえてなされたのが2011年改正であり、上記の3つの論点（業務用機器の除外、違法コピーの除外、報酬額の表示）への法的手当てが、その眼目であった。なお、1985年法の時代から、録画と録音では報酬の徴収団体が異なっていたが、2011年に録音の団体が録画の団体を吸収する形で合併して、現在の徴収団体「コピーフランス」が成立した。

　こうして、ルスキュール報告書の刊行年である2013年当時の制度ができあ

---

(34) Société des auteurs des arts visuels et de l'image fixe の略であり、読み方は「サイーフ」。https://www.saif.fr/
(35) 井奈波朋子「フランスにおける私的複製に対する報酬制度の動向」コピライト655号（2015年）39頁以下。なお、同内容のウェブ版が存在する。https://www.tatsumura-law.com/attorneys/tomoko-inaba/column/wp-content/uploads/2016/01/2015-11-remuneration_pour_copie_priveecopyright.pdf
(36) https://curia.europa.eu/juris/document/document.jsf?docid=83635&doclang=FR
(37) 井奈波・前掲注35）36頁。なお、2011年改正については、国会図書館服部有希氏の紹介（https://dl.ndl.go.jp/view/download/digidepo_3487659_po_02510105.pdf?contentNo=1）もある。
(38) https://www.copiefrance.fr/fr/qui-sommes-nous/copie-france

がった。当時はストリーミング視聴が普及してきた頃であり，上記のように私的コピー報酬制度が盛大に異議申立を受けていた時期でもある。そのため，同報告書は私的コピーの報酬制度の先行きを悲観し，インターネット接続機器を対象とした特別目的税の構想を明らかにしていた（本書第4章参照）。しかし，この構想が，以後の予算法律において実現したことの記録を，筆者は見つけることができない。

私的コピー報酬制度は，2015年11月時点で「やや落ち着きを取り戻し，制度の存続自体に疑義はなくなりつつある」と評価されている[39]。この制度がフランス社会に定着した理由に関する筆者なりの考察は，次の③で改めておこなう。

最後に，本章のテーマとの関係で，書籍のアナログな私的コピーを容易にする機器，例えば家庭用のコピー機が，私的コピー報酬の徴収対象にならなかったことを書きとめておきたい[40]。1985年法以来，私的コピー報酬は，複製機器ではなくて記録媒体から徴収されてきた。しかし書籍の場合は，紙が記録媒体になってしまう。そこで，文書のアナログコピーは，機器の所有者による私的ではない複製として，2でみる複写権の制度に委ねられた。当時は紙の複製機器が個人所有されることは少なかった。

その後，2001年法で，スマートフォンなどによる文書の私的なデジタルコピーが，私的コピー報酬制度の対象となった。一方で，企業や地方自治体による文書の私的ではないデジタルコピー（と組織内外への共有）は，後述するように，今日では複写権制度の対象となっている。

③文化財源および雇用創出としての私的コピー報酬制度

フランスの私的コピー報酬制度は，支払義務を負う事業者らの抵抗を乗り越えて，社会に定着してきている。先行研究は，所有権としての著作権を制限する以上，正当な補償が必要であるとする自然権の思想が，その背景にあると指摘する[41]。筆者はこれに賛成すると共に，さらに，以下の3つのことも関係しているのではないかと考える。

---

(39) 井奈波・前掲注35) 35頁。
(40) https://v1.cfcopies.com/lexique/c より copie privée の項目。
(41) 井奈波・前掲注35) 42頁以下。

第Ⅲ部　現代フランスの文化政策と著作権法

　1つは，その徴収額の大きさである。コピーフランスのウェブサイトに掲載されている2022年の活動報告書によれば，徴収額は約2億7350万ユーロ（1ユーロ160円で計算すると約437億6000万円。レートにつき以下同じ）である。そのうちの73％が，スマートフォンの内蔵記録媒体から徴収されている。同年のフランス文化省の予算は約42億ユーロ（6720億円。ちなみに国の予算の0.5％）であるから，私的コピー報酬は，文化省予算の6.5％に上る。

　徴収額が微小ながら年々増える一方で，2012年には全体の28％もあった追徴額（支払拒否から法的手段を経て徴収された額）は年々減り，最近では数％となっている。この数字は，支払拒否の鎮静化を表す。こうして私的コピー報酬制度は，40年をかけて，「フランスにおける私的な文化支援財源のうち最大のもの」に成長した。大きいものは人々の目につきやすくなる。

　2つめは，近年の施策により，支援される文化活動（l'action culturelle）の透明性が高まったことである。前述したように，コピーフランスは団体の団体，すなわち，著作権や隣接権の集中管理団体を会員とする団体である。コピーフランスの会員団体は，1985年法以来の音楽・視聴覚著作物の分野については9（著作者4，実演家2，製作者3），2001年法で加わった文書・美術分野には11（文書4，美術7）存在する。文書分野の会員団体の中には，次節で登場する複写権の法定集中管理団体CFC（前掲注13）も含まれている。CFCは，プレスすなわち新聞や雑誌のデジタルな私的コピー報酬の徴収を，コピーフランスに委ねている。

　さて，各会員団体は，1985年法以来存在するCPI L. 324-17条1項1号に基づき，受け取った報酬の25％を構成員に分配せずに，文化活動の支援に使わな

---

(42) https://www.copiefrance.fr/images/documents/Copie-France-RAPPORT-22-DP_vdef_imprime.pdf より24頁
(43) https://www.budget.gouv.fr/budget-etat/ministere?annee=124&loi_finances=50&type_budget=all&type_donnee_budget=ae&op=Valider
(44) https://www.copiefrance.fr/fr/qui-sommes-nous/rapports-annuels-et-chiffres-cles
(45) コピーフランスのウェブサイトのトップページ「我々の使命」より。https://www.copiefrance.fr/
(46) https://www.copiefrance.fr/fr/qui-sommes-nous/copie-france
(47) https://v1.cfcopies.com/auteurs-editeurs/copie-numerique/copie-privee-de-la-presse なお，本書においてプレスとは，時事の報道を目的とするものに加えて趣味の雑誌なども含む，あらゆる定期刊行物のことをいう。主として紙媒体のものをさすが，オンラインのみで発行されているものも含まれる。本書第7章参照。

ければならない。その使途の透明性には，疑問が呈されることもあった。そこで，創作の自由，建築および文化財に関する2016年7月7日の法律に基づき[48]，あらゆる集中管理団体が支援する文化活動を一覧できるデータベース[49]が整備され，公衆の閲覧に供されるようになった。私的コピー報酬によって支援される文化活動だけを対象としたデータベースも，別途存在する[50]。こうした施策が，制度の定着に役立っている可能性がある。

　フランスにおける余暇時間は長い。一般市民が愛好家として文化活動に出演したり，プロによる高水準の公演を鑑賞したりする機会も多くなる。ラング文化大臣時代に一連の立法が成立したことと，以後の政権の変動にかかわらず書籍再販や私的コピー報酬の制度が残ったことの両方が，長い余暇時間とその文化活動への投入を背景としているように，筆者には思われる。そのような社会で，スマートフォンの価格に上乗せされるお金が総額では大きなものとなり，著作者・実演家の生計や，プレスを含む出版社等の経営の安定，そして文化活動の財源の確保に貢献していることが次第に伝わっていったため，人々は負担を受け入れるようになったのではないか。

　3つめは，雇用創出である。1985年以来のコピーフランス会員であるSACDのウェブサイトによると，私的コピー報酬を徴収・分配し，また，その一部で文化活動を支援することにより，国外に移すことのできない雇用が創出されるという[51]。確かに，報酬の徴収・分配の仕事はもちろん，支援を受ける文化活動の運営（特に金銭的支援の獲得と適正な管理）や宣伝の仕事，そして何より，文化活動を作り上げる著作者や実演家の雇用も生まれる。

　そして，このような，低収入ないし不安定な一方で，低負荷ないし時間の自由が利く仕事には，今でも，またどこの国でも，女性が多く就くことを忘れてはならない。そうした雇用は家庭と両立しうるからである。フランスの女性たちのほとんどが，結婚・出産後も働き続けるが，文化活動やその支援に関する仕事が，その受け皿の1つとなっているように思われる。

　著作者や実演家については手に余るが，法律を修めて集中管理団体で働く者

---

(48) JO n° 0158 du 8 juillet 2016.
(49) https://aidescreation.org/
(50) https://www.copieprivee.org/copie-privee-les-projets-soutenus/
(51) https://www.sacd.fr/fr/comprendre-la-copie-priv%C3%A9e

の過半数が女性であろうことは，当事者と交流してきた実感に基づいていえる。すでに登場したSAIFの法務部長もその１人である。筆者がコロナ・パンデミック直前の数年間に，フランスの知的所有権法専攻大学院対抗法廷弁論コンクールを繰り返し観戦した経験では，どこの大学院においても，女子学生の数が男子を上回っていた。そのうち著作権法に関心の高い学生にとっては，集中管理団体は格好の就職先である。

　人々が，著作者をはじめとする様々な権利者に対する損失補償，そして文化活動支援の原資として，スマートフォンの値段に私的コピー報酬が上乗せされることを容認する背景には，男女が共に働きつつ文化活動を楽しむ社会の姿があるように思われる。スマートフォン１台あたりのその平均額は，2022年において12.78ユーロ（約2045円）である。

２　図書館による私的ではないコピー

(1)図書館内に設置されたコピー機を用いた複写は私的コピーか

　図書館と著作権の関係に戻ろう。館内に設置されたコピー機を図書館利用者が自ら操作して，蔵書を「私的使用」目的で（１参照）複写することは，L. 122-5条１項２号に照らし，自由に，かつ無償でできると考えられているだろうか。答えは否である。

　その理由は，同号の「コピーする者」の解釈である。コピー機が図書館の管理下にある場合，「コピーする者」は図書館となり，だとすれば複写が「私的使用」目的であるとはいえなくなる。このことは，実際にコピー機を操作しているのが図書館利用者である場合も変わらない。

　以下では，このような解釈が確立するまでの経緯を，２つの判決を通じて簡単に紹介する。

---

(52) https://www.cn2pi.fr/
(53) コピーフランスが毎年発行する「透明性と活動に関する報告書（rapport de transparence et d'activité）」の2022年版25頁。同報告書は以下のページに，PDFで掲載されている。https://www.copiefrance.fr/fr/qui-sommes-nous/rapports-annuels-et-chiffres-cles
　なお，日本およびドイツにおける類似の制度とそれぞれの背景思想，そして両者の比較につき，上野達弘「著作権法上の権利制限に伴う補償金請求権」吉田広志他編『知的財産法政策学の旅（田村善之還暦記念）』（弘文堂，2023年）412頁以下（特に430頁以下）参照。

第5章　図書館利用者によるコピー

　1つめは，1974年の国立科学研究センター（以下「CNRS」）事件判決である。(54)
まだコピー機が珍しかったであろう1970年に，CNRSが，その所蔵する学術文献の情報誌を創刊した。また，その読者の申込に応じてCNRSが文献を複写し，提供することも開始した。理工系の学術雑誌からの論文の複写をめぐり，出版社と全国出版組合（以下「SNE」）がCNRSを提訴し，当時の1957年法41条2号の適否が問題となった。パリ大審裁判所はまず，同号の「コピーする者」とは，文献を選び複写を申し込む者であるとした。その上で，CNRSの設立目的を定めるデクレを根拠に，CNRSが研究者に提供するためにおこなう文献複写は適法であると判示した。ただし，事案の解決としては，相手が研究者かどうかを精査せず文献を複写し，提供したことは著作権侵害にあたるとされた。(56)

　CNRS事件判決はこのように，「コピーする者」を文献の選択という知的側面を基準に判断し，研究者のためにCNRSが文献を複写しても適法であるとした。この判示は傍論であるが，デボワは当時それを，「研究推進の要請が，著作者の権利の保護を無効にするわけではない」と批判した。デボワはさらに，複写の主体がいかなる種類の図書館や教育機関であっても，著作者が自由かつ無償の複写により損害を受けることに変わりはない，とも述べている。(57) また，翌年の1975年に，破毀院がこの事件は司法裁判所の管轄に属さないと判示したため，上記の判示はそれ以降，先例的価値を失ったという指摘もある。(58)

　そして1984年には，CNRS事件の「コピーする者」の解釈を否定する破毀院判決が登場する。

　それは，「コピーする者」を，コピー対象の選択ではなく，コピー手段の所有と管理を基準に定めた。その事案は，顧客が持ち込んだ資料をその場でコピーさせていた業者「ラヌーグラフィー」が，出版社と違法コピー反対運動の団体から複製権侵害で提訴されたというものである。業者は「コピーする者」は顧

---

(54) Centre national de la recherche scientifique の略であり，読み方は「セーエヌエールエス」。https://www.cnrs.fr/
(55) Syndicat national de l'édition の略であり，読み方は「エスエヌウー」。日本の書協に相当する団体。https://www.sne.fr/
(56) TGI Paris, 28 janv. 1974 : RIDA 1974, n° 80, p. 121. 詳しい紹介として，南亮一「フランスにおける複写サービスと著作権との関係について―1974年パリ大審裁判所判決を中心に―」日仏図書館情報学研究45号（2021年）22頁以下。
(57) Desbois, supra note 8, pp. 308-309.
(58) Pollaud-Dulian, supra note 5, n° 43.

187

客であると主張したが，パリ控訴院は，実際に誰がコピー機を操作していたかは問題ではなく，自らの店舗にコピー機を設置してそれを管理し，顧客に使用させていた業者こそ，1957年法41条2号にいう「コピーする者」であると判示した。そして，業者がこの事業から出版社と類似の利益を得ていた以上，コピーは業者の私的使用目的でなされたとはいえず，同条の適用はないと判示した。業者の破毀申立を受けた破毀院も，原審の判断を支持した。[59]

ポロ＝デュリアンは1995年に，定評ある法律百科事典 Juris-Classeur の著作権法篇において，デボワなど多くの学説を引用しつつ，ラヌーグラフィー事件破毀院判決の解釈に賛成している。それによると，コピー機を公衆に使用させる個人または法人は，L. 122-5条2号の「コピーする者」にあたり，この者には複写物を自ら私的に使用する目的があるとはいえないので，同条柱書の適用によって複写を許容されることはないという。[60]

そして，同判決の射程は，複写物の集団的使用が営利目的を帯びているコピー業者の場合に留まらず，学校などの教育機関や，国立図書館を始めとする公共図書館にも及ぶとされた。そうなった理由や背景を調べ尽くすことはできなかったが，すでに紹介したデボワの主張（注57参照）が影響を与えたと推測される。次項でみるように，現在の実務は明らかにそのような考え方を前提としている。

この点につき，日本では1970年の現行著作権法31条が，図書館は一定の要件の下で自由かつ無償に著作物の複製をおこなうことができると定めている。これは図書館等の果たすべき公共的奉仕機能に着目した政策的な著作権制限規定であるが，[61] 当時のフランス法にこのような規定が作られることはなかった。[62]

---

(59) L'affaire «Rannougraphie»；Cass. 1ᵉʳ civ., 7 mars 1984：*RIDA* 1984, nº 121, p. 151；Paris 8 oct. 1982：*RIDA* 1983, nº 115, p. 138.
(60) Pollaud-Dulian, *supra note 5*, nº 42.
(61) 加戸守行『著作権法逐条講義・七訂新版』（著作権情報センター，2021年）288頁。
(62) 南・前掲注56）20頁は，CNRS事件が起きた背景として，CNRSが当時の米国や英国の図書館における複写サービスの実務を参考にして，同様のサービスを開始した可能性があることを指摘している。米国や英国のそうした実務を裏付けるのは，それぞれの国における公正使用の法理である。しかし，本章冒頭でみたように，フランスは当時も今もそのような法理をもたず，むしろ複製権は幅広い複製行為の全てに及び，それを制限するには明確な法の規定が必要であると考える。フランスに日本法31条のような権利制限規定が作られなかった理由ないし背景について，筆者の推測が及ぶのはここまでであり，さらなる解明は，南氏の今後の研究に委ねられる。

(2)複写権の法定集中管理制度

　以上のように，コピー機による複写の主体はその設置者であり，設置者の行為は私的コピーとはいえないという法解釈が，1984年に示された。それから11年後に，1995年1月3日法（知的所有権法典の補完と複写に関する複製権の集中管理に関する1995年1月3日の法律95-4号。以下，1995年法という）[63]が成立した。同法により知的所有権法典が改正され，複写権の法定集中管理制度が導入された。ここでは，1995年法の立法経緯と解釈，そして理論的性質を，1970年中盤から時系列を追って紹介していく。

① 「泥棒コピー」と1976年の予算法律——1995年法の立法過程その1

　2-1ですでに触れたように，1957年の立法者は，コピー機の存在を知っていた。しかし，それが爆発的に普及することまでは予測していなかった。1961年にはフランス全土に300台余りを数えるのみであったコピー機が，1997年には150万台以上となったという[64]。1957年法41条2号にいう私的コピーの成立要件である[65]「コピーする者」の解釈が，2で紹介した方向へと固まっていったのは，コピー機の爆発的普及と並行してのことであった。権利者側，すなわち個々の出版社やSNE（注55参照），違法コピー反対運動の団体などの側からみれば，法廷闘争の成果として，この法解釈を得たともいえるだろう。

　法解釈をおさらいしておくと，企業・行政機関・教育機関・図書館など団体の種類を問わず，団体の活動に伴う著作物の複写は作者の許諾なしにはできない。医師や弁護士などの自由職業については争いがあるが，少なくとも，その診察室や事務所で複写がなされる場合に，それが「コピーする者」の「私的使用」にあたる可能性は低い。従って，いずれの場合も権利者の事前の許諾が必要である。

　しかし，キャロンとリナン・ド・ベルフォンの表現を借りれば，法を守らせるには，コピー機1台につき番人を1人ずつ置く他ないほどの有様であった。

---

(63) JO du 4 janvier 1995, p. 120 ; *Légipresse* 1995, n° 118, IV, p. 1.
(64) Bertrand, A., La loi du 3 janvier 1995 sur le droit de reprographie : une loi scélérate dans son principe et son application, *RD propr. intell.*, n° 81, 1997, p. 11 ; Caron et Linant de Bellefonds, supra note 6, p. 33.
(65) Bertrand, supra note 64, p. 11.

第Ⅲ部　現代フランスの文化政策と著作権法

図1　泥棒コピー警告ピクトグラム

何しろ，一瞬の閃光と共にわずかな費用で高価な書籍を複写してくれる魔法のような機械が，日に日に普及していったのであるから。この「無法地帯」は，学者，立法者，司法官，そして関係業界すなわち出版社の知るところとなり，「泥棒コピー」(photocopillage) という新語を生んだ。この語は今でも用いられており，「危険：泥棒コピーが本を殺す」と書かれたピクトグラム（図1）は，フランスの本の読者にはおなじみである。ピクトグラムの傍らに，複製の排他権に関する CPI L. 122-4 条と，これから紹介する複写権の集中管理制度を紹介する文章が書いてあることもある。

時代を戻そう。「泥棒コピー」に対抗して，権利者側は別の手段も駆使した。1975年12月30日に成立した1976年の予算法律の22条は，「複製手段の発達により出版社と著作者が被った損害を補填するため」，コピー機に対する3％の特別徴収課税を創設した。この税はその後，一般租税法典 (Code général des impôts) 1609条の11および1609条の13から1609条の15までの規定に姿を変えて存続し，1997年には約7800万フラン（約13億2600万円）が徴収されていたが，2018年に廃止された。この税は著作権にいかなる影響をも与えるものではないと位置付けられ，税収は文化活動，具体的には図書館が書籍を購入するための基金に充てられていた。この税を納めていることは，著作権侵害の成否とは関係ない。ラヌーグラフィー事件の第一審（パリ商事裁判所1980年10月20日判決）および前出の控訴審で，コピー業者はこの税に基づく免責を主張したが，いずれも退けられた。

---

(66) Caron et Linant de Bellefonds, supra note 6, pp. 33-34.
(67) JO du 31 décembre 1975, p. 13564.
(68) Bertrand, supra note 64, p. 13, note 12 が引用する，国民議会における財政法案の理由説明。
(69) Ibid., p. 13. 参考までに，フラン最後の日々であった2001年後半には，1フランはだいたい17円で取引されていた。それをあてはめると約13億2600万円となる。以下，フランの日本円換算にはこのレートを用いる。
(70) Légifrance で一般租税法典の該当条文を閲覧すると，廃止されたことが表示されている。
(71) Caron et Linant de Bellefonds, supra note 6, p. 34 ; Pollaud-Dulian, supra note 5, n° 46.
(72) Bertrand, supra note 64, p. 13 ; Pollaud-Dulian, supra note 5, n° 46.

②任意の集中管理とその限界——1995年法の立法過程その2

　1983年に，医学出版社の団体により，医学雑誌の複写権を集中管理するため，集中管理団体 CFC（注13参照）が創設された。当初は，1901年法上のアソシアシオンという形式をとり，フランスコピーライトセンター（Centre Français du Copyright）と称していた。翌1984年，SNE（注55参照）や専門紙誌全国連合（FNPS）の支援を得て，民事会社に組織変更する。1991年からは，CFC の略称を維持しつつ，現在の名称となった。

　1995年法施行以前の CFC は，任意の集中管理団体であった。すなわち，著作者や出版社・新聞社から個別に著作権の信託的譲渡または著作権管理の委任を受けて，対象著作物の複写権の管理にあたっているにすぎなかった。つまり，CFC は一部の著作者や出版社・新聞社を代表するのみだった。そのため，コピーをおこなう各種機関との契約締結は，なかなかはかどらなかった。その間も，特に学術書の分野において，私的使用目的ではないコピーによる被害額は，増大していくばかりであった。これにつき，1995年法の上院での審議過程では，以下のような報告がなされた。フランスにある120万台のコピー機により，年間580億枚のコピーがとられ，そのうち10％が著作権のある著作物に関するものであり，推定損害額は20億フラン（約340億円）に上る。ちなみに，フランスの書籍産業の売上は年間150億フラン（約2550億円）である……。

　1993年3月16日，CFC は当時の国民教育文化省との間で協定書を交わした。これは同省所轄の教育機関，すなわち公立の中学，高校，大学やグランゼコールにおけるコピーに関するものである。注79の資料には別表が掲載されていないが，キャロンらによると，大学の学生1人あたり年11フラン（約187円）を支

---

(73) 日本の NPO に近い団体。大村敦『フランスの社交と法』（有斐閣，2002年）第3章に，1901年法の解説がある。
(74) Fédération Nationale de la Presse d'information Spécialisée の略であり，読み方は「エフエヌペーエス」。https://www.fnps.fr/ この団体は2022年に，プレス隣接権集中管理団体の創設を主導する。本書第7章参照。
(75) http://www.cfcopies.com/a_propos/index.htm から Les dates clés du CFC を見よ。
(76) 任意的集中管理の法律構成について，詳しくは，A. et H-J. Lucas, *supra note 7*, p. 532 et s.
(77) Caron et Linant de Bellefonds, supra note 6, p. 41.
(78) Caron et Linant de Bellefonds, supra note 6, p. 34.
(79) *Légipresse* 1993, n° 101, IV, p. 50. 同省は1993年当時，著作権法と学校の両方を所管していた。2024年11月現在，著作権法を所管するのは文化省であり，学校を所管するのは国民教育省と高等教育研究省の2つである。

払うことが合意されたらしい。しかし，国民教育予算の不足を理由に，また，協定締結後すぐに大臣が交代したこともあって，この協定が実施されることはなかった。人文科学書の出版社らはこれに激怒し，ル・モンド紙に抗議広告を打ったという。[80]

この挫折が，1995年法制定の引き金を引いた。ベルトランによれば出版社らからの圧力を受けて，政府の対応は素早かった。[81] 1994年10月27日に元老院理事部に提出され，緊急性を宣言された政府提出法案は，11月18日に元老院で可決，さっそく召集された国民議会で12月15日に審議された。そして，国会同数合同委員会（Commission mixte paritaire）による法案が，12月22日に元老院と国民議会を通過し，1995年1月3日法となった。[82]

同法は知的所有権法典に，L. 122-10条からL. 122-12条までを追加した。そこで導入されたのは，複写権の法定集中管理（gestion collective obligatoire）[83]の制度であった。その骨子は③で紹介するが，従前と最も違うのは以下の点である。すなわち，1995年法は，著作者の複製権のうち複写に関する権利（以下「複写権」）を，政府の認可を受けた団体に一律に譲渡させ，それをこの団体に集中管理させる。それはもはや，任意の集中管理ではなくなった。

ベクールによれば，1995年法の法定集中管理は，1985年法に着想を得ている。文芸家協会（SGDL）[84]と，映像・音声の創作やそれらに用いられる多種多様な著作物の権利者団体SCAM[85]は当初，1985年法の私的録音録画報酬制度を，グラフィックな著作物のコピーにも拡張することを目指していた。その方針は，1989年11月に東京でおこなわれた権利者団体の国際組織CISAC[86]の世界大会で

---

(80) Caron et Linant de Bellefonds, supra note 6, p. 34.
(81) Bertrand, supra note 64, p. 13.
(82) Bécourt, D., Commentaire de la loi n° 95-4 du 3 janvier 1995 sur la reprographie, *Actualité Législative Dalloz*, 1995, p. 59, n° 1.
(83) 直訳では義務的集中管理ないし強制集中管理となるが，前者は語感が悪く，後者は強制許諾（⑤参照）と紛らわしいので，このように訳した。
(84) Société des Gens de Lettres の略であり，読み方は「エスジェーデーエル」。1838年創設。https://www.sgdl.org/ 本書第2章参照。
(85) Société civile des auteurs multimédia の略であり，読み方は「スキャム」。1981年創設。https://www.scam.fr/
(86) Confédération internationale des sociétés d'auteurs et compositeurs の略であり，1926年創設。世界各国から，音楽のみならず様々な分野の権利者団体が参加している。読み方は「シザック」。https://www.cisac.org/

表明された。しかし SGDL と SCAM はその後方針を変え，私的ではない複写に対して複製の排他権を行使することにした。ただし，権利行使については1985年法の経験を生かし，それを法定の徴収団体に委ねる立法を目指すようになったのである。[87]

③複写権法定集中管理制度の概要——アナログコピーについて

複写権法定集中管理制度の概要を，CPI L. 122–10条1項から順を追って紹介する。

L. 122–10条　著作物が発行されたとき，複写に関する複製権は，第3編第2章の規制を受け，かつ，そのために文化担当大臣の認可を受けた(単数の：筆者注)集中管理団体に譲渡される。認可を受けた（複数の：筆者注）集中管理団体のみが，そのように譲渡された権利の管理のために，使用者とあらゆる協定を締結することができる。ただし，販売，貸与，宣伝または販売促進を目的としてコピーを許諾する条項については，著作者またはその権利承継人の同意も必要である。著作物の発行の日に著作者またはその権利承継人の指示がない場合には，認可を受けた協会（のうちの1つ：筆者注）は，この権利の譲受人とみなされる。

このように，複写権は発行（publication）の事実のみをもって，集中管理団体（以下，単に団体という）に，法定譲渡（cession légale）される。
「発行」に関し，ベクールは「通常の意味に，つまり，本や新聞・雑誌のように印刷して出版し公衆に間接的に伝達することと理解するのが，ベルヌ条約に適合するであろう」と述べている。[88] ベルヌ条約3条（3）項に照らし，著作物の上演や演奏は含まない趣旨である。
L. 122–10条による譲渡は公序である。[89] 同条の規定は，これに反するいかなる合意にもかかわらず，また，発行の日を問わずあらゆる著作物に適用される

---

(87) Bécourt, supra note 82, n° 31.
(88) Bécourt, supra note 82, n° 40.
(89) Pollaud-Dulian, *supra note 5*, n° 47.

第Ⅲ部　現代フランスの文化政策と著作権法

（同条4項）。

　複写とは何かは，L. 122-10条2項で定義される。それによれば，「写真の技術または直接読むことを可能とする同等の効果を有する技術によって，紙または類似の媒体の上にコピーの形式で複製すること」である。国民議会で法案を審議していた際の文化大臣発言によれば，複写技術がデジタルかアナログかではなく，紙の上になされるかどうかが重要だという[90]。

　同条1項3文は，使用者が販売，貸与，宣伝，販売促進を目的として，すなわち，商用目的（fins commerciales）でコピーする場合，団体の許諾だけでは足りず，著作者またはその権利承継人の許諾も必要であることを定めている[91]。同条3項は反対に，著作者または権利承継人は，団体の許諾なく商用目的のコピーをおこなえる旨を定めている。

　L. 122-11条は，団体と使用者の間の協定における使用料の算定方式について定める。同条は，著作物が複写される量に応じた額を徴収することが一定の理由により不可能な場合には，一括払いの方式で使用料を算定してもかまわないと定めている。

　L. 122-12条は，団体が認可される要件について大まかなところを定め，残りをコンセイユ・デタのデクレに委ねている。以下では，関連するデクレとアレテの概略を紹介する[92]。

　まず，1995年4月14日にデクレが制定され，知的所有権法典にR. 322-1条からR. 322-4条を付け加えた。そのうちR. 322-1条は認可要件を定める。R. 322-2条は認可手続を定め，その3項によれば団体の認可は5年間に限るが，当初の認可のときと同じ手続を経て更新できる。また，R. 322-4条は，著作者または権利承継人によって発行の日に団体が指定されなかった場合でも，当該著作物の分野の職業的慣習に従って決まる，その分野の著作物を最も多く管理する団体が，複写権の譲受人とみなされることを定めている。

　これを受けて，1996年7月23日の文化大臣アレテによりCFCが認可され，書籍およびプレスから成る文書の分野について，複写権の法定譲渡を受け，こ

---
(90) Françon, A., *RTD com*. 1995, Chron. p. 121.
(91) Françon, supra note 90, p. 122.
(92) A. et H-J. Lucas, *supra note 7*, p. 535.

れを集中管理することとなった。また，1997年4月7日の文化大臣アレテで，音楽出版社著作者協会（SEAM）[93]が認可され，楽譜の複写権を同様に集中管理することとなった。2024年11月現在も，この2団体のみが認可されている。以下では，専らCFCについて紹介していく。

④デジタルコピー・共有とCFC

こうして，アナログコピーに関する複写権の法定集中管理体制が整った。しかしそれから10年もしないうちに，企業や地方自治体，学校などにおいて，文書をデジタルでコピーし，組織の内外にオンラインで共有することが普及していった。ここでは，そうした行為に対するCFCの対応の概要を紹介する。

現在，企業，市町村，アソシアシオン等が事業目的でおこなうデジタルコピーとその共有に関する複製権と公衆伝達権は，CFCが任意に集中管理している。CFCに集中管理を任せているのは，主としてプレスの権利者である[94]。

教育目的のコピーに対してはどうだろうか。本書第3章でもすでに触れたように，2006年にCPI L. 122-5条1項3号eに，教育・研究の場における説明のための著作物利用に関する，有償の権利制限規定が導入された。

さらに2021年にはそこから，教育および職業教育の過程における説明のための著作物の一部利用が分離された。3号eは研究者に向けた説明に特化した規定へと縮小され，教育および職業教育の過程における説明については12号が創設された。そして，12号の要件はL. 122-5-4条で改めて定められている。同条Ⅰには無償の権利制限規定があるが，同条Ⅱにより，集中管理団体から適切なライセンスが提案された場合には，そちらが優先する。そして，このライセンスは，2019年の欧州DSM指令（2019/790/EU）12条を国内法化した拡大集中許諾制度の対象となっている（L. 122-5-4条Ⅱ3項）。すなわち，CFCに任意に集中管理を任せている書籍やプレスの権利者はもちろん，そうでない権利者にも，CFCの集中管理の効果が及ぶのである[95]。この点，職業セクターへのライセンスはあくまで任意の集中管理にすぎないので，両セクターにおける取り

---

(93) Société des Éditeurs et Auteurs de Musique の略であり，読み方は「セアム」または「エスウーアーエム」。https://www.seamfrance.fr/la-seam/
(94) https://v1.cfcopies.com/auteurs-editeurs/copie-numerique/secteur-pro-gcv

扱いは実質的に異なっている。

　教育セクターに関するこの新たな制度は，従来からあるアナログの複写権集中管理には，影響を与えないこととされている（CPI L. 122-5条1項3号e，L. 122-5-4条Ⅵ）。

　なお，2ですでにみたように，CFCはコピーフランスの会員団体のうちの1つである。具体的には，複製機器や媒体の製造者・輸入者から徴収したデジタルな私的コピー報酬のうち，文書の分野に属するプレスに対する報酬の分配を，CFCが受けている。[96]

⑤複写権の法定集中管理の理論的性格と図書館との関係

　複写権の法定集中管理は，現行法上私的使用のためとはいえない複写に対し，権利者が排他権（droit exclusif）を行使する際，その実効性を高めるための手段にすぎない。[97]

　とりわけ注意しなければならないのは，私的コピー報酬の場合と違って，それが強制許諾（licence obligatoire）ではないことである。集中管理団体は，許諾を与えるか否かを自ら判断できる。そして，団体により徴収されるのは著作権使用料（redevance）である。使用料は，私的コピー報酬と違って公的な認可の対象ではなく，CFCまたはSEAMと相手方との間の合意によって定められる。

　デボワ門下のフランソンは，複写権の法定集中管理制度の理論的性格を以下のようにまとめている。[98]それは，複製権の一部である複写権を強制的に集中管理団体に譲渡させる点で，古典的な著作者個別の排他権とは訣別した。しかし，著作権の排他権としての構成自体は維持している。それは，コピー量増大の現実に照らし，排他権を尊重させるための唯一の方策である，と。

　CFCが私的ではないコピーの多種多様な主体との間で結ぶ契約には，数えきれないほどの種類がある。今日では，契約はデジタルとアナログを包括して

---

(95) https://v1.cfcopies.com/auteurs-editeurs/copie-numerique/secteur-pedagogique-lce このウェブページの記述からは，CFCが2006年以降，3号eの利用の報酬を徴収してきたことがうかがわれる。そして，2021年以降も研究者向け説明のための利用についてはそれを続けていると考えられるが，本章において詳細を明らかにする余裕はない。
(96) https://v1.cfcopies.com/auteurs-editeurs/copie-numerique/copie-privee-de-la-presse
(97) Bertrand, supra note 64, p. 14.
(98) Françon, supra note 90, p. 124.

第5章　図書館利用者によるコピー

なされており、「紙およびデジタルの教育目的コピー」(99)と、「デジタルおよび紙の業務目的コピー」(100)に大別されている。

　前者の相手方は初等教育から高等教育までの学校や、若者向けおよび成人向けの職業訓練機関などである。後者の相手方はより多様で、営利企業、地方公共団体はもちろん、商工会議所などの各種団体や、弁護士事務所なども含まれる。そして、コピーの扱い（団体内部にとどまるか、外部に頒布するか）に応じて4種類の典型契約がある他、コピー業者や広告代理店など、特定の業種に向けた契約も用意されている。

　図書館が、複写の主体に関する法的な議論において、コピー業者と同列に置かれていることは、すでに述べた。CFCの契約実務においても、図書館は特別扱いされていない。例えば、市町村やその連合体向けの契約（業務目的コピーに分類される）の対象には、その市町村等が設置する公共図書館内のコピー機を用いて、利用者がおこなう複写が含まれている(101)。これは（教育目的コピーに分類される）大学についても同様であり、図書館間貸借のための無償の複写も、外部には非公開のシステム上で授業用に学生と共有するためのデジタルコピーも、同じ契約で扱われる(102)。なお、フランス大学連合（l'association France Universités）に加入している大学に対しては、同連合が一括してCFCと結んだ契約が適用されている(103)。

---

(99)　https://v1.cfcopies.com/copie-pedagogique
(100)　https://v1.cfcopies.com/copie-professionnelle
(101)　https://v1.cfcopies.com/utilisateurs/copies-professionnelles-papier-et-numeriques/copies-pedagogiques-papier-et-numeriques-8/villes-intercommunalites
(102)　https://v1.cfcopies.com/copie-pedagogique/etablissement-superieur/universite　日本では著作権法31条と35条で権利制限されている行為が、いずれもCFCとの契約の対象となっているといえる。ただし、35条については2018年法律第72号による改正で、デジタル利用について補償金制度が創設され、2021年度からは補償金の徴収・分配が始まっている。教育目的のデジタルコピーに関しては、日仏の制度が接近してきているといえる。
　また、フランスにおいては2006年に、図書館に関する権利制限規定としてCPI L. 122-5条1項8号が創設された。これは2001年の情報社会指令（2001/29/EC）5条2項c）を国内法化したものである。同号は複製と興行（この場合は特に端末への送信）の排他権を両方とも制限するが、その目的は1）図書館による保存、2）図書館内に置かれた専用端末上での個人の私的な調査研究のための閲覧、のいずれかに限定されており、いずれも営利目的であってはならない。同号の適用範囲は日本法31条よりもはるかに狭く、両者を同一視することはできない。
(103)　https://v1.cfcopies.com/images/stories/pdf/Utilisateurs/Copies-pedagogiques-papier-et-numeriques/Etablissements-d-enseignement/Enseignement-superieur/Universite/Photocopie/Contrat-sup-univ.pdf　なお、前文2項において、楽譜の管理がSEAMからCFCに委任されている。

第Ⅲ部　現代フランスの文化政策と著作権法

　CFCは契約において，複写を許諾する際の条件の１つとして，許容される複写の分量を定めている。例えば，注103の大学との契約では，一度の複写で書籍では全体の10％，新聞では30％を超えてはならないとされている。また，権利者に著作権使用料を分配する必要上，どんな文書がどのぐらいコピーされたかは，契約相手がCFCに報告することになっている[104]。CFCのウェブサイト上の各種の契約のページには，対応する報告用書式が掲載されている。

　CFCが徴収する著作権使用料は，契約の種類により，計算方法も額も千差万別である。一例を挙げると，事業目的コピーのカテゴリーのうち，市町村等の契約書では，職員数をもとに計算されている。最少の10人までが年間200ユーロであるのに対し，最大の７万人まででであれば年間８万ユーロである[105]。一方，注103の大学一括契約書では，コピーされる書籍やプレスの種類（一般書，学術書，一般紙，専門紙など）によって決まっているＡ４版１頁あたりの単価をもとに計算されるようであり，額は特定できない。

⑥複写権法定集中管理の定着と初期の批判的見解

　CFCウェブサイト上のグラフ[106]によると，複写権の法定集中管理が始まってから，著作権使用料の徴収額は年々伸びていった。特に，1999年の約500万ユーロから，2000年には約1600万ユーロまで一気に増えた。徴収額激増の主要因として，2001年４月までに99％の公・私立の中学・高校が，CFCと契約したことが挙げられる[107]。

　注106のグラフから，2002年以後，徴収額に「事業目的デジタルコピー」が加わることがわかる。これは，④でみたように，事業目的で主にプレス文書をデジタルコピーする場合である。この部分はその後，少しずつ増えていく。また，2007年からは，教育・研究目的のデジタルコピーの使用料が加わり，さらに2011年からは，プレスの私的コピー報酬も加わっていく。最新の2021年のデータでは，徴収総額は6055万ユーロ（96億8800万円）であり，その半分以上がす

---

(104) https://v1.cfcopies.com/photocopie/principe-de-repartition
(105) https://v1.cfcopies.com/images/stories/pdf/Utilisateurs/Copies-professionnelles/Accords-de-groupe/Villes-Intercommunalites/Contrat-Villes-Intercommunalites.pdf
(106) https://v1.cfcopies.com/cfc/chiffres-cles のうちPerception（徴収）の棒グラフ。
(107) https://v1.cfcopies.com/cfc/dates-cles

でにデジタルコピーの使用料である。

　これは，1でみた私的コピー報酬の年額の5分の1強ではあるが，1つの集中管理団体の徴収額としては十分に大きい額である。

　この額は著作者と書籍やプレスの出版社に分配される。しかし，分配不能の額は文化活動の支援に充てられる。また，プレスの私的コピー報酬については，CFCが受け取る額のうちの半分がプレス出版社の取り分とされているところ，そのうち25％にあたる額は，文化活動の支援に充てられる。[108]

　以上のような複写権法定集中管理のシステムも，私的コピー報酬制度と同様に，今ではフランス社会に定着しているといえる。しかし1990年代から2000年代にかけては，批判的見解もみられた。

　まず，公法学者のドゥリューからは，1993年の協定書を守らなかった政府が，一転してこのような制度を作ったことへの不信感が表明されている。[109]また，注64のベルトラン論文は，1995年法は出版社の利益のために著作者の権利を奪う悪法であるという論旨を，その全篇において展開し，標題にも掲げている。批判のポイントは，著作権を放棄しコピーを自由におこなわせる選択を著作者がなしえないこと，集中管理団体が優越的地位を濫用して高すぎる使用料をとったり，著作物のジャンルにより差別的取扱をしたりしていること，徴収した使用料が著作者にきちんと分配されておらず，文化省も，著作者への配分がどのような比率でなされているかを確認していないこと，などである。なお，筆者が師事するゴドラ（Gaudrat）も，これまで法律専門雑誌に数多く寄稿をしてきたが，2002年7月時点で，複写にかかる著作権使用料の分配など一度も受けたこともないと話していた。[110]

3　大学図書館や公共図書館における運用

　以下では，大学や市町村の図書館において，館内コピー機による複写やスマー

---

(108) https://v1.cfcopies.com/actions-culturelles/provenance-des-sommes
(109) Derieux, E., Reproduction par reprographie et droit d'auteur : réalisme et réalité, *Les petites affiches* 1995, n° 62, p. 28.
(110) 彼が寄稿したある法律専門誌の出版社が，複写やウェブ上での利用など，あらゆる利用方法に対して1頁10ユーロの一括払い著作権譲渡を提案してきたが，彼はサインしていないという。

第Ⅲ部　現代フランスの文化政策と著作権法

トフォンによる撮影がどのように運用されていたかを，筆者が経験した範囲内で紹介する。

(1) 2001〜2002年のコピー

筆者は2001年9月から2002年8月にかけて，ポワティエ大学で長期在外研究をおこなった。当時はまだスマートフォンが普及する前であった。その間，2002年7月25日に，パリ13区にあるフランス国立図書館（BnF）フランソワ・ミッテラン館[111]の一般エリアを見学した。同館は，5つの館に分散しているBnFのうち，最も包括的に資料を所蔵するところである。

当日はまずガイド付き館内ツアーに参加した。館内は一般エリアと研究者エリアに分かれているが，ガイド役の係員の話では，利用者の半分が学生で，資料を持ち込んで勉強する人が多いらしい。また，（有価証券報告書など？）企業経営関係データの閲覧も多いという。

ツアー後は複製係の係員に話を聞いた。その概要は以下の通りである。

館内での複写・複製には2通りのルートがある。1つは，各閲覧室内にあるコピー機により自分でコピーする（ただし研究者エリアではコピーする前に申し出て指示に従う。貴重書など，場合によっては係員がコピーする）ものである。料金は，白黒Ａ4版1枚が一般エリアで0.15ユーロ（混雑緩和のため1回40頁まで），研究者エリアでは倍となる。CFCと契約しているが，契約主体が図書館なのか，プリペイドカード式コピー機の設置・管理をおこなう民間企業SEDECO[112]なのかはわからない（筆者注：おそらく前者と思われるが，係員はそのように言っていた）。CFCとの契約により，書籍の全頁数の10％までしかコピーできない。

もう1つは，図書館がおこなう営利サービスとしての複製係を通すものである。紙上コピーに限らず，カラーのリヴァーサルフィルムやCD-ROMなども作ってくれる。複製するのは所蔵資料だけで，また，無許諾複製はしない。従っ

---

[111] Bibliothèque nationale de France の略であり，読み方は「ベーエヌエフ」。https://www.bnf.fr/fr/bibliotheque-tous-publics-site-francois-mitterrand

[112] 1979年創業の民間企業で読み方は「セデコ」。2002年当時からCAP MONETIQUEグループに属していた。http://www.capmonetique.com/sedeco_references.htm（Nos références のリンク）によれば，当時はフランスの都市のうち80％で，この企業がカード式コピー機を設置していた。なお，CAP MONETIQUEグループもSEDECO社も現存するが，上記のウェブページは現存せず，Wayback Machine（https://web.archive.org/）を用いて閲覧した。

て，公有に帰していないものについては，申込人の側で許諾をとってくる必要がある。

　次に，ポワティエ大学図書館（市壁の外の学部生用のキャンパス館と，大学院生用の旧市街館）[113]やポワティエ市図書館（旧市街館近くのメディアテーク・フランソワ・ミッテラン）[114]の場合であるが，やはり SEDECO がプリペイドカード式コピー機を設置していた。カードは大学図書館・市図書館で共通であり，自動販売機により銀行カード（日本のデビットカードに近い）で購入とチャージができる。コピー単価は，1～10ユーロ分買うかチャージすると1枚あたり0.08ユーロ，10～20ユーロ分だと0.07ユーロ，20～40ユーロ分だと0.06ユーロ，40ユーロ分以上は0.05ユーロである。

　最後に，筆者を受け入れてくれた，当時はポワティエ大学法学部と CNRS などの共同機関であった法的国際協力研究センター（CECOJI）[115]にも，セルフコピー機があった。それは SEDECO のものではなく，所属の研究者は，研究用のコピーを自由におこなっていた。コピー機の前には CFC 作成のポスターが貼ってあり，「本は頁数の10％まで，新聞・雑誌は30％まで，丸1冊のコピーは禁止」と書かれたところに，「？」と落書きされていた。

(2) 2022年のスマホ撮影

　筆者は，2022年7月24日より10月10日まで，パリおよびその近郊とポワティエで，短期在外研究に従事した。その間に，BnF フランソワ・ミッテラン館（注111参照），公共図書館3館（サン＝クルー市メディアテーク[116]，セルジー市メディ

---

[113] https://bu.univ-poitiers.fr/
[114] https://www.mediatheques-grandpoitiers.fr/ 「メディアテーク」は筆者の長期在外研究当時にはすでに存在し，漫画を含む書籍だけでなく，音楽や映像のパッケージソフトについても，館内閲覧と貸出をおこなっていた。また，ウェブサイトの閲覧サービスも提供していた。
[115] 筆者の長期滞在した2002年当時は，Centre d'Etudes et de COopération Juridique Internationale の略であって，読み方は「セコジ」。当時 CECOJI は，1980年代に開発され，ハイテク企業や科学テーマパークが立地する，ポワティエ近郊の「フュチュロスコープ」地区にあった。現在は旧市街に移転して，研究機関名の最後の Internationale が Interdisciplinaire に変わり，訳すとすれば「学際的な法的協力研究センター」となっている（略称は変わらない）。https://cecoji.labo.univ-poitiers.fr/ なお「法的協力」はフランス語圏の途上国に向けたものと思われ，このニュアンスは名称変更前から変わらない。具体的な研究分野は，当時から，知的所有権法と公法（憲法，国際法など）の2つである。
[116] https://www.mediatheque-saintcloud.fr/

第Ⅲ部　現代フランスの文化政策と著作権法

アテークのアストロラーべ館(117)，パリ13区イタリー館(118)）ポワティエ大学図書館旧市街館（注113参照），そしてESSECビジネススクールのセルジーキャンパスにあるKnowledge Labと名付けられた図書館(119)を視察し，館内複写サービスの運用実態について，ときに図書館職員にも話しかけつつ調査した。

それによって得られた知見は，大きく分けて2つである。

まず，コピー機の運用が，館によって大きく異なっていた。BnF，ポワティエ大学図書館，ESSECビジネススクール図書館には，今でも館内コピー機があった。そのうちポワティエ大学においては，コピー機の近くに相変わらずCFCのポスターが貼ってあり，分量の制限や，コピー内容の申告など，契約内容が明示されていた。ただしプリペイドカード式コピー機の運用会社はSEDECO社ではなくなっていた。大学の身分証に，大学生協共通電子マネーizlyをチャージしておく仕組みのようであり，筆者に与えられた客員研究員の身分証では，その機能は使えなかった。ESSECビジネススクール図書館内のコピー機は，身分証がないと起動しないが，料金管理機能は付いていない機械であった。

公共図書館の中では，サン＝クルー市図書館が館内コピー機を置いており，1枚20サンチーム（片面・両面同一料金）を受付で支払い，自分でコピー機を操作してコピーがとることができた。筆者は実際にコピーをとってみたが，どの本から何ページをコピーしたかの報告は求められなかった。これでCFCとの契約が守れるのか，疑問なしとしない。

そして，セルジー市とパリ13区では，そもそも館内コピーサービスを実施していなかった。図書館職員に尋ねても，淡々とその事実を告げるのみであり，特に不便を詫びるわけでもなかった。これは筆者の印象にすぎないが，利用者の調査の便宜を図ることを図書館の使命と認識しているようには見えなかった。

次に，スマートフォンによる写真撮影が，コピー機による複写に代替していることである。これは，BnFにおいて特に顕著であった。

筆者は2022年8月25日に，20年ぶりにBnFを訪れた。そして，前回は入ら

---

(117) https://www.bibliotheques.cergypontoise.fr/cergy-mediatheque-l-astrolabe
(118) https://www.paris.fr/lieux/bibliotheque-italie-1729
(119) https://klab.essec.fr/

なかった一般エリアDの法律書閲覧室に入ってみた。すると、そこは大学院生風の学生たちでにぎわっていた。現在活躍している研究者からも、若い頃ここに通い詰めたと聞いたことがある。そして、壁には2015年9月7日付けの貼り紙があり、「個人的な写真撮影はD室低層階でおこなうこと、『撮影禁止』と表示された本は中二階で閲覧すること」と書かれていた。そして、D室低層階にはスキャンテントという器具（図2）が置かれ、室内の本を自由に撮影できるようになっていた。筆者もスキャンテントを使ってみたが、特にきれいに撮影されるわけでもなかった。

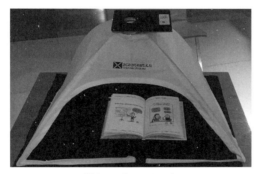

図2　スキャンテント

　図書館職員に聞いたところによると、2021年頃までは、紙のコピーも各閲覧室内でできたが、その後コピー機は、1階の受付の前など数ヵ所に集められたそうである。

　閲覧室を出て1階受付前のコピーコーナーに行ってみると、場所はわかりやすかったが、片隅に追いやられた感じは否めなかった。そこに置いてあったのは、SEDECO社の電子マネーチャージ用の機械と、その電子マネーで動くたった1台のコピー機であった。複写料金は20年前と変わっていなかった。なお職員は、複写可能範囲は本全体の3分の1だとも言っていた。

　なお、館内所蔵資料のうち公有に帰したもの（絵画や古地図など）を複写するサービスは自動化されて、オンデマンドプリントショップとなっていた（図3）。壁面の端末を操作して印刷するが、受け取りと決済は売店でしかできず、売店が閉まってしまうと使えない。

　スマホによる書籍の写真撮影に戻ろう。館内コピー機を置いていない公立図

第Ⅲ部　現代フランスの文化政策と著作権法

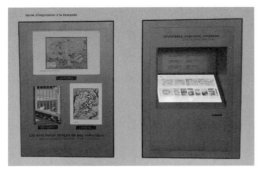

図3　オンデマンドプリントショップ

書館で，職員に本の写真撮影をしてもよいか聞いてみて，断られたことは一度もなかった。ポワティエ大学図書館では職員に聞くのを忘れたが，他の利用者の行動からは，特に禁止されているとは思えなかった。このように現在では，スマホによる写真撮影が，コピー機による複写に代替しているといえるのではないだろうか。

おわりに

　以上のように，最近のフランスの図書館においては，館内コピー機の設置は減らされている。そして，利用者自身のスマホを用いて蔵書の写真を撮ることが法的に可能であり，実際にも常態化している。そのスマホは私的コピー報酬制度の対象となっている。

　私的コピー報酬制度（1）と複写権の法定集中管理制度（2）は，機能は似ているが法的性質の異なる制度である。前者は排他権の制限に伴う補償を集める仕組みであり，後者は排他権の行使を確実にする仕組みである。私的コピー報酬制度は当初から，文書の（紙への）複写にも適用範囲を拡大する構想を内包していたが，結局，1985年に録音録画に限って発足した。同制度の文書への拡大は，デジタルの私的コピーのみを対象として，2001年にようやく実現することになる。ただし，1983年からおこなわれていた（紙への）複写権の任意集中管理が，1995年に法定集中管理となったのは，当時の私的録音録画報酬制度に倣ってのことであった。そのとき同制度には，すでに10年近くの運用実績があった。法的性質の異なる2つの制度は，デジタル化・ネットワーク化の前後

を通じて，このように互いを参照しつつ，互いに住み分けてきた。そして，徴収額は大きく異なるが，2つとも，重要な文化財源としてすっかり定着している。

　その他，コピー機については1975年に，翌年の予算法律で課税することが決定される。この法律は租税一般法典に組み入れられて2018年まで存続し，図書館が本を購入する原資となってきた。また2013年には，私的コピー報酬制度の先行きを案じつつ，予算法律でネット接続機器に課税する構想が発表されたが，日の目を見なかった。

　このように，様々な法的手段を使って文化財源を確保してくるフランスの法制は，書籍とプレスの出版社が自ら動いて作り上げてきたものといえる。しかし，出版社の政治的な力の強さだけがそれを可能にしたとは，筆者には思われない。先行研究が指摘するように（注41参照），著作者の所有権としての著作権が，今日ある仕組みを作り上げるのに欠かせない一環となっていたといえよう。そして，全てを支えるのが，ジャック・ラングの時代と変わらずに文化的例外を支持し，文化多様性の維持を望み，男女の別なく働きながら，長い余暇には文化に親しむフランスの人々であるように，筆者には思われる。

第Ⅳ部
欧州デジタル単一市場指令の前と後

第6章

指令を準備した判例たち
アンドレ・リュカ「フランスと欧州連合における近年の重要な著作権判例に関する考察」

　本章の主題は，フランスの判例と欧州の判例の両方にわたっていますが，特に欧州の判例に重点を置きます。実際のところ，著作者の権利は，たいへん多くの点で欧州全域にわたる調和の対象となっており，その中には最も重要な点も含まれています。調和は数々の指令を通じてなされ，それらの指令は28の（「ブレクジット」を経た今は27の）加盟国において，それぞれの国内法の中に取り込まれています。そうした観点から最も重要な指令は，2001年5月21日の指令（2001/29）で，これは，著作者に認められる財産的権利の内容を定義しています。この指令による調和は，統一にまでは至っていません。なぜなら，各国の裁判所が，国内法化された指令をどのように適用するかについては，一定の自由裁量をもつからです。しかしながら，ルクセンブルクにある欧州司法裁判所（CJUE）が，いくつかの概念は「欧州連合法上の自律的概念」と考えなければならないと判示していることに，注意が必要です。「自律的」とは，欧州司法裁判所が全ての国内裁判所を拘束する意図をもってそれを定義したという意味だからです。以上の事情で当然に，本章では欧州司法裁判所判決の検討が多くなります。

　しかし，調和の対象にならなかった問題については特に，フランスの判例にも一定の重要性があります。例えば，著作者の概念，著作者人格権，あるいはデジタルネットワーク上の著作権侵害に適用される国内法の決定といった問題です。今日，著作権の全領域を扱いうる「欧州著作権法典」を欧州連合の中に作れるのではないかという議論をする人が，少しずつ増えてきています。しかし今のところ，欧州連合の諸当局（特に発議の権限を持つ欧州委員会）は，より慎重な考えです。なぜなら，それら当局は，国によって異なる法伝統に照らす

と，そうした試みは困難であることを知っているからです。

1　著作者の概念

　著作者とは何かという問題は，とても基本的なことです。それなのに，欧州連合の立法を調和させる作業が，その問題を放置していることは，奇妙に感じられるかもしれません。なぜそうなのかは，調和をうまく成し遂げるためにとられた方針を知ればおのずからわかります。それは，いわゆる「スモールステップ」方針です。根幹に関わるような概念に手を付けるのではなく，テクニカルな問題について，加盟国の法律を調和させていくほうがよいとされました(1991年のコンピュータ・プログラム，1993年の衛星とケーブルによる放送，1993年の保護期間，1996年のデータベース，2006年の著作権者・著作隣接権者の財産的権利，2006年の追及権，2012年の孤児著作物)。以後，基本的問題は，あるいは欧州司法裁判所によって判断され，あるいは各国の裁判所の判断に委ねられることになりました。前者の例としては，創作性（originalité）の概念に関する2009年のアンフォパック（*Infopaq*）判決[1]が挙げられます。後者の例が著作者の概念です。

　フランスでは，18世紀以来，著作者の権利に関する人格主義アプローチが保たれています。そこでは，著作者の資格は自然人のみに認められることが合意されています。例えば，会社は著作者にはなれません。しかし裁判実務において，下級裁判所は必ずしもこの原則に従いません。破毀院が2015年1月15日の判決で，この原則をいささか厳粛に召喚することにしたのは，そのためです[2]。ある控訴院が，2つのソフトウェアがどのように創作されたかを詳細に事実認定し，その開発過程は原告会社の社員たちの「仕事の成果」であったから，この会社はそれらの「唯一の著作者」であるとしました。この原審判決は破毀され，破毀院は，著作者となれるのは自然人のみであると断言しました。この著

---

(1) CJCE, 16 juill. 2009, C-5/08 : *JCP* G 2009, 272, note L. Marino ; *Comm. com. électr.* 2009, comm. 97, note C. Caron ; *Propr. intell.* 2009, p. 379, obs. V.-L. Benabou ; *RTD com.* 2009, p. 715, obs. F. Pollaud-Dulian（「知的生産物でその著作者自身によるもの」は創作的である）．

(2) Cass. 1re civ., 15 janv. 2015, n° 13-23566 : *RIDA* 1/2016, p. 297 et p. 219, obs. P. Sirinelli ; *Comm. com. électr.* 2015, comm. 19, note C. Caron ; *Propr. intell.* 2015, p. 195, obs. J.-M. Bruguière et p. 196, obs. A. Lucas.

作者自然人の原則は，欧州連合に加盟する大部分の国，特にドイツ（*Schöpferprinzip*）〔訳注：直訳すると「創造主原則」〕で，またベルギーやスペインでも認められています。しかし，イギリスのようなコピーライトの国では違います（イギリス法の様々な点に欧州大陸法の概念への接近がみられますが，著作者の概念は変わらないままです）。この違いは，ベルヌ条約が，この重要な問題を扱わないことにした理由でもあります。

　この人格主義（「ヒューマニズム」「人間中心主義」とも言います）の論理に従えば，ロボットが著作者の権利をもつ余地はないでしょう。しかし，マディー・デルヴォー女史が提出し，2017年1月12日に欧州議会の法務委員会で承認された報告書案[3]は，以下の2点を満たす指令案を提出するよう，欧州委員会に要請しました。まず，「少なくとも最も高性能の自律的なロボットを，明確に定義された権利義務を有する電子法人格とみなしうるようにするため，ロボットに特有の法人格を創出する」よう考慮すること。そして，「『自身による知的生産物』の基準が，コンピュータやロボットが生産した，著作者の権利により保護されうる作品にも適用される」ような定義をもつこと。

2　財産的権利

　財産的権利の問題は，すでにお話ししたように，指令の中で最重要の指令2001/29によって，調和がなされています。この指令から，欧州司法裁判所の判例が大量に生まれましたが，本日はそのうち最重要のものを，帰結に注目してご紹介するにとどめます。取り上げるのは，譲渡権，公貸権，そして公衆伝達権です。

(1)譲渡権

　大部分の国内法で，著作者は，その著作物を有形的に複製した複製物（例えば本やCD）について，譲渡権を認められています。この権利は，著作者自身によって，あるいはその同意を得てなされた最初の流通（指令2001/29の4条2

---

(3) 2015/2103（INL）．

項にいう最初の「所有権の移転」)の際に，消尽します。欧州司法裁判所は，重要判例であるユーズドソフト（*Usedsoft*）事件判決において，この消尽原則を，インターネット上でダウンロード販売されているソフトウェアの「無形的」複製物に適用しました。裁判所はまず，以下の前提に立ちました。すなわち，ソフトウェアの複製物をダウンロードする許諾は，その使用許諾と「不可分の全体」をなしつつ，顧客に与えられていること。そして，その全体は，顧客が対価と引き換えにその複製物の無期限の使用権限を得ている以上，2009年のコンピュータ・プログラム指令に照らして販売と位置付けられることです。裁判所は以上を前提に，それがプログラムの「無形複製物」と呼ぶものについて，譲渡権が消尽するという結論を下します。その結果，最初の取得者は，ソフトウェアを中古品として販売することができます。しかしそのためには，自分自身が持つ複製物を，使えないようにしてある必要があります（その立証につき厄介な問題が生ずることは明らかです）。

　このようにデジタルファイルを有体物と同視する考え方を，ソフトウェアに関する個別事例を超えて，他の事例に及ぼすことはできるでしょうか？　ユーズドソフト判決の帰結を指令2001/29にも及ぼし，ダウンロードプラットフォームから適法に「買った」MP3音楽ファイルや「eブック」やビデオゲームの中古販売を適法とすることはできるでしょうか？　これはかなりの難問です。これについては，欧州司法裁判所の決定的な判断はまだありません。欧州司法裁判所は，しかしながら，この問題と直接には関係しない別の判決で，次のように明確に述べています。すなわち，「譲渡権の消尽は，著作権の保護を受ける著作物またはその複製物を化体した**有体物**について生じる。この有体物は，著作権者の許諾を得て市場に置かれたものでなければならない」と。欧州司法裁判所は，このように明言することで，ユーズドソフト事件の射程をコンピュー

（4）CJUE, Gde ch., 3 juill. 2012, C-128/11, *UsedSoft* c/ *Oracle : RIDA* 3/2012, p. 347 et p. 231, obs. P. Sirinelli ; *Comm. com. électr.* 2012, comm. 106, note C. Caron ; *D.* 2012, p. 2101, obs. J. Huet et p. 2142, note A. Mendoza-Caminade ; *A&M* 2012/6, p. 556, note B. Michaux ; *Propr. intell.* 2012, p. 333, obs. A. Lucas ; *RTD com.* 2012, p. 542, obs. F. Pollaud-Dulian et p. 790, obs. Ph. Gaudrat ; *RTDE* 2012, p. 947, obs. É. Treppoz ; *RLDI* 2012/87, 2904, obs. C. Castets-Renard.

（5）CJUE, 22 janv. 2015, C-419/13, *Art & Allposters : D.* 2015, p. 776, note C. Maréchal ; *RTD com.* 2015, p. 283, obs. F. Pollaud-Dulian ; *Comm. com. électr.* 2015, comm. 18, obs. C. Caron ; *Propr. intell.* 2015, p. 199, obs. A. Lucas ; *Légipresse* 2015, p. 284, note N. Blanc.

タ・プログラムの個別事例を超えて及ぼすことができ，かつ，それが望ましいとする議論に反論していると考えられます。

(2) 公貸権

1992年の指令以降，欧州連合の法は著作者に，その著作物の公の貸出に関する排他権を認めています。しかし同法は，加盟国がこの排他権を単なる報酬請求権に置き換えることを許容しています。フランスでも，報酬請求権の制度の下で，図書館は営まれています。長い間，公貸権は著作物の有形的な複製物，例えば本やCDだけに及ぶと考えられてきました。しかし，この制度が電子書籍にも及ぶかどうかが問題になってきました。電子書籍が（率直に言えばやっと）普及してきたためです。本の世界が（出版界もさることながら図書館界も）長らく待ち望んでいた判決において，欧州司法裁判所は，「一利用者一部」(one user, one copy) モデルの電子書籍の公貸権を肯定しました。何はともあれその論理構成によると，特定の電子書籍が特定の利用者によって，貸出期間を区切ってダウンロードされ，その間に図書館の他のユーザーがアクセスできない場合には，そういえるのだそうです。裁判所は指令の条文の解釈論を展開していますが，議論の余地が大きいので，それには立ち入りません。判決の理由付けの核心にはむしろ，以下の2つの考え方があります。その1つめは，貸与の排他権に設けられた例外がその「実効性」を生じ，「文化の地位向上」に貢献するためには，この帰結が不可欠だということです。もう1つは，デジタル貸与が，少なくとも判決の事案に限っては，「実質的には，紙の書籍の貸与と同様の性質を有する」からこそ，この帰結は妥当するということです。紙とデジタルを同一視するこの着想は，ユーズドソフト判決の系譜に連なります。そして，この着想は，税制方面でも一定の展開を見せています。というのも，欧州議会が2017年6月1日に，加盟国は電子出版物に同内容の印刷出版物と同じ付加価値

---

(6) CJUE, 10 nov. 2016, C-174/15, *Vereniging Openbare Bibliotheken* (*VOB*) : *Propr. intell.* 2017, p. 19, obs. A. Lucas ; *RTD com.* 2017, p. 79, obs. F. Pollaud-Dulian ; *Dalloz IP/IT* 2017, p. 42, obs. S. Dormont ; *RTD civ.* 2017, p. 173, obs. P.-Y. Gautier ; *Comm. com. électr.* 2017, comm. 3, note G. Loiseau et 10, note C. Caron ; *Légipresse* 2017, p. 38, note T. Petelin ; *JCP* E 2017, 1457, n° 9, obs. M.-E. Laporte-Legeais.
(7) 判決文第53段落。

税（TVA）の税率を適用してもよいとする欧州委員会の提案を，採択したからです。

　判決の射程は，しかしながら，以下の事実に限定されます。すなわち，先決裁定付託に書かれた特定の契約的構成だけが，貸与の排他権に対する例外としての報酬請求権制度の適用を認められたということです。そう考えることで，一方で市場をひどく不安定にさせず，一方でデジタルのもたらす可能性を閉ざさない，という要請に応えられます。判決は後者の要請を理由に，図書館界からは批判されました。図書館界は，それに加えて，技術的保護手段が事態を複雑にすることを危惧しています。技術的保護手段は，そのシステムが実行されたとしても，必ずしも出版社が安心できるわけではないのが，実際のところです。この判決によって，他の貸出モデルが直接に影響を受けるわけではありません。特に，文化省の支援の下，フランスで推進されているPNB（図書館におけるデジタル貸出）の仕組みは，影響を受けません。ただし，直接の影響はなくとも，おそらく間接的な影響はあるでしょう。というのも，図書館における公の貸出について2003年法で導入された制度の見直しを，文化省が検討するらしいといわれているからです。

(3)公衆伝達権

　この権利については話すことがより多くあります。デジタル環境でのその適用範囲について，たくさんの難問が生じているからです。この権利は指令2001/29の3条1項によって著作者に認められており，その文言は以下の通りです。「自らの著作物の有線または無線によるあらゆる公衆への伝達を許諾し，または禁じる排他権。伝達には，公衆が個々に選択する時間および場所において，著作物にアクセスできるような状態に，著作物を置くことを含む」。欧州司法裁判所はここ数年の間に，どんな行為が，デジタル環境においてこの権利に関わるのかを明確にする判決を，数多く下しました。

　インターネットを通じて著作物を提供する行為に，この条文が適用されることには何の疑いもありません。インターネット網にアクセスするために使われる技術は，何であってもかまいません。有線接続（電話線，光ファイバーまたはケーブル）でも，ラジオ波や衛星でもよいのです。ラジオ放送のインターネッ

トを通じた再送信も同様の扱いを受けます。欧州司法裁判所は、ある著作物に多様な利用方法があるときは、「原則として、著作物を特定の技術的な方法を用いて伝達ないし再伝達するときは、その都度、当該著作物の著作者の個別の許諾を要する」と判示しました[8]。

　検索エンジンやその他のレファレンスサービスの活動は、著作者の排他権の範囲に入る可能性の高い、いくつもの行為を伴うでしょう。クロールの作用に伴ってなされる様々な複製はもちろんのこと、インデックスの付与やデータの蓄積、検索結果の表示などは、一定の状況下では、著作者の公衆伝達権の侵害となるでしょう。ネットユーザーからの検索リクエストにヒットしたウェブサイトから、特定のページの抜粋が表示される場合も、そうかもしれません。この抜粋が、短くても創作性をもつものであるという条件が満たされれば、検索結果ページにそれを表示することは、公衆への伝達行為であり、許諾を要するといえます。画像検索エンジンの場合には、公衆伝達の行為があることは、どうしても否定できないと思われます。なぜなら、検索結果ページに表示されるのが、抜粋にとどまらず、著作物（写真、絵、デッサン、ロゴなど）の全体だからです。画像がアイコン（サムネイル）状に、すなわち、縮小されて表示されることは、著作者の権利という観点からの行為の評価には影響しません。いくつかの国では、判例が黙示の許諾の概念を活用して、検索エンジンの活動を合法化しました。しかしフランスの立法者は、それとは正反対の道をたどることにしました。画像の検索結果表示について著作者の権利の制限を認めるのではなく、その実効性を強化しました。その手段として選ばれたのは、2016年7月7日の法律によって、知的所有権法典 L. 136-1 条から L. 136-4 条に強制集中管理の制度を創設することでした〔訳注：本書第3章参照〕。

　ハイパーリンクの問題については、さらに多くの論争があります。そこでは、ハイパーリンクを設け、リンク元のサイトとリンク先の侵害コンテンツを結んでネットユーザーを誘導することが、それ自体として公衆への伝達の行為となるかが争われています。欧州司法裁判所はまず、重要なスヴェンソン（*Svensson*）

---

(8) CJUE, 7 mars 2013, C-607/11, *ITV Broadcasting c/ TVCatchup* : *RIDA* 2/2014, p. 279, obs. P. Sirinelli ; *Propr. intell.* 2013, p. 215, obs. V.-L. Benabou ; *Comm. com. électr.* 2013, comm. 49, note C. Caron ; *RTD com.* 2013, p. 267, obs. F. Pollaud-Dulian ; *RLDI* 2013/93, 3078, note C. Castets-Renard.

事件判決[9]において，クリックすれば保護された著作物に達するリンクを提供することは，リンク先のサイトに置かれた著作物にネットユーザーを直接アクセスさせることであり，公衆への伝達行為を構成すると判示しました。「伝達行為」が存在するといえるためには——裁判所が実際こう判示したのですが——，「ある著作物が，公衆の定義を満たす人々によってアクセス可能な状態に置かれていればよく，人々が実際にそれにアクセスしたかどうかは問題ではない」そうです。公衆伝達行為に関するこのたいへん広い定義の次には，しかしながら，直ちに以下の判示が続いて，全体のバランスがとられています。それは，行為の向かう先が新たな公衆であるという要件が，本件では満たされていない，という判示です。なぜなら，問題のリンクは，公衆によって自由にアクセス可能な著作物に向かって貼られていたからです。この判示を反対解釈すれば，著作物へのアクセスを制限するためにリンク先サイトの運営者が設けた手段を回避しつつ，ネットユーザーを著作物に誘導するようなリンクは，公衆伝達行為を構成し，排他権に服することになります。それを回避するとハイパーリンクが違法になる「アクセス制限手段」とは何かという点については，まだ議論が続いています。

　スヴェンソン事件の帰結は，おそらく政治的にはこれでよかったのでしょうが，公衆伝達権は消尽しないというルールと両立させるのが困難です。それは，アクセス制限手段なしにオンラインに置かれたあらゆるコンテンツは，潜在的のみならず実際にも，ネットユーザーコミュニティー全体からアクセス可能であるという考えに基づいており，当該ハイパーリンクのおかげで著作物にたどり着いた公衆がいること，つまりハイパーリンクの具体的な公衆拡大効果を，考慮に入れていません。このような抽象的な公衆概念には議論の余地があります。コンテンツが自由にアクセス可能である以上，それは必然的にネットユーザー全体を意味してしまうからです。しかし実際には，多くのオンラインコンテンツは，検索エンジンやリンク集の助けがなければ，見つかるものではないでしょう。欧州司法裁判所は，**公衆伝達行為を単なる著作物へのアクセス供給**

（9） CJUE, 13 févr. 2014, C-466/12 : *Comm. com. électr.* 2014, comm. 34, obs. Caron ; *Propr. intell.* 2014, p. 165, obs. A. Lucas et p. 234, obs. S. Dormont ; *D.* 2014, p. 2083, obs. P. Sirinelli et 2317, obs. J. Larrieu ; *RTD com.* 2014, p. 600, obs. F. Pollaud-Dulian ; *RTDE* 2014, p. 965, obs. É. Treppoz ; *Légipresse* 2014, p. 275, note V. Varet.

と同一視して，その概念を相当に広げた矢先に，今度はこうして**公衆伝達権**の概念を絞り込み，著作物が制限なくインターネット上で公衆に提供されている場合は，範囲外にあるとしたのです。

著作者の権利という観点から，全てのリンクが同様に扱われるべきか，それとも，リンクの態様ごとに区別がなされるべきかという問題については，議論が続いています。例えば表層リンクはトップページに誘導するもので，ディープリンクは狙いの的となったサイトの深いところにあるページに誘導するものです。また，ただのハイパーリンクとフレームリンク（フレーミング），さらにネットユーザーが手を動かす必要のあるクリッカブルリンクと，ブラウザによって自動実行されるダイナミックリンク（インラインまたはエンベッドリンク）の区別も問題になります。技術の中立性を基本思想とし，技術的な方法の違いによって結論を左右しない——これが欧州司法裁判所の立場ですが，反対の学説(10)もあります(11)。

リンク先にあるコンテンツが，権利者の同意なくオンラインに置かれたという事実は，リンクの性質決定に影響を与えるでしょうか？　いくつかの加盟国では，スヴェンソン判決の反対解釈がなされ，標的サイトが侵害サイトである場合に，それへのリンクの設置が公衆伝達行為にあたるという裁判例があります(12)。しかし，そうした帰結は，今後はそれほど目立つものではないといわなければなりません。なぜなら，欧州司法裁判所が，違法なコンテンツに向けて設置されたリンクに関する規範を明示するに至ったからです(13)。当該判決は実際，公衆伝達の新たな定義を示したので，それ以外の全ての定義は，今後は使われなくなっていくだろうと思われます。それによると，リンク設置者がそのリン

---

(10) CJUE, ord., 21 oct. 2014, C-348/13, *BestWater : RIDA* 4/2014, p. 281, obs. P. Sirinelli ; *RTD com.* 2014, p. 808, obs. F. Pollaud-Dulian ; *Propr. intell.* 2015, p. 51, obs. J.-M. Bruguière.

(11) V. notamment *Rapport et Avis de l'ALAI sur une conciliation compatible avec la Convention de Berne des hyperliens et du droit de communication au public sur Internet*, 2015. このレポートは，スヴェンソンおよびベストウォーター判決を以下のように批判する。「今日において，広告収入は伝統的経済の時代とは違う地位を得ている。」インターネット上では「それはしばしば唯一の，そうでなくても主要な収入源となっている。」従って，欧州司法裁判所のアプローチは「今日の経済的現実とは，ひどく乖離している。」〔訳注：ALAI は本書第 2 章に登場する「国際著作権法学会」である。〕

(12) V. en ce sens en Belgique, Cass., 24 juin 2015, *Le bord de l'eau : J. T.* 2016, p. 144, note Van Reepinghen. V. aussi en Allemagne, BGH, 9 juill. 2015, *Die Realität II : IIC* 2016, 232, et en France TGI Paris, 2 avr. 2015, *Wawa-Mania : D.* 2015, p. 2214, obs. J. Larrieu.

ク先にあるコンテンツの違法性を知っていたことは，当該行為を興行と評価するための決定的要素となるそうです。このような主観的基準をとったことは，著作者の権利の伝統的な考え方からすると，奇異に感じられます。判決はさらに，営利目的があったことから違法性を推定することさえもしています。

　公衆伝達権は，コンテンツがユーザーから提供される（*user generated content*）コミュニティ型プラットフォーム，すなわちUGCプラットフォームについても問題となります。ユーチューブ，デイリーモーション，ヴィメオ，サウンドクラウドがその例です。こうしたUGCプラットフォームの運営者は，単に中立なインフラを提供しているにすぎないのか，それとも，それら自体が公衆伝達の行為をしているのかが問題となります。欧州司法裁判所が示した公衆伝達権の定義における２つの主要な基準は，一方で著作物へのアクセスを可能にしていること，他方で問責されている者が不可欠の役割を担い，自分のしていることをよくわかった上であえて実行していることです。これらの基準は，UGCプラットフォームの運営者においても，そのユーザーにおいても満たされています。実際，著作物はそれをネットユーザーがサイトに投稿する行為がなければ，公衆に伝達されることはありません。一方で，ネットユーザーは，UGCプラットフォームの仲介がなければ，著作物をオンライン上に置くことはできません。１つの同じ行為が，様々な行為者の参加を得て初めてなされるのです。公衆への伝達という１つの同じ行為の責任を，異なる操作をした２人の者に負わせることは，禁じられていません。つまり，UGCプラットフォームの運営者とそこに侵害コンテンツを投稿するネットユーザーに，共同で責任を負わせることも，禁じられてはいません。Szpunar法務官がザ・パイレート・ベイのサイトに関する事件で表明した意見も，このようなものでした。それに明示的に同調してはいませんが，欧州司法裁判所も同一の結論に達しました。この有

---

(13) CJUE, 8 sept. 2016, C-160/15, *GS Media : JCP* G 2016, II, 1222, note L. Marino ; *D.* 2016, p. 1905, note F. Pollaud-Dulian ; *Dalloz IP/IT* 2016, p. 543, note P. Sirinelli ; *Propr. intell.* 2016, p. 436, obs. J.-M. Bruguière ; *Comm. com. électr.* 2016, comm. 78, note C. Caron et 2017, étude 4, obs. S. Dormont ; *Légipresse* 2016, p. 604, note V. Varet.

(14) C-610/15, *Stichting Brein c/ Ziggo*, conclusions du 8 févr. 2017, points 48 à 53（「従って，私見によれば，これらの運営者も彼ら自身，ネットワークのユーザーと同時にかつ共同して，ネットワークの中で著作権者の許諾なくシェアされている著作物を，公衆に提供する行為の起源をなすと考えるのが妥当である」）.

名なサイトを使うと、ネットユーザーは、ビットトレントのハイパーリンクを与えられて、違法にファイル交換ができることが知られています。オランダにおいて、権利者らが２つのアクセスプロバイダに、当該サイトのブロッキングを求めました。権利者らは第１審で勝訴したものの、控訴審では敗訴しました。オランダ版の破毀院が、欧州司法裁判所に、パイレート・ベイというサイトそのものが指令2001/29の意味における公衆伝達をしているかどうかを付託しました。裁判所はこれを肯定しました。その理由は以下の通りです。１）まず、新たな公衆への伝達があり（何千万人もの「ピア」の存在が認められ）、２）オンライン共有プラットフォームの運営者らが、この伝達において「不可欠の役割」を果たしているからです。確かにコンテンツはネットユーザーがアップロードしますが、サイトがあるからそれを見付けてシェアすることができる（特に、メタデータと検索エンジンが役に立つ）からです。そして、３）ネットユーザーへのこうした介入は意図的におこなわれており、プラットフォーム運営者らは、アクセスされている著作物の大部分に権利者の許諾がないことを知らないとはいえず、４）「かなりの額の広告収入」が貯まっていることに照らすと、この介入には営利目的があるからです。

　公衆伝達権との関係で、フィルムスペラー事件について下された最近の判決がご紹介に値します(16)。オランダにおいて個人が、「フィルムスペラー」という製品を、189ユーロでネット通販しました。これはマルチメディアリーダーで、構造化されたメニューにより、使いやすいインターフェイスでファイルを読み込めるソフトウェアがインストールされていました。そして、販売者はそれに、インターネット上で用いると、違法なストリーミングサイトだけを案内するような追加モジュールを組み込みました。クリック一発でそこにつながるようにしてあるのです。裁判所は、この行為は排他権の対象となる公衆への伝達にあたるとしました。結局のところ、この判断は、装置に予めインストールしてハイパーリンクを提供する者を、ウェブサイト上に書き込んでハイパーリンクを提供する者と同列に扱うことに帰着します。

---

(15) CJUE, 14 juin 2017, C-160/15 : *Comm. com. électr.* 2017, comm. 70, note C. Caron ; *LEPI* sept. 2017, p. 2, obs. A. Lucas.
(16) CJUE, 26 avr. 2017, C-527/15 : *Comm. com. électr.* 2017, comm. 50, note C. Caron ; *RTD com.* 2017, p. 346, obs. F. Pollaud-Dulian ; *Propr. intell.* 2017, n° 64, p. 67, obs. J.-M. Bruguière.

第Ⅳ部　欧州デジタル単一市場指令の前と後

3　著作者人格権

　著作者人格権は，調和の対象には全くなっていないため，国内法制は，欧州連合の加盟国の中でも，国によって様々です。そして，著作者人格権が最も強いのは，誰がみても，フランスであるといわなければなりません。ここでは，その一例として，大いに反響を呼んだ事件を1つご紹介するにとどめます。「波」は1902年に創作されたカミーユ・クローデルの彫刻です。大理石の台座に，オニキスでできた波が乗っていて，その波はブロンズ製の3人の女性たちが手をつないで輪になっている像の上に，今にも砕けそうな様子をしています〔訳注：ロダン美術館所蔵。同館のウェブサイトに，細部までよくわかる写真がある。https://www.musee-rodin.fr/musee/collections/oeuvres/vague-ou-baigneuses〕。オニキスという，壊れやすく加工の難しい素材は，当時「ジャポニズム」の影響を受けていた彫刻家本人によって，熟慮の上で選ばれました。「波」を有体物に複製する権利は，彫刻家の姪の孫たちの中の1人である女性が持っていました。この女性は，個数限定でナンバリングされたコピーをブロンズのみで作らせ，「彫刻家オリジナル作品」と記載した真正品証明書を付して販売しました。この女性は，他の相続人たちから提訴され，著作者人格権を侵害したことが認められました。[17]

4　財産的権利の利用

　ドイツの学説が伝統的に用いてきた表現でいうところの「著作者契約法」も，著作者人格権同様，欧州共同体の中で調和がなされていません。ここでは，フランスらしさが極度に現れた事件であるのに欧州司法裁判所の判例となった，2016年11月16日 C-301/15のスリエ（*Soulier*）事件（データベースの名前をとってルリール（*ReLire*）事件とも呼ばれる）を検討するにとどめますが，その含意は重要であるといえます。

---

(17)　Cass. 1re civ., 25 févr. 2016, nos 14-18.639 et 14-29.142 : *Propr. intell.* 2016, p. 331, obs. A. Lucas ; *LEPI* 2016, 72, obs. Lucas-Schloetter.

状況を十分に理解するために申し上げておくと，欧州共同体には，いわゆる孤児著作物（*orphan works*）について，一定のルールが作られています。正確には，それは2012年10月25日の指令で，今日では既に加盟国において国内法化されています。この指令は，加盟国に，複製権と公衆への提供に関する権利（*making available right*）の例外を設けることを義務付け，図書館，教育機関，公共の美術館・博物館，文書館，音声・映画遺産の寄託機関，その国で設立された公共放送機関が，以下のことをできるようにしています。すなわち，「その公共の利益に関わる任務遂行のために」，所蔵する孤児著作物を公衆に提供することと，そのために複製することです。また，その際には費用を徴収して，そこから必要経費を回収することもできるようにしています。

　しかし，このルールとは無関係に，フランスの立法者は，本に関するある試みを始めました。それは，著作権の譲受人である出版社の権利範囲は法的に不安定で，そのせいで取引コストも高いため，20世紀に出版された多数の本のデジタル利用は難しく時に不可能でさえある，という認識から出発しています。そこから，集中管理を用いてこうした利用を可能にしよう，というアイディアが出てきました。こうして，「絶版書籍のデジタル利用」に関する2012年3月1日の法律が登場します。そこでいう絶版書籍とは，もはや「出版社による商業的流通」の対象にはなっていないものです（この概念は，孤児著作物と必ずしも同じではありません）。このシステムは以下のような原則に基づいて整備されていました。すなわち，絶版書籍はフランス国立図書館が運営する公共のデータベースに登録されます。このデータベースの通称がルリールです〔訳注：ReLireには読み直すという意味がある。https://relire.bnf.fr/〕。データベース登録から6ヵ月以内に，書籍の著作者またはそれを紙への印刷により複製する権利を有する出版社は，この登録に異議申立てすることができます。異議申立てがなければ，書籍の複製権とデジタル形式の公衆伝達権は，そのために認可を受けた集中管理団体が，著作者に代わって行使することになります。これが「異議申立権」といわれるものでした。

　一方で，6カ月の経過後も期限の定めなく，複製とデジタル形式の公衆伝達を許諾する権利を，集中管理団体から取り戻すことがいつでも可能でした。そのためには，絶版書籍を紙への印刷により複製する権利（通称「紙の権利」）を

有する著作者と出版社が共同して申し入れる必要があり，自らが唯一の権利者であることを証明できれば，著作者単独でこの申し入れをすることも可能でした。これが，「取戻権」といわれるものでした。

　一部の作家たちが，著作者の権利に対するひどい侵害であるとしてこの法律を批判し，憲法裁判所に提訴しました。しかし同裁判所は2014年2月28日に，この法には全体の利益を追求する目的があり，この法が規定する集中管理制度は，1789年のフランス人権宣言17条にいう「財産権の剥奪」にはあたらないという判決が下されました。しかしながら，今度はコンセイユ・デタ（フランス行政訴訟の最終審）に，訴訟が提起されました。コンセイユ・デタは欧州司法裁判所に，以下の問題を付託しました。すなわち，2012年3月1日の法律は，「絶版」になった書籍のデジタル形式の複製および公衆伝達を許諾する権利を集中管理団体に委ねるものだが，著作者や出版社はこうした扱いに反対したり，それを終わらせたりすることができる。この法律は，欧州共同体指令2001/29に違反するか？　という問題です。

　欧州司法裁判所は，指令に違反すると答え，異議申立権と取戻権の両方について，フランス法には問題があると指摘しました。異議申立権について，裁判所は著作者の排他権は「予防的」な性質を有し，あらゆる利用の前に，「著作者の事前の同意」を要するという原則を確認しました。しかし裁判所は一方で，前述したスヴェンソン判決の理由付けに従い，この事前の同意が黙示的に示されてもよいことを認めました（これは common law で認められている implied license の理論に従うものです。フランス法は，著作者の権利に関しては，黙示の同意という考え方を一切受け付けません）。ただし裁判所は，その場合でも著作者は最低限,「第三者が著作物をこれから利用することと，利用を禁止したい場合にとりうる手段とを，効果的に知らされていなければならない」としました。裁判所によれば，フランスの2012年法では，著作者には「効果的かつ個別的な」通知がされるとは限らず，いくら絶版著作物の利用を促進するという意図があったとしても，著作者の排他権に対するこの違反は，正当化されないのです。

(18) CJUE, 16 nov. 2016, C-301/15, *Marc Soulier : JCP* E 2017, 1128, note M. Guillemain ; *D.* 2017, p. 84, note F. Macrez ; *Dalloz IP/IT* 2017, p. 108, obs. V.-L. Benabou ; *Légipresse* 2017, p. 99, note P. Boiron et A. Le Doré ; *Propr. intell.* 2017, n° 62, p. 30, obs. J.-M. Bruguière ; *Europe* 2017, comm. 28, obs. D. Simon.

第6章　指令を準備した判例たち

　取戻権については，裁判所は以下のように考えます。すなわち，集中管理されている著作物を取り戻すにあたって，デジタル利用の権利を持たない（「紙の権利」のみを譲り受けている）出版社が，著作者と共に申立てをする必要はありません。言い換えれば，当該著作者の取戻権は，デジタル利用の権利をもたない出版社の許可なしに行使できるものでなければおかしいということです。裁判所によれば，「デジタル権」を取り戻すために出版社の同意を要求することは，ベルヌ条約5条2項が定める無方式主義の原則に反し，著作権を方式に従わせることになるのだそうです。実のところ，この理由付けには疑問があります。なぜなら，この規定には，おそらく，判決がここで持ち出してくるほどの射程はないからです。5条2項が避けたいのは，著作権による保護そのものが，ベルヌ条約加盟前のアメリカでそうだったように，寄託および／または登録がなければ生じない事態なのです。

　いずれにせよ，事件はコンセイユ・デタに戻りました。[19] その判決は，著作者および出版社による異議申立権と取戻権の行使方法を定めたデクレの規定を無効にして，欧州司法裁判所判決と平仄を合わせました。[20] コンセイユ・デタは，「制度の全体構造は，著作者による黙示の合意の原則と，取戻権・異議申立権との間の均衡によって形作られる」と判示し，そこから「絶版書籍の活用に関する法規定の全体は，それを欧州連合法の要請と対置するときには，不可分一体のものとみなされなければならない」という結論を導きました。従って，2012年3月1日法全体が無効とされたわけではありません。コンセイユ・デタは，絶版書籍データベースの供用はいかなる点でも欧州連合の法に反するものではないとしました。従って，フランス国立図書館によって運用されるルリールデータベースに作品を追加することは引き続き可能です。そして集中管理団体は，欧州司法裁判所の判決に従って，著作者たちに「効果的かつ個別的な」通知をする制度を整えなければなりません。これはより面倒で高くつくことが必至ですが，不可能であるとは思われません。

　コンセイユ・デタは，欧州司法裁判所が無効とした法の条項に基づいて，SOFIA〔訳注：絶版書籍データベースの供用に必要な書籍の複製権とデジタル形式の

---

(19) CE, 7 juin 2017, n° 368208 : LEPI sept. 2017, p. 3, obs. A. Lebois.
(20) CPI, art. R. 134-5 à R. 134-10.

公衆伝達権の集中管理につき認可を受けた集中管理団体。もともとは書籍の公貸権の集中管理団体である。https://www.la-sofia.org/droits-geres/livres-indisponibles/〕と出版社との間ですでに締結された利用許諾が今後どうなるかについても、判示しています。コンセイユ・デタは、無効とされた条項は遡及的に効力を失うとしつつも、そのことは、「当該条項が有効であった間に交わされた既存の契約の効力に影響する固有の性質」をもつものではない、と判示しました。従って、SOFIA によって絶版書籍の利用について権利を有するとされていた出版社は、すでに締結した契約の期間終了までは、契約当事者にとどまります。しかしながら、これらの契約は、欧州連合法に反する制度に基づいて交わされたわけですから、その基盤は脆弱です〔訳注：ReLire と SOFIA のウェブサイトによれば、SOFIA の認可は2023年にも更新されており、2013年から2016年の間に ReLire データベースに登録された書籍については、デジタルの公衆伝達も、また SOFIA を通じた著作者や出版社への著作権使用料の分配も、まだ続いている様子である〕。

5　権利の防衛

(1)インターネット上の技術的仲介者の責任

　デジタル環境で権利を守ろうとすると、インターネット上の技術的仲介者の責任という大きな問題が発生します。欧州連合においては、はるか昔、2000年の電子商取引指令によってルールが作られました。この指令は、「違法コンテンツ」に関係する責任をまとめて扱う、横断的アプローチをとっています（この点で、著作権侵害コンテンツに的を絞った、アメリカの1998年デジタル・ミレニアム・コピーライト・アクトとは異なっています）。電子商取引指令の仕組みは、以下のように要約できるでしょう。アクセスプロバイダ (*access providers*) やコンテンツホスティング業者は、受動的な役割を果たすに過ぎないので、彼らを介してネットユーザーに提供されているコンテンツを、常時監視する一般的な義務は負いません。しかし、権利者（またはその代理人）から通知があったときは、それを尊重して、当該コンテンツが著作者の権利を侵害しつつ提供されているかどうかを確認し、もしそうなら削除しなければなりません。

　2つの疑問が即座に浮かびます。1つめは、コミュニティサイト（あるいは

「プラットフォーム」）と呼ばれる，インターネット第2世代の仲介者をどのように扱うかです。破毀院は，それらをホスティング業者とみなしましたが[21]，その帰結は権利者側から批判されました。欧州委員会は2016年9月14日に，経済的価値の分配に参加することをプラットフォームに義務付ける指令案を出しました（いわゆる「バリュー・ギャップ（*value gap*）」を埋めるため）。それによれば，プラットフォームは権利者と契約を結ぶか，あるいはコンテンツの違法性を把握する手段を導入するか，どちらかをしなければなりません。この指令案は，2000年の電子商取引指令による責任軽減の見直しを一切認めないインターネット業界から，強い反発を受けています。

2つめの疑問は，仲介者の責任を具体的にどのように果たさせるかです。仲介者は著作権侵害コンテンツを削除する義務があります（ノーティス・アンド・テイクダウン（*notice and take down*）の手続）。しかし，彼らはこうしたコンテンツが再び共有されることを防ぐ措置（ノーティス・アンド・ステイダウン（*notice and stay down*）の手続）をとる義務があるでしょうか？ フランスの複数の下級審判決はそこまで認めていますが，破毀院はそれを覆しました[22]。そして，ドイツ連邦裁判所はフランス破毀院とは反対の判決を下しました[23]。

一方，欧州司法裁判所は，仲介者に何らかの措置を課しはするものの，それが一般的な監視義務に至ることはないように，注意深く判断しています。裁判所はそのような考えの下，著作権侵害予防のために，顧客によって交換される違法なファイルのフィルタリングに関する恒久的な措置を導入する義務を，仲介者に負わせる可能性をはっきりと否定しました[24]。裁判所はまた，義務付けられる措置が，欧州連合によって認められる基本権，特に，プライバシーの権利

---

(21) Cass. 1re civ., 17 févr. 2011, n° 09-67.896 : *JCP* G 2011, 520, note A. Debet ; *D.* 2011, p. 668, obs. C. Manara, et p. 1113, note L. Grynbaum ; *Comm. com. électr.* 2011, comm. 32, note C. Caron ; *Propr. intell.* 2011, p. 197, obs. A. Lucas ; *RTD com.* 2011, p. 351, obs. F. Pollaud-Dulian ; *RLDI* 2011/69, 2258, note C. Castets-Renard ; *Légipresse* 2011, p. 297, note V. Varet.
(22) Cass. 1re civ., 12 juill. 2012, n°s 11-13.666 et 11-13.669 : *JCP* E 2012, 1627, note J.-M. Bruguière ; *Comm. com. électr.* 2012, comm. 91, note C. Caron ; *D.* 2012, p. 2075, note C. Castets-Renard ; *RTD com.* 2012, p. 771, obs. F. Pollaud-Dulian ; *Propr. intell.* 2012, p. 418, obs. A. Lucas ; *Légipresse* 2012, p. 507, note Ph. Allaeys. – Cass. 1re civ., 12 juill. 2012, n° 11-15.165 : *RIDA* 4/2012, p. 547 et p. 537, obs. P. Sirinelli.
(23) BGH, 12 juill. 2012, *Alone in the dark* : *GRUR* 2013, 370. — BGH 15 août 2013, *File Hosting Dienst* : *GRUR* 2013, 1030.

と営業の自由を侵害することは許されないとしています[25]。

　別の重要判決で裁判所は，無線 LAN サービスの運営者は，2000年の指令にいう技術的仲介者とみなされるべきであり，それ故に責任軽減を享受すると判示しました。一方で裁判官は運営者に，接続をパスワードによって保護し，そのパスワードは身元を確認した者にのみ伝えるよう命令できるとされました[26]。

　最後に，フランス知的所有権法典には L. 336-2 条があることをお伝えしておきます。これは知的所有権の尊重に関する2004年の指令のうちの1つの11条を国内法化したものです。この条文は，「オンラインの公衆向け伝達サービス上のコンテンツによって著作権や著作隣接権が侵害された場合は，大審裁判所は……原状回復に貢献すべきあらゆる者に対して，侵害を予防し，あるいは停止するためのあらゆる手段を命じることができる」と規定しています。

　この差止請求は，偽造（contrefaçon）への制裁に関するフランス法を，大きく変えました。というのも，この請求は，被告の過失も，それどころかその者がフランス法上の偽造をしていることさえも，立証を要しないからです。グーグル・サジェスト（Google Suggest）のサービスにこの条文が適用されるかどうかが問われた興味深い例があります。パリ控訴院は，原告の全国レコード製作者組合がこの条文を用いて差止請求をした事件において，この条文の適用範囲を限定し，サービスからのキーワードの削除を認めませんでした。原告は，オンラインで音楽を探すネットユーザーがグーグルに曲名を入力すると，その後に「トレント（torrent）」「メガアップロード（megaupload）」「ラピッドシェア（rapidshare）」などが検索語として自動表示され，時として違法なダウンロードサ

---

(24) V. pour les fournisseurs d'accès（アクセスプロバイダについて）CJUE, 24 nov. 2011, C-70/10, *Scarlet Extended* : *RIDA* 1/2012, p. 271 ; *JCP* G 2012, 978, n° 11, obs. C. Caron ; *D.* 2011, p. 2925, obs. C. Manara ; *D.* 2012, p. 2343, obs. P. Tréfigny, et p. 2851, obs. P. Sirinelli ; *Comm. com. électr.* 2012, comm. 63, obs. A. Debet ; *Propr. intell.* 2012, p. 436, obs. V.-L. Benabou, et pour les fournisseurs d'hébergement（ホスティング業者について）CJUE, 16 févr. 2012, C-360/10, *SABAM* c/ *Netlog* : *JCP* G 2012, 978, n° 11, obs. C. Caron ; *Comm. com. électr.* 2012, comm. 63, obs. A. Debet ; *D.* 2012, p. 549, obs. Manara.
(25) CJUE, 27 mars 2014, C-314/12, *UPC Telekabel* : *RIDA* 2/2014, p. 375, obs. P. Sirinelli ; *Comm. com. électr.* 2014, comm. 43, note C. Caron ; *D.* 2014, p. 1246, note C. Castets-Renard ; *RTD com.* 2014, p. 609, obs. F. Pollaud-Dulian ; *Propr. intell.* 2014, p. 288, obs. J.-M. Bruguière ; *Légipresse* 2014, p. 345, note L. Marino.
(26) CJUE, 15 sept. 2016, C-484/14, *Mc Fadden* : *Comm. com. électr.* 2016, comm. 88, note C. Caron ; *RTD com.* 2016, p. 751, obs. F. Pollaud-Dulian.

イトに誘導されることを問題にしました。これらの語は違法なファイルシェアの3つのやり方に対応しています。原告の請求は棄却されました。なぜなら，問題のあるサイトが検索結果に自動表示されることは，「それ自体では著作権の侵害を構成しない」からです。従って，控訴院によれば，グーグルは，ネットユーザーの非難すべき行為に対して責任を負わないとされました。破毀院は，以下のような理由で控訴院判決を破毀しました。判決文はまず，「このサービスは，検索数が多い順にキーワードが出現する仕組みになっており，ネットユーザーを自動的に，実演家やレコード製作者の許諾を得ずに公衆に利用可能となった録音物を含むサイトへ案内している。こうして，このサービスは著作権や著作隣接権を侵害する手段を提供する」としました。さらに，「グーグル社が要求された措置は，検索語と問題のキーワードを自動的に結び付けるのをやめることであり，それは，こうした権利侵害の予防または停止に関するものである。グーグル社は，問題のあるサイトの検索をより難しくすることで，原状回復に貢献することができる。しかしながら，その効果が完全であることまでは求められていない」としています。

(2) 国際私法

インターネットが地球規模の広がりをもつことから，国際私法の問題が再び注目されるようになっています。それは長い間一部の専門家のものとされていましたが，今日の実務家がそれを知らずにいることは，もはや許されません。

裁判管轄については，欧州連合の法（いわゆる「規則」）に定めがあります。それによれば，被告住所地の裁判所がもつ一般的な管轄権に加えて，「損害の原因となる事実（le fait dommageable）が生じたか，生じるおそれのある場所の裁判所」が管轄権を有します。ある古い判決において欧州司法裁判所は，以下のように判示しました。「軽罪や準軽罪の責任につながりかねない事実が生じ

---

(27) Cass. 1re civ., 12 juill. 2012, n° 11-20.358, *Google Suggest* : *Bull. civ.* I, n° 168 ; *RIDA* 4/2012, p. 601 et 471, obs. Sirinelli ; *D.* 2012, p. 1880, obs. Manara, p. 2343, obs. Larrieu, p. 2836, obs. Sirinelli ; *Propr. intell.* 2012, p. 413, obs. Bruguière ; *RTD com.* 2012, p. 774, obs. Pollaud-Dulian ; *RTDE* 2012, p. 957, obs. Treppoz ; *Légipresse* 2012, p. 560, note Alleaume.
(28) CJCE, 30 nov. 1976, 21/76, *Mines de potasse d'Alsace*（アルザスのポタス（岩塩）鉱山）: *D.* 1977, p. 613, note G. Droz ; *Rev. crit. DIP* 1977, p. 563, note P. Bourel ; *JDI* 1977, p. 728, note A. Huet.

た場所と，当該事実が損害をもたらした場所とが異なる場合には，『損害の原因となる事実が生じた場所』という要件は，損害が生じた場所と，それと因果関係のある事象が生じた場所の両方を意味すると解すべきである」。裁判所は続けて，「被告は，原告の選択により，損害が発生した場所か，それと因果関係のある事象が生じた場所の，いずれかの裁判所において提訴される」としています。その後，多数の国で契約に基づき現地版が発行されているプレス出版物による名誉毀損事件において，裁判所は，被害者が発行者に対して損害賠償を請求する際の裁判管轄につき，以下のように判示しました。それによれば，「被害者は，名誉毀損にかかる出版物の発行者が会社を設立した契約先国で提訴することが可能であり，この場合は，名誉毀損により生じた損害の全額を請求できる。被害者はまた，現にそこで出版物が発行され名誉声望が害されたと主張するそれぞれの契約先国でも提訴することができ，この場合は，提訴にかかる裁判所がある国で生じた損害のみを請求しうる」といいます[29]。

　では，このような判例を，オンライン上で著作者の権利のうちのどれかが侵害された場合にあてはめるとどうなるでしょうか。欧州司法裁判所は，ペズ・ヘジュック事件[30]において，以下のように判示して，この難問を解決しました。すなわち，写真家の許諾を得ずに写真がインターネット上に掲載された事案で，それを提訴先裁判所のある国（オーストリア）においてオンラインで見ることができれば，それだけで具体的な損害があると判示しました。裁判所はそれに加えて，フィオナ・シェビル判決に従い，オーストリアの裁判所は，同国内で生じた損害についてのみ裁判管轄を有すると判示しました。

　一方で，こうしたオンラインの侵害の準拠法については，問題は別であり，欧州連合の法には規定がありません。従って，各国の国内法や国内判例が，難問を解決することになります。フランスではこの点につき，たいへん活発な議論がありました。しかし，破毀院がついに，オフェミナン・ポワンコム（*Aufemi-*

---

(29) CJCE, 7 mars 1995, C-68/93, *Fiona Shevill* : *D*. 1996, p. 61, note G. Parléani ; *Rev. crit. DIP* 1996, p. 487, note P. Lagarde ; *JDI* 1996, p. 543, obs. A. Huet.

(30) CJUE, 22 janv. 2015, C-441/13, *Pez Hejduk*（ペズ・ヘジュック）: *JCP* G 2015, 421, note M. Attal ; *Rev. crit. DIP* 2015, p. 656 ; *Légipresse* 2015, p. 165, obs. J.-S. Bergé ; *Propr. intell.* 2015, p. 300, obs. A. Lucas ; *D*. 2015, p. 1065, obs. F. Jault-Seseke ; *Comm. com. électr.* 2016, chron. 1, n° 4, obs. M.-É. Ancel ; *RTDE* 2015, p. 875, obs. É. Treppoz.

nin. com）事件において，この問題に結論を出しました。この事件では，創作性があることにつき争いのない写真を，グーグル画像検索サービスが無断で検索結果に表示していることにつき，原告が訴えを提起しました〔訳注：この事件と付随理論との関係については，本書第3章参照〕。グーグルはアメリカ法の適用を主張しました。破毀院は，フランスの領土との複数の連結点を確認しつつ，フランス法の適用を認める判決を下しました。それらは，当該サイトの文章がフランス語で書かれていたこと，文章がフランスの公衆に宛てて書かれていたこと，文章がフランスの領土から「.fr」〔訳注：読み方は「ポワン・エフエール」〕のURLでアクセス可能だったことです。破毀院は，これらの要素の全てが，「フランスとの間に実質的な連結関係があることを示している」と判示しました。

---

(31) Cass. 1re civ., 12 juill. 2012, n°s 11-15.165 et 11-15.188 : *RIDA* 4/2012, p. 547 et p. 537, obs. P. Sirinelli ; *D.* 2013, p. 1503, obs. F. Jault-Seseke ; *JDI* 2013, p. 147, note T. Azzi ; *Rev. crit. DIP* 2013, p. 607, note L. Usunier ; *Propr. intell.* 2012, p. 405, obs. A. Lucas ; *RTD com.* 2012, p. 775, obs. F. Pollaud-Dulian.

第7章

プレス隣接権法とそのエンフォースメント
フランス・プレスと Google の闘争

はじめに

　高速インターネット回線とデジタル端末（特に携帯できるもの）の普及に伴って，新聞や雑誌の販売部数は減少した。新聞・雑誌各社は電子版の契約数増や，自社サイトへの顧客誘引に務めているが，部数減を埋め合わせることは難しい。そして，さらに深刻なのが，広告料収入の激減である。かつて新聞や雑誌に広告を出していた企業が，Google の検索連動型広告に代表されるインターネット広告に，出稿先を移したのである。

　そして，検索エンジン Google Search の検索結果画面や，ニュースアグリゲーションサービス（検索と関係なく最新ニュース記事のみを集めたリンク集）である Google News の画面は，しばしば各社の自社サイトを代替してしまう。顧客は Google Search に検索語を入力し，結果画面に表示された新聞・雑誌記事の標題（自社サイトの元記事へのリンクになっている），記事本文の一部分，そして縮小された写真や場合によっては動画を見て，ニュースの要旨をつかんで満足し，元記事へのリンクはクリックしない。

　その結果，元記事のページに出稿された広告は表示されず，各社は広告料を得られない。広告収入は，インターネット上の「場」を運営し，そこに来れば新聞・雑誌各社のコンテンツが（無料で）読めるようにして顧客を集める，いわゆる（オンライン・）プラットフォームに流れていく。

　しかし，プラットフォームは自社サイトへの流入経路として重要であり，そこに元記事へのリンクが表示されなくなるのも困る。検索市場において極めて

---

(1) 本章においては，米国カリフォルニア州法に則って設立された会社である Google LLC，および文脈に応じて日仏をはじめとする各国の Google 現地法人を指す。ただし，競争法事件の当事者として，法人が特定されているときには明示する。

シェアが高いGoogleで特に、その傾向は顕著である。

フランスはこのような問題に、「プレス通信社とプレス出版社のために著作隣接権を創設する2019年7月24日の法律2019-775号」(2)(以下、プレス隣接権法)(3)を立法して対応した。そこで本章では、まず、同法の立法の経緯と概要を紹介する（Ⅰ）。次に、同法が施行される直前の2019年秋に端を発し、足かけ6年にわたって4つの競争委員会決定を生んだ競争法事件を中心に、プレス隣接権法がGoogleに強制的に適用、すなわちエンフォースされていく過程を追う（Ⅱ）。また、プレス隣接権法のエンフォースメントをさらに強化するための近年の法改正の動きを紹介する（Ⅲ）。Ⅰ～Ⅲは資料として残すために細かくなってしまったので、Ⅲの終わりでいったん小括すると共に、2024年11月時点で同法の運用が軌道に乗り始めている理由を考察する。最後に、フランス著作権法学界の重鎮の1人であるナント大学名誉教授アンドレ・リュカ（André LUCAS）氏の見解に導かれつつ、日本法への示唆を述べることとしたい。

最初に、日仏の法の基本的な違いを整理しておきたい。フランスでは、知的所有権法典（Code de la Propriété Intellectuelle, 以下CPI）(4) L. 111-1条3項により、職務上の著作物の著作権も、実際に創作をした著作者に帰属するのが原則である。従って、例えば新聞社がGoogleを著作権侵害で提訴しても、実際の執筆者や写真撮影者からの個別の著作権譲渡を立証しない限り、勝ち目がない。従って、会社に固有の権利としての著作隣接権が必要だったのである。この点で、プレス隣接権法創設前夜のフランス法におけるプレス出版社・通信社の状況は、

（2）フランス語のpresse（英語のpress）は、報道ないしニュースと訳されることもある。しかし、プレス隣接権法では、スポーツ紙や趣味の雑誌など、明らかに報道といえないものを含む定期刊行物一般が対象となっており、また、Ⅱでみていくように、そのことに意味がある。従って、あえてプレスのままとした。

（3）Loi n° 2019-775 du 24 juillet 2019 tendant à créer un droit voisin au profit des agences de presse et des éditeurs de presse. この法の条文と立法過程資料は、Légifranceウェブサイト（https://www.legifrance.gouv.fr/）上に「立法記録」としてまとめられている。https://www.legifrance.gouv.fr/dossierlegislatif/JORFDOLE000038055554/

また、井奈波朋子「報道出版者に与えられた著作隣接権をめぐるGoogleとフランス報道出版者との枠組合意」コピライト723号（2021.7）35頁以下には、プレス隣接権法の参考訳が掲載されている。

（4）Code de la propriété intellectuelle, partie législative, 1ʳᵉ partie. 前掲注3）のLégifranceのCodesより、閲覧日現在の知的所有権法典を見ることができる。また、財田寛子氏による和訳（2023年2月現在）が、著作権情報センターのウェブサイト（https://www.cric.or.jp/）の「外国著作権法」のページに掲載されている。

日本法でいうと，2014年の電子出版権（著作権法80条1項1号）創設前夜の漫画出版社の状況に近かったといえる。

I　プレス隣接権法の制定過程と概要

1　制定経緯

(1) 前史——幻のフランス国内立法

　欧州において，新聞業界は2010年代前半から声を上げていた。ドイツで2013年，スペインで2014年に，Google News につきニュース利用対価の支払を義務付ける国内法が制定されたことがあった。しかし，いずれも結局，Googleが対価を支払うには至らなかった。ドイツでは新聞社が個別に無償の許諾をするに至り，逆にスペインでは Google News が閉鎖されることになった。

　Google 検索エンジンの市場シェアはとても高いので，その検索結果や関連サービスに自社のコンテンツが表示されず，いわゆる「Google 八分」になると，自社サイトへの流入経路は絶たれる。ドイツでは，新聞社側がそのような事態を避ける「選択」を余儀なくされた。一方，スペインでは新聞社がそのような「選択」をしなかったので，Google は対価の支払よりもサービス終了のほうを選んだ。

　同じ時期に，フランスでも同様の国内立法の動きがあったが，実現しなかった。

　オランド政権発足直後の2012年5月に，政治・一般報道（information politique et générale, IPG）プレス協会（AIPG）が設立された。ここには，全国日刊紙組合（SPQN）所属の全国紙の他，IPG に関する雑誌やウェブメディアの出版元も加わっていた。

---

(5) 谷川和幸「プレス出版社の権利」国際著作権法研究（ALAI Japan 研究報告）2019年度版42頁以下，特に44頁。
(6) 井上淳「EUにおける新聞等の発行者に対する著作隣接権の付与の動向について」情報通信学会誌35巻3号（2017）46頁。この論文は，https://doi.org/10.11430/jsicr.35.3_35 で見ることができる。ドイツについては谷川前掲注5）44頁も参照。
(7) https://www.humanite.fr/medias/la-presse-ipg-vient-de-creer-son-association-496722

第Ⅳ部　欧州デジタル単一市場指令の前と後

　IPGとは何かは，郵便電気通信法典（code des postes et des communications électronique）D19-2条に定められている。その１号によれば，「地域，全国，国際レベルの政治的・一般的な現況について，市民がはっきりと判断できるようにするためのニュースとその解説を，常に提供する」ことが求められる。そして，IPGの認証は，プレス出版・通信同数委員会(commission paritaire des publications et agences de presse, CPPAP)という公的機関がおこなう。

　上記の基準によりIPG認証を受けた新聞社や雑誌社だけが，AIPGを構成した。そして，AIPGは当時のドイツの立法に倣って，のちのプレス隣接権法にかなり近い政府提出法案の素案を準備した。しかし，Googleはこれに強く反対した。2012年の秋に文化大臣と中小企業大臣がマルク・シュヴァルツ（Marc SCHWALZ）弁護士を仲介者に立て，その働きで，翌年１月にAIPGとGoogleとの間に和解が成立した。それによれば，AIPGは立法を推進しない代わりに，Googleから３年間にわたり6000万ユーロ（１ユーロ160円で計算すると約96億円。以下為替レートにつき同じ。ただし2013年には130円程度であった）の資金援助を得た。なお，AIPGとGoogleの和解の前後にわたり，オランド大統領と当時のGoogleの社長が，2012年11月と2013年２月に会談している。

　このように，IPGの新聞社や雑誌社は，2010年代前半から団体を作ってGoogleに利益分配を迫る構えを見せ，その手段としてのプレス隣接権を構想していた。また，この時期から政府を味方に着けていた。

(2)欧州DSM指令案の公表

　2016年９月14日に，「デジタル単一市場における著作権に関する欧州議会お

（８）https://www.legifrance.gouv.fr/codes/texte_lc/LEGITEXT000006070987/
（９）https://www.cppap.fr/publications-dinformations-politique-et-generale/
（10）法律事務所Lexingのウェブサイトに経緯が書かれ，ページ末尾には法案のPDFもリンクされている。https://www.lexing.law/avocats/projet-ipg-google-inc-presse/2012/10/19/
（11）https://www.nouvelobs.com/medias/20121105.OBS8113/google-ne-veut-pas-payer-la-presse-francaise.html
（12）https://www.nouvelobs.com/medias/20130203.OBS7579/google-et-la-presse-c-est-un-accord-gagnant-gagnant-selon-marc-schwartz.html
（13）Zuleeg, F., et. al, 'Rewarding quality journalism or distorting the Digital Single Market? The case for and against neighbouring rights for press publishers', Discussion Paper at European Policy Centre, 2017, p. 21, note 48. この論文はhttps://hal.science/hal-02137123より入手可能。

よび理事会指令案」(以下 DSM 指令案)が公表された。[14]

同指令案第 4 編 (Title 4) には「著作権使用料市場の良好な機能を保障するための措置」に関する規定が集められている[15]。その第 1 章 (Chapitre 1) は,「出版物の権利」との標題の下に 2 つの条文を有する。その冒頭に登場する11条が「デジタル利用に関するプレス出版物の保護」の規定である。これは,前述した国内立法の失敗を踏まえて,EU 全域で統一的に,プレス出版物のデジタル複製と公衆伝達について,プレス出版社に著作隣接権(droits voisins du droit d'auteur[16])を付与することの提案であった[17]。

11条に対応する前文は (31) から (36) までの 6 つであり,そのうち (31) には,自由で多様なプレス出版は民主主義社会が良好に機能するために必要であるところ,プレス出版社に固有の権利がないために,デジタル利用からの投資回収が脅かされていることが書かれている。

DSM 指令案11条の推進勢力は,欧州の有名新聞社・雑誌社の団体であった[18]。同条は,欧州議会の海賊党などの反対派からは「リンク税」と揶揄された[19]。同条は DSM 指令案の最重要論点の 1 つとなり,2017年 3 月には,欧州議会の法務委員会から,著作隣接権の創設をあきらめる提案がなされたこともあった[20]。

(3) プレス隣接権法案の提出と元老院第一読会

欧州で DSM 指令案の検討が続いていた2018年 9 月 5 日,フランスの上院に

---

(14) COM (2016) 593 final. フランス語では Proposition de DIRECTIVE DU PARLEMENT EUROPÉEN ET DU CONSEIL sur le droit d'auteur dans le marché unique numérique,英語では Proposal for a DIRECTIVE OF THE EUROPEAN PARLIAMENT AND OF THE COUNCIL on copyright in the Digital Single Market となる(略称はここから来ている)。本章で引用する欧州指令や,その案をはじめとする関連資料は,いずれも http://eur-lex.europa.eu/ より入手可能である。本章ではフランス語版からの訳を採用し,英語版は必要に応じて参照する。
(15) フランス語の droits d'auteur は「印税」を意味する熟語なので,MARCHÉ DES DROITS D'AUTEUR も著作権「使用料」の市場と解しておく。ここは英語では MARKETPLACE FOR COPYRIGHT となっており,ニュアンスが異なる。
(16) 英語では著作権に関連する権利(rights related to copyright)となる。
(17) Zuleeg, F., et. al, supra note 13, pp. 7 et s.
(18) 欧州委員会スタッフ作業記録(SWD (2016) 301 final)163頁。本章「おわりに」でみるように,リュカ氏はフランス政府の後押しがあったことを示唆している。
(19) 欧州議会海賊党のジュリア・レダ議員(本章初出当時)のブログに,記録が残っている(投稿日不明)。https://felixreda.eu/eu-copyright-reform/extra-copyright-for-news-sites/
(20) 井上・前掲注 6) 47頁。

あたる元老院（Sénat）に，プレス隣接権法案が提出された。法案提出者は，ダヴィッド・アスリーヌ（David ASSOULINE）氏ら3議員と社会・環境・共和主義会派である[21]。

アスリーヌ氏は，提案理由の冒頭で，1985年に実演家，レコードとビデオの製作者，視聴覚製作企業のために著作隣接権が作られ，以降，それが著作権と共存してきたことを説明している。続けて，検索エンジンやニュース収集サイトが，他人が作ったニュースのテキストや写真，動画といったコンテンツを，無許諾かつ無償で使い放題である現状を紹介する。そして，実演家らの場合と同様に，プレス出版社そして通信社にも，著作隣接権が必要である旨を説いている[22]。

プレス隣接権法案は，2019年1月24日に元老院第一読会を通過した[23]。

(4) DSM 指令の成立と発効

2019年3月26日に，DSM 指令案が欧州議会で可決された。その後4月15日に欧州理事会でも採択され，DSM 指令が成立した。その名称は「デジタル単一市場における著作権に関し，指令96/9/CE と 2001/29/CE を改正する2019年4月17日の欧州議会および理事会指令」となった[24]。

2016年の指令案11条は，指令では15条になった[25]。15条に対応する前文は(54)から(59)までの6つで，数は変わらないが，それぞれに加筆がなされている。例えば，前文(55)の2文で，「プレス出版社」の中にプレス通信社も含まれることが，明示されるようになった。

ここで，DSM 指令15条の要点をまとめておこう。

同条1項1文によれば，加盟国で設立されたプレス出版社には，情報社会サー

---

[21] アスリーヌ議員は初当選が2004年で，文化・教育・通信委員会副委員長。もとは歴史地理の教員であった（https://www.senat.fr/senateur/assouline_david04059m.html）。プレス隣接権法案の審議において繰り返し議会報告者を務め，その役割は大きい。
[22] https://www.senat.fr/leg/ppl17-705.html
[23] 前掲注3）のプレス隣接権法立法記録サイト。
[24] DIRECTIVE (UE) 2019/790 DU PARLEMENT EUROPÉEN ET DU CONSEIL du 17 avril 2019 sur le droit d'auteur et les droits voisins dans le marché unique numérique et modifiant les directives 96/9/CE et 2001/29/CE.
[25] 先行訳として，井奈波朋子「デジタル単一市場における著作権指令（翻訳）」コピライト700号（2019. 8）79-89頁がある。

ビス提供者によるプレス出版物のオンライン利用について，情報社会指令(2001
/29/EC)[(26)] 2条に定める複製権と，同指令3条2項に定める公衆伝達権とが付与[(27)]
される。

　プレス出版物はDSM指令2条4項で定義されている。同項を要約すると，それは一定のサービス提供者（プレス出版社）により，一定の標題の下で定期的に発行される出版物や更新されるウェブサイトであり，時事の報道に限られないが，学術的なものは含まない。

　しかし，個人による私的・非商業的利用（DSM指令15条1項2文），ハイパーリンク（同項3文），個々の言葉の使用や極めて短い抽出（同項4文）は，上記の権利の対象外とされている。このうち，極めて短い抽出（très courts extraits）には，前文（58）が言及している。そこでは，この文言は，プレス出版社の隣接権の有効性に影響を与えないように解釈しなければならないとされている。

　DSM指令15条1項の隣接権は，他の権利，特に著作権から独立しており，プレス出版物に含まれる著作物の著作者が，それらを自ら利用することを妨げてはならない。また，パブリック・ドメインの著作物に隣接権を行使することもできない（同条2項）。

　情報社会指令5条（制限と例外）と8条，指令2012/28/EUおよび指令（EU）2017/1564は，DSM指令15条1項の隣接権に準用される（同条3項）。

　DSM指令15条1項の隣接権の保護期間は，プレス出版物の公表後2年である（同条4項1文）。また，指令発効日以降に公表されたプレス出版物のみが対象となっている（同項2文）。このように，保護期間は，2016年のDSM指令案11条4項で20年とされていたのに比べると，大幅に短縮された。

---

(26)　「情報社会サービス」はDSM指令2条5項で定義されているが，同項は，技術規則の分野及び情報社会サービス関連法令の分野における情報提供手続を定める2015年9月9日の欧州議会および理事会指令（EU）2015/1535の1条1項b）を参照している。法と情報雑誌3巻7号（2018）1頁以下に掲載された同指令の夏井高人訳によれば，これは，「通常，対価を得るために，隔地者間で，電子的な手段により，かつ，サービスを受ける者の個別の要求に応じて提供されるサービス」をいう。夏井訳はhttp://cyberlaw.la.coocan.jp/Documents/EU_Directive_2015_1535.pdfで入手可能。

(27)　Directive 2001 / 29 / EC of the European Parliament and of the Council of 22 May 2001 on the harmonisation of certain aspects of copyright and related rights in the information society, OJL 167 22. 6. 2001 pp. 10-19. 邦訳は原田文夫訳『情報社会における著作権および関連権の一定の側面のハーモナイゼーションに関する欧州議会およびEU理事会のディレクティブ2001/29/EC』（著作権情報センター，2001年）。なお，ウェブ上では夏井高人参考訳が利用可能である。http://cyberlaw.la.coocan.jp/index2.html

最後に，プレス出版社には，隣接権収入を，プレス出版物に含まれる著作物の著作者に分配することが義務付けられている（同条5項）。

(5) プレス隣接権法案の国民議会第一読会通過と DSM 指令の発効

DSM 指令の成立から1月も経たない2019年5月9日，プレス隣接権法案は，フランスの下院である国民議会（Assemblée nationale）の第一読会を通過した。[28] リュカ氏によれば，この時点で同法案の条文はほぼ固まっており，以後の修正は微小であった。[29]

そして，さらにそこから1月も経たない2019年6月6日に，DSM 指令が発効した（15条4項2文）。国内法化の期限は2021年6月7日とされた。

2　プレス隣接権法の概要

プレス隣接権法案は，2019年7月3日に元老院，同月23日に国民議会にて，それぞれ第二読会を経て可決され，[30] 2019年7月24日のプレス隣接権法が成立した。施行日は10月24日と定められた。[31]

以下では，プレス隣接権法の概要を紹介する。

最も重要なのは，同法4条により，知的所有権法典（Code de la Propriété Intellectuelle，以下 CPI）に，L. 218-1条から L. 218-5条が追加されたことである。

CPI L. 218-1条は定義規定である。1項ではプレス出版物（publication de presse）が定義されている。それは DSM 指令2条4項とほぼ同じであり，プレス出版社・通信社の責任において，あらゆる媒体を用いて，1つの紙名・誌名の下で定期的に刊行もしくは更新される一連の発行物であり，主としてジャーナリスティックな言語著作物から成って1つのまとまりを有し，写真や

---

(28) 前掲注3）のプレス隣接権法立法記録サイト。
(29) LUCAS, A., Chronique, *Propriétés Intellectuelles*, n° 73 (2019.10), p. 51.
(30) 前掲注3）のプレス隣接権法立法記録サイト。
(31) 7月26日付けの官報に掲載された（https://www.legifrance.gouv.fr/jorf/id/JORFTEXT00003 8821358）。なお，同年に開催された様々な知的所有権法の「正統性」をテーマとするシンポジウムの中の，プレス隣接権法の正統性に関する発表記録として，以下の文献がある。LEBOIS, A., La légitimité du nouveau droit voisin de l'éditeur et de l'agence de presse, *Légipresse*, Hors-série n° 62 (2019), p. 127 et s.

動画と組み合わされることもあるもの，とされている。紙による刊行物とウェブメディアの，両方が想定されていることが明らかである。ここには，時事の報道以外の定期刊行物（趣味に関する専門誌など）も含むが，学術雑誌は含まれない。

　2項ではプレス通信社が，1945年11月2日のオルドナンス（ordonnance）[32]45-2646号第1条を参照して定義されている。それは，自らの責任において時事報道のコンテンツを収集し，記事化することを主たる活動としている企業である。3項ではプレス出版社が，1986年8月1日の法律86-897号を参照して，紙またはオンラインでプレス出版物を発行する自然人または法人を指すと定義されている。また4項によれば，EU加盟国内で設立されたプレス出版社・通信社のみが対象となる。

　CPI L. 218-2条は，プレス出版社・通信社の著作隣接権を定める，最も重要な規定である。それによると，プレス出版物の全部または一部を，オンライン公衆伝達サービスが複製または公衆伝達するには，事前にプレス出版社・通信社の許諾が必要であることが定められている。この「オンライン公衆伝達サービス」（service de communication au public en ligne）は，デジタル経済下における信頼性確保に関する2004年6月21日の法律2004-575号[33]1条4項4文で定義されており，「私信ではないデジタルデータの伝達のうち，個々のリクエストに応じてなされ，送受信者間に相互的な情報交換が成り立つような電子的通信手段を用いるもの」をいう。例えば検索エンジンのGoogle Searchでは，ユーザー（受信者）がキーワードをGoogle（送信者）に伝えると，送信者は検索結果を受信者に返すと共に，受信者の関心に応じた広告が検索結果画面に表示される。従って，Google Searchはこの定義にあてはまることとなる。

　プレス隣接権は，オンライン公衆伝達サービスに対してのみ主張可能な権利

---

(32) ここでは，行政権によって発せられる命令の一種。山口俊夫編『フランス法辞典』（東大出版社，2001年）403頁。
(33) Loi n° 2004-575 du 21 juin 2004 pour la confiance dans l'économie numérique の頭文字から，LCENと称されることが多い。この法は欧州電子商取引指令（2000/31/EC）を国内法化したものである。同指令については，法と情報雑誌3巻1号（2018）110頁以下に，夏井高人参考訳がある（http://cyberlaw.la.coocan.jp/Documents/Directive%202000%2031%20EC%20Translation%20ver%202.pdf）。なお，「オンライン公衆伝達サービス」の概念は，CPIの中で，違法ダウンロードの防止に関するL. 331-21条とL. 336-2条でも用いられている。

239

である(34)。これは，フランスの著作権および著作隣接権が誰にでも主張できる(opposable à tous)権利であること(35)とは，対照的である。

　CPI L. 218-3条は，前条の権利が譲渡またはライセンスの対象となり，集中管理も可能であることを定める。

　CPI L. 218-4条は，隣接権料の算出について詳細に定める。それはプレス出版物の利用から得られた利益に基づいて算出されるが，それが不可能なときは一括払いとすることもできる（1項）。具体的な額の決定の際には，プレス出版社・通信社の人的・物的・資金的投資，プレス出版物の政治・一般報道(information politique et générale, IPG)への貢献度，プレス出版物がオンライン公衆伝達サービスの売上にどれほど寄与したかなどが考慮される（2項）(36)。オンライン公衆伝達サービスは，プレス出版社・通信社に対して，算出に必要な情報を提供する義務を負う（3項）。

　CPI L. 218-5条は，プレス出版社・通信社の隣接権料の，職業ジャーナリスト（それに類する者も含まれる。労働法典L. 7111-3条からL. 7111-5条参照）と，それ以外の著作者への分配について定めている。職業ジャーナリストについては，労働法典に従い，労働関係の集団的規律に委ねられる（1項）。それ以外の著作者については，仲介にあたる国の委員会が置かれる（1〜3項）。プレス出版社・通信社は，職業ジャーナリストやそれ以外の著作者に対して，最低でも年に1度，隣接権料に関する会計報告をする義務がある（4項）。本条の詳細はデクレ(décret)(37)で定められる（5項）。なお，本条の「それ以外の著作者」の部分は，第二読会の際に，アスリーヌ議員が提出した修正案によって追加されたものである(38)。

　以上が，プレス隣接権法4条によってCPIに新設された規定の概要である。

---

(34) 井奈波・前掲注3) 30頁。
(35) 著作者の権利については，CPIの最初の条文であるL. 111-1条1項が，opposable à tousという文言を掲げる。著作隣接権のうち，投資の保護であることに争いのないレコード製作者の権利（CPI L. 213-1条2項）でさえも，レコードの「あらゆる」経済的利用に及ぶと明記されている。
(36) 単にクリック数だけが基準とされているわけではない。そうするとニュースの質の低下につながるからである。プレス出版物をクリックした顧客の個人情報の売上や，パーソナライズされた広告から生じる広告料収入なども考慮される。LUCAS, A., Chronique, *Propriétés Intellectuelles*, nº 72 (2019.7), pp. 67-68.
(37) 日本の政令に相当する。大統領または首相がなす一方的行政行為。山口編・前掲注26) 144頁。
(38) LUCAS, op.cit., note 29, p. 53.

第7章　プレス隣接権法とそのエンフォースメント

　この他，権利制限関係のCPI改正が重要と思われるので，その概要を紹介する。

　まず，プレス隣接権法1条は，プレス出版社・通信社の隣接権にも，著作隣接権の制限の一般条項であるCPI L. 211-3条が及ぶことを明示している。その内容は，例えば私的複製（同条2号）や引用（同条3号1文）などである。

　次に，プレス隣接権法2条は，DSM指令15条1項3文・4文の権利制限（上記3．参照）を，新設のCPI L. 211-3-1条として明記した。同条1号によれば，隣接権者はハイパーリンクを設ける行為を禁止できない。また，同条2号1文によれば，個々の言葉や，プレス出版物からの極めて短い抽出（extrait）[39]を用いることも禁止できない。しかし，これには以下のような2文と3文が続く。「この例外はL. 218-2条の実効性に影響してはならない。実効性に影響するとは，特に，極めて短い抽出がプレス出版物そのものの代わりになったり，読者がプレス出版物にあたる手間を省いたりする場合を指す。」

　CPI L. 211-3-1条2号2文は，前述したDSM指令前文（58）と同内容であり，これは欧州における議論の妥結点を表すものである。そして，フランス法は同号3文を創設し，「実効性に影響する」の解釈基準として「代替性の基準」を明文化した。[40]

　グルノーブル＝アルプ大学教授で弁護士のジャン＝ミシェル・ブリュギエール（Jean-Michel BRUGUIÈRE）氏によれば，「個々の言葉」は，特定のニュースの見出しや本文を再現することができない程度に，相互に孤立した単語の組み合わせをいう。[41]一方，「短さ」の基準を欧州の立法者は示しておらず，それは個々の加盟国における隣接権者とオンライン公衆伝達サービスとの間の交渉で

---

(39) BRUGUIÈRE, J-M., Le droit voisin des éditeurs de presse dans la directive sur le droit d'auteur dans le marché numérique et sa transposition en droit français, *Legipresse* n° 371（2019.5），p. 272, n° 16に，このcourt extraitは，CPI L. 211-3条3号1文のcourte citation（短い引用）とは異なることの指摘がある。

(40) BRUGUIÈRE, ibid.によれば，これはMicrofor事件（https://www.legifrance.gouv.fr/juri/id/JURITEXT000007019548/）の説示を想起させるという。Microfor事件は有名な破毀院判決であり，新聞社の集めたニュースと付した見出しを無断利用から著作権で保護した。ブリュギエール氏は，著作権侵害について代替性の基準が妥当かどうかは激しく争われたが，プレス隣接権ではより正当化しうると評価する。

(41) BRUGUIÈRE, op.cit., note 39, n°s 14 et 15に示された例によれば，「雑報：警察の捜査の結果，夫が妻を殺害した疑い。RTL.fr報4時間前」というニュースに対しては，「雑報・殺人・警察・捜査」がそれにあたる。

決まるべきとしつつ，7語程度ではないかというのがブリュギエール氏の見解である[42]。この考えに従えば，検索結果画面においてプレス出版物へのリンクの下に表示される数行の短文（Googleがスニペット（snippet）と称するもの）[43]が，CPI L. 211-3-1条2号の権利制限を受けることはまずないと考えられる[44]。従って，Googleはこうした短文についても，プレス隣接権者に対価を支払う義務がある。このことは，次にみるプレス隣接権法のエンフォースメントにおいて，不可欠の前提となっている。

最後に，プレス隣接権法3条はCPI L. 211-4条を改正し，プレス出版社・通信社の隣接権の保護期間は出版後2年であることを定めている。

II　Googleによる抵抗とプレス隣接権法のエンフォースメント――4つの競争委員会決定

プレス隣接権の最大の標的がGoogleであることは，その創設の経緯から明らかである。Googleはその巨大さゆえに，競争法的な規制手法がとりわけ有効な相手であるといえる。果たして，Googleに対しては，この問題だけでも現在までに4つのフランス競争委員会決定が下されている。以下では，各決定で時期を区切りつつ，プレス隣接権法の施行に対するGoogleの抵抗と，それを競争当局とプレス隣接権者が少しずつ抑え込んでいく様子を，時系列に従って説明する。

---

(42) BRUGUIÈRE, op.cit., note 39, n° 15.
(43) この後述する2020年4月9日競争委員会決定20-MC-01，16頁以下（段落番号44以下）に，「スニペット」の実例がある。https://www.autoritedelaconcurrence.fr/sites/default/files/integral_texts/2020-04/20mc01.pdf　なお，同決定をはじめとする競争委員会決定は全て，同委員会ウェブサイト（https://www.autoritedelaconcurrence.fr/）の「AVIS ET DECISIONS」のタブより検索して入手可能。TYPEは，MCの記号をもつものはMesure conservatoire（保全措置）で，Dが通常の決定（décision）である。
(44) なお，欧州委員会のDSM指令英文FAQ（https://ec.europa.eu/digital-single-market/en/faq/frequently-asked-questions-copyright-reform）の14では，スニペットは隣接権の及ばない極めて短い抽出にあたると断言されている。しかしこれは，指令制定過程の「public debate」でそのような言説があったことのみを根拠としており，指令前文（58）に触れていない点で，ミスリーディングな解説ではないか。

1　隣接権料交渉の拒否（2019～2020年）

(1) Googleの表示ポリシー変更

　プレス隣接権法の施行まで1ヵ月を切った2019年9月25日，Googleフランスはその公式ブログで，表示ポリシーの変更を一方的に公表した。⁽⁴⁵⁾

　Googleはそれまで，キーワード検索の結果画面に，プレス出版物の紙名や誌名と日時，そして記事の見出し文字列にプレス出版社・通信社のサイトへのハイパーリンクが貼られたものを表示してきた。それに加えて，スニペットや縮小された写真を表示することもあった。しかし，同日公表されたポリシーは，プレス隣接権法施行後のフランスでは，EU域内のプレス出版社・通信社のうち，無償での表示を合意した者のコンテンツしか検索結果に表示しない，これはあらゆるGoogleのサービスについて同様である，というものであった。

　競争委員会の審査結果によれば，Googleは同日に，プレス出版社・通信社にスニペット，写真，ビデオを検索画面上に表示させるためのプログラムコードを送付している。それらのコード上の設定は，例えばスニペットに関しては，表示される文章の長さを制限できないまま無償許諾に応じるか（ドイツ），それとも一切応じずにGoogle検索結果画面から排除されるか（スペイン）の選択肢しかなかった。写真に関しても，無償許諾してしまうと，表示される大きさを制限することはできなかった。⁽⁴⁶⁾これは，プレス隣接権法施行前よりも，プレス出版社・通信社に不利な条件である。

(2) 競争委員会付託

　これを受けて，日本の公正取引委員会に相当する行政機関である競争委員会（L'Autorité de la concurrence）に対して，2019年11月15日と19日に，Google（正確にはGoogle LLC, Google Ireland Limitedそして Google France）に対する3つの手続が付託された。⁽⁴⁷⁾

---

(45) https://france.googleblog.com/2019/09/comment-nous-respectons-le-droit-dauteur.html
(46) 決定20-MC-01, 28頁以下（段落番号92頁以下）。
(47) 同1頁。

1つめは，15日に雑誌出版社協会（le Syndicat des Editeurs de la Presse Magazine, SEPM）が起こした手続である。この協会には，報道雑誌に限らない各種の雑誌の，大小様々な出版元が加わっている。

2つめは，19日に一般報道プレス同盟（l'Alliance de la Presse d'Information Générale, APIG）とその構成団体である全国日刊紙協会（SPQN），地域圏日刊紙協会（SPQR），県日刊紙協会（SPQD），地域圏週刊紙協会（SPHR）が起こした手続である。これらの構成団体の会員社は，ほとんどが中小の地方紙である。

3つめは，19日にフランス通信社（l'Agence France-Presse, AFP）が起こした手続である。

いずれの手続でも，本案付託と同時に，保全措置（mesure conservatoire）が求められた。保全措置は商法典L. 464-1条に根拠を有し，違反行為が重大かつ急迫の侵害をもたらす場合に，本案の決定前に命じられるものである。それは，本案の決定が下されるまでの間のみ効力を有する。3つの手続は併合された。

この手続の対象となったGoogleのサービスは，Google Search, Google News（フランス語ではGoogle Actualité），Google Discoverの3つであった。

(3) 2020年4月9日競争委員会決定20-MC-01の概要

2020年4月9日，競争委員会は決定を下した。そこでは，付託者らの求めたとおり，Googleに対する全7条の保全措置が発せられた。その要点は以下の

---

(48) 2012年には存在していたようであるが，詳細は不明。http://www.lapressemagazine.fr/annuaire-des-editeurs

(49) APIGは2018年に，本文掲記の4つの団体を統合して設立された（https://www.alliancepresse.fr/notre-histoire/）。2024年11月現在の会員社数は298に上る（https://www.alliancepresse.fr/membre/）。以下本章において，対競争委員会の手続主体としてAPIGを挙げる場合には，そこには本文に示した4つの構成団体も含まれているものとする。APIG構成団体のSPQNは，1882年創立のパリ・プレス協会の流れを汲み，2012年の幻の立法（Iで前述）を主導した。なお，その頃に存在した政治・一般報道プレス協会（AIPG）は，たいへん紛らわしいが，APIGとは異なる団体である。

(50) 1835年にパリで設立された，世界最古の国際通信社。https://www.afpbb.com/articles/-/3208103

(51) 公正取引委員会サイト「国際関係」の中の「海外当局の動き」「その他」2020年6月に日本語の紹介があるが，ごく簡潔である。https://www.jftc.go.jp/kokusai/kaigaiugoki/sonota/2020others/202006others.html

第7章　プレス隣接権法とそのエンフォースメント

通りである。[52]

1条　Googleは保護対象コンテンツの利用の対価について，プレス出版社・通信社または集中管理団体と誠実に交渉せよ。対価の交渉は，CPI L. 218-4条の手順に従って，透明で客観的で非差別的な基準に基づいてなされなければならない。また，それは，2019年10月24日以降の全ての利用を対象とする。

2条　GoogleはCPI L. 218-4条所定の，対価の算定に必要な情報をプレス出版社・通信社に提供せよ。

3条　Googleは，本決定1・2条所定の交渉中は，保護対象コンテンツの検索結果への表示態様を，プレス出版社・通信社が選択したパラメーターに従って，原状にとどめよ。

4条　Googleは，プレス出版社・通信社の要求から3ヵ月以内に本決定1・2条所定の交渉をせよ。

5条　Googleは，本決定1・2条所定の交渉の存在やその結果により，保護対象コンテンツのインデックス化，ランキング，レイアウトが影響されないよう措置をとれ。

6条　Googleは，本決定1・2条所定の交渉が，Googleとプレス出版社・通信社と間の他の経済的関係に影響を与えないよう措置をとれ。

本決定の論理構成は，概略以下の通りである。

本決定の法的根拠は，EU機能条約102条[53]と，フランス商法典L. 420-2条[54]である。そして，関連市場は，フランス国内における一般的な検索サービスで

---

(52) 決定20-MC-01，71頁以下。評釈，CHONÉ-GRIMALDI, A-S., Google enjoint de négocier avec les éditeurs de presse, *Legiprésse* n° 382（2020.5），p. 288.
(53) https://eur-lex.europa.eu/legal-content/FR/ALL/?uri=CELEX%3A12008E102 杉崎弘「EU・フランス競争法におけるデータベースの販売拒絶に対する支配的地位の濫用規制―フランス競争委員会のCegedim事件決定」一橋法学20巻1号（2021年）580頁の訳によれば，「1又は複数の事業者が域内市場又はその実質的な部分における支配的地位を濫用的に利用することは，これが構成国間の通商に影響する可能性がある場合に限り，域内市場に反するものとして禁止する。」なお，本決定の関連市場はフランス国内だが，Googleもプレス出版社・通信社も世界的規模で活動しており，特にそれぞれのオンラインサービスはその性質上，国境を超える取引を予定しているとして，EU機能条約102条の適用可能性が認められている。決定20-MC-01，34頁（131・132段落）。

245

ある[55]。そこにおけるGoogleの市場シェアは90％を超え，参入障壁も高いことから，Googleは支配的地位を有する[56]。また，プレス出版社・通信社がGoogleに対し経済的に依存する状態にあることも認められる[57]。

　以上を踏まえて，競争当局は，Googleが支配的地位を濫用的に利用したことを認定した。その理由として，以下の点が特に重要であると思われる。

　まず，プレス隣接権法施行前よりもプレス出版社・通信社に不利になるポリシー変更を，対話抜きで一方的に押し付けていることである[58]。次に，そのような行為が，プレス出版社・通信社のウェブサイトへの流入経路がGoogleに大きく依存していることを背景になされており，支配的地位と因果関係があることである[59]。

　また，それによってプレス隣接権法が迂回されることも，理由として挙げられている[60]。本決定はその前提として，Googleのいう「スニペット」（Ⅰ2参照）はテキストのみを意味し，写真や動画は含まないことを指摘して，これに代えて「保護対象コンテンツ（contenus protégés）」という言葉を用いる[61]。これには，記事の全部または一部，さらに記事標題を含むテキストと，写真および動画が全て含まれる。すなわち本決定は，Googleによる検索結果の表示は全てプレス隣接権法の射程に入るという前提に立ち，それにもかかわらずGoogleが対話を拒否することを，法の迂回と位置付けている。

　決定は，以上の行為により，プレス出版社・通信社に隣接権料を失うという実害が及ぶこと，また，ただでさえシェアの低いGoogleの競争者が，仮に隣接権料を支払うとすれば，Googleに対してますます不利になり，一般的な検

---

(54) https://www.legifrance.gouv.fr/codes/article_lc/LEGIARTI000038725501/杉崎・前掲注53）580〜581頁の訳によれば，「単一の事業者が行う又は複数の事業者によって構成される単一の団体が行う国内市場又はその実質的な部分における支配的地位の濫用的な利用は，L. 420-1条に規定された条件のもとで禁止する」。そして，L. 420-1条に規定された条件とは「当該行為が市場における競争を妨げる，制限する若しくは歪める目的を有する場合又はそのような効果を有するおそれがある場合」である（同じく杉崎訳）。
(55) 決定20-MC-01, 36頁以下（特に152段落）。
(56) 決定20-MC-01, 38頁以下（特に172段落）。
(57) 決定20-MC-01, 42頁以下（特に180・181段落）。
(58) 決定20-MC-01, 47頁以下（特に192〜202段落）。
(59) 決定20-MC-01, 51頁以下。
(60) 決定20-MC-01, 56頁以下。
(61) 決定20-MC-01, 30頁（101段落）。

索サービスの市場に，反競争的な効果をもたらすことを認定した[62]。

最後に，競争当局は，保全措置が必要である根拠として，Googleの行為を放置すると，プレスの分野に重大かつ差し迫った被害が及ぶことを挙げている[63]。

2　隣接権料値切りと他サービスの契約押し付け（2020～2021年）

(1)交渉の難航と手続付託

2020年4月9日競争委員会決定20-MC-01の4条を受けて，Googleは，プレス出版社・通信社およびその団体との間で，交渉を開始した。交渉開始の日付は早い順に，フランス通信社（AFP）が4月17日で，一般報道プレス同盟（APIG）が5月6日，雑誌出版社協会（SEPM）が5月22日である[64]。

しかし交渉は難航し，上記三者のいずれに対しても，同条の定める3ヵ月の期限内にはまとまらなかった[65]。その理由を一言でいえばGoogleが，プレス隣接権料の支払について主導権を握り，かつ，その額をなるべく小さくしようとしたからである[66]。

この時期のGoogleの方針を大別すると，以下の3つとなる。すなわち，隣接権の対象となるプレス出版物の範囲を狭めたこと，Google News Showcaseの契約をさせようとしたこと，そして，いわゆる間接収入を隣接権料算定のベースとなる収入から除外したことである。

そこで三者は，決定20-MC-01の不遵守を理由として，再び競争委員会に手続を付託した。その日付は早い順に，APIGが同年8月31日，SEPMとAFPが9月2日である[67]。

---

[62] 決定20-MC-01, 60頁（特に268段落）。
[63] 決定20-MC-01, 61頁以下。
[64] 2021年7月12日競争委員会決定21-D-17, 9～10頁。https://www.autoritedelaconcurrence.fr/sites/default/files/integral_texts/2021-07/21d17.pdf 競争委員会決定の探し方は前掲注43）参照。
[65] AFPについて決定21-D-17, 36頁（125段落），APIGについて同47頁（176段落），SEPMについて同47頁（176段落）。
[66] 平和博ブログ「新聞紙学的」2021年7月14日エントリー「『650億円払え』Googleが受けた巨額制裁の理由とは」https://kaztaira.wordpress.com/2021/07/14/french_competition_authority_accuses_google_for_neighboring-rights_negotiations/
[67] 決定21-D-17, 1頁。

(2)取消訴訟

Googleは交渉に応じつつも，2020年7月3日にパリ控訴院へと提訴した。請求は主位的に決定20-MC-01による保全措置の取消，予備的に同決定1・3・5・6条の範囲限定であった。

訴訟では，Googleに反競争的な行為がないことなどが主張された。しかし，同年10月8日に下された判決は，Googleの請求を棄却した。ただし，同決定5条には，以下のような付加がなされた。「この措置は，交渉に参加する隣接権者の利益を害さない範囲で，Googleによる改良やイノベーションを妨げない。」

(3)Google News Showcaseのドイツ・ブラジルにおけるサービス開始

2020年10月1日，Google本社のブログで，新サービスのGoogle News Showcase（以下GNS）の立ち上げが発表された[69]。それは，総額1兆ドルのニュース産業支援プロジェクトであるGoogle News Initiativeの一環として，ブラジルとドイツでこの日に開始した。

GoogleにはGoogle Newsというニュースアグリゲーションサービスが既にあったが，GNSはそのトップページに現われる。各新聞社はGoogleとライセンス契約を結んでライセンス料を受け取り，GNSに全文表示する記事を自ら選択して提供する。全文表示される記事の中には，本来なら各社の有料登録読者しか読めないものもある。

GNSは，最初はGoogle Newsのみに表示するが，携帯端末用のGoogle Discoverや検索エンジン本体のGoogle Searchでも将来的には表示することが，立ち上げ段階からアナウンスされていた。

GNSの導入がこの時点で決まっていた国はアルゼンチン，カナダ，英国，オーストラリアであり，近日予定とされていた国はインド，ベルギー，オランダであった。

---

(68) CA Paris, 8 octobre 2020. https://www.autoritedelaconcurrence.fr/sites/default/files/appeals d/2020-10/ca_20mc01_oct20.pdf この判決は前掲注3）のLégifranceウェブサイトからも検索できる。評釈として以下の文献がある。CHONÉ-GRIMALDI, A-S., Google enjoint de négocier avec les éditeurs de presse : la cour d'appel confirme la décision, *Legipresse* n° 387 (2020.11), p. 605.
(69) https://blog.google/outreach-initiatives/google-news-initiative/google-news-showcase/

第7章　プレス隣接権法とそのエンフォースメント

(4) IPG に該当するプレス出版社との個別交渉

　2020年10月には，決定20-MC-01の４条に定める交渉期限から数ヵ月が経過していた。この頃から，Le Monde グループと，Le Figaro, Libération, L'Express といった有力紙，すなわち Google が政治・一般報道（IPG）該当性（I 冒頭参照）を争わないプレス出版社が，Google と個別交渉を開始し，契約を締結し始めた。個別交渉を始めた社には APIG の会員社が多かったが，SEPM の会員社もいた[70]。

　個別交渉の際，Google から受け取る対価の中で，既存の Google サービスへの表示に由来するプレス隣接権料収入と，新サービスである GNS へのライセンス料収入とが区別されることはなかった。Google は GNS のライセンス料をもって隣接権料に代替させ，隣接権料の支払額をコントロール可能な範囲にとどめようとしたのである[71]。

　同年11月19日の Google フランス公式ブログによれば，他に Courrier International, Le Nouvel Observateur du Monde（L'Obs）との交渉も進行しており，それ以外にも多数の全国・地域紙と雑誌が対象となっていた[72]。

　この交渉は，Google の主張する契約内容でもそれほど損にはならない個別のプレス出版社が，早くプレス隣接権料を得ようとして，APIG や SEPM による交渉とは切り離し，かつ先行して進めたものと思われる。

　実際，2021年２月には，Le Monde グループの業務執行役員会長が mindmedia というオンライン業界誌のインタビューに答えて，同グループをはじめとする数社が，交渉を APIG に委任せず，個別交渉を貫いたことを明かしている[73]。

(5) APIG との枠組合意

　同じ頃，各社による個別交渉と並行して，APIG と Google との交渉もまだ続いていた[74]。Google フランスは，前述したパリ控訴院判決の前日にあたる2020

---
(70) 決定21-D-17, 59～62頁（段落番号227～241）。
(71) 注66の平和博氏ブログエントリー「『650億円払え』Google が受けた巨額制裁の理由とは」。
(72) https://blog.google/intl/fr-fr/nouveautes-produits/explorez-obtenez-des-reponses/-droits-voisins/
(73) https://www.mind.eu.com/media/medias-audiovisuel/louis-dreyfus-groupe-le-monde-les-abonnements-en-ligne-representeront-plus-de-50-millions-deuros-de-revenus-pour-le-monde-en-2021/
(74) 決定21-D-17, 47頁（段落番号178）。

第Ⅳ部　欧州デジタル単一市場指令の前と後

年10月7日に，1年をかけて取り組んできたAPIGとの交渉が，ここ数週で前向きに進んだという声明文を，公式X（当時ツイッター）に掲載した。注69の公式ブログ（11月19日付け）では，交渉は2020年内にまとまる見込みであるとされていた。

　2021年1月21日の朝，APIGとGoogleが全く同じ声明文を発して，フランス法上のプレス隣接権料に関する枠組合意の成立を公表した。しかし，合意内容の詳細は公表されていない。声明文によると，政治・一般報道（IPG）認証のあるAPIG会員社がそれぞれ個別にGoogleと交渉をすることとされ，その際にGNSの契約をすることは妨げられず，GNSのライセンス料とプレス隣接権料の区別について踏み込んだ記述はない。声明文をみる限り，これは個別交渉に基づく契約がいくつかの有力紙との間で成立し始めたのを受けて，その内容を追認したもののようにみえる。おそらく，中小の新聞社が個別交渉した場合にも，有力紙と同等の条件を保障することが合意されたのであろう。

　しかし，団体としてのAPIGが，この合意をもってGoogleとの競争法上の手続から先に離脱したわけではない。また，7月13日付けの（前日の競争委員会決定に対する）APIGの声明文によれば，1月21日の枠組合意の後，競争委員会決定が出されるまで，GoogleはAPIG会員社との個別合意に関する交渉を停止していたという。

　この枠組合意に対して，APIGおよびAFPと共に手続付託をした雑誌出版社協会（SEPM）は，1月21日のうちに声明文を発して，Googleに対する競争法上の訴えを維持することを宣言している。また，手続付託者ではないが，後述する専門紙誌全国連合（FNPS）も同日に，より旗幟鮮明な声明を発している。それによれば，この枠組合意は，次にみるIPGに関するフランス法の

---

(75)　https://twitter.com/GoogleEnFrance/status/1313894721346035715　このニュースリリースは，公式ブログには見つからない。
(76)　https://blog.google/intl/fr-fr/nouveautes-produits/explorez-obtenez-des-reponses/apig-google/　および　https://www.alliancepresse.fr/actualite/lalliance-et-google-france-signent-un-accord-relatif-a-lutilisation-des-publications-de-presse-en-ligne/
(77)　井奈波・前掲注3）28頁。
(78)　https://www.alliancepresse.fr/actualite/lautorite-de-la-concurrence-se-prononce-sur-la-mise-en-oeuvre-du-droit-voisin-des-editeurs-de-presse/
(79)　https://www.lapressemagazine.fr/actualite/le-sepm-maintient-sa-plainte-lencontre-de-google-remuneration-juste-et-sans-discrimination

文言に乗じて，DSM 指令とプレス隣接権法の精神を骨抜きにし，IPG 認証のないプレス出版社に隣接権料の支払を拒むものであるという。

(6)2021年7月12日競争委員会決定21-D-17の概要

　APIG との枠組合意から半年ほどが経ち，競争委員会は2021年7月12日決定21-D-17を下した[81]。

　それは全3条から成る。その1条は，Google が決定20-MC-01の1・2・5・6条に違反することを明言した。そして2条で，Google (正確には Google LLC, Google Ireland Limited そして Google France の三社) は連帯して，5億ユーロ (約800億円) の制裁金を支払うよう命じた。さらに3条では，この決定が Google に送達され，かつ，APIG や SEPM の会員社，そして AFP が交渉再開を正式に要請してから2ヵ月以内に交渉を再開しないときは，各付託者に1日あたり30万ユーロ (約4800万円) の履行強制金を支払うよう命じている[82]。

　では，交渉における Google の主張のどこが，決定20-MC-01の1・2・5・6条に違反していたのであろうか。

①政治・一般報道 (IPG) とそれ以外の差別

　まず，IPG のプレス出版社にのみ隣接権料を支払うという Google の方針が問題となった。これは主に SEPM との交渉において問題になったが，APIG との交渉にも関係する[83]。

　プレス隣接権法が対象とするプレス出版物の内容は，IPG に関するものに限られない。その中には，例えばスポーツ新聞や趣味の雑誌も含まれる。このことは，プレス出版物の定義に関する欧州 DSM 指令2条4項 a) b) から明らかであり，フランス法においても，知的所有権法典 (CPI) L. 218-1条1項に

---
(80) https://www.fnps.fr/2021/01/21/droit-voisin-des-editeurs-de-presse-laccord-signe-entre-certains-editeurs-et-google-nest-pas-conforme-a-lesprit-si-ce-nest-a-la-lettre-de-la-loi/
(81) 公正取引委員会サイト「国際関係」の中の「海外当局の動き」「その他」2021年9月に日本語の紹介があるが，ごく簡潔である。https://www.jftc.go.jp/kokusai/kaigaiugoki/sonota/2021others/202109others.html 一方，注66の平和博ブログエントリー「『650億円払え』Google が受けた巨額制裁の理由とは」は，詳しい紹介である。
(82) 決定21-D-17, 132頁。
(83) 決定21-D-17, 68〜69頁 (段落番号255〜260)。

明示されている。なお，前述した2021年1月21日のFNPS声明（注80のもの）によれば，プレス隣接権法の元老院における審議過程で，FNPSが文化大臣の支援を受けつつ，プレス出版物はIPG認証のものに限られない旨の明文の修正を施したそうである。

しかしながらGoogleは，隣接権料の算出方法に関するCPI L. 218-4条2項に，「プレス出版物のIPGへの貢献度」という文言があることに乗じて，IPGに関しないプレス出版社に隣接権料を支払うことを拒んだ。

確かに，フランス国内法には，IPGの新聞や雑誌を認証する制度がある。その根拠規定は，郵便電気通信法典（Code des postes et des communications électronique）D19-2条に定められている。[84] その1号によれば，「地域，全国，国際レベルの政治的・一般的な現況について，市民がはっきりと判断できるようにするためのニュースとその解説を，常に提供する」ことが求められる。そして，IPGの認証は，プレス出版・通信同数委員会（Commission paritaire des publications et agences de presse, CPPAP）という公的機関がおこなう。[85]

しかしこの認証は，新聞の戸別配達がなく，新聞・雑誌の定期購読は郵送によるフランスにおいて，郵便料金割引の適用有無を左右しているにすぎず（郵便電気通信法典D19-3条），CPI上のプレス出版物の定義を定めるものではない。

このようにして，Googleの方針は，決定20-MC-01の1条（誠実な交渉）に違反するものとされた。

② プレス通信社に対する差別

またGoogleは，AFPに対して，プレス通信社はプレス隣接権料の支払を受けられないとの態度をとり続けた。同社が提供するニュースはプレス出版社に提供され，そこが発行する新聞や雑誌に組み込まれるので，プレス通信社にも支払うのは二重払いになるというのである。

この主張もまたCPI L. 218-1条にいうプレス出版物の定義に反するため，Googleの方針は，同決定1条（誠実な交渉）に違反するものとされた。[86]

---

(84) https://www.legifrance.gouv.fr/codes/texte_lc/LEGITEXT000006070987/
(85) https://www.cppap.fr/publications-dinformations-politique-et-generale/
(86) 決定21-D-17, 70～71頁（段落番号261～264）。

第7章　プレス隣接権法とそのエンフォースメント

③ Google News Showcase の押し付け

Google は，プレス隣接権料を支払う条件として，新サービス Google News Showcase の契約を結ぶことと，プレス出版社・通信社が選んだ保護対象コンテンツの全文表示を承諾することを求める方針をとった。この方針は，同決定5条（交渉の進捗次第でコンテンツのインデックス化，ランキング，レイアウトを変化させないこと）および6条（交渉と他の経済的関係の切り離し）に違反するとされた。[87]

④隣接権料の算定根拠からの間接収入の除外

最後に，決定20-MC-01の2条（隣接権料算定根拠となる情報の提供）である。同条は，CPI L. 218-4条3項に従い，隣接権料を透明に算定するのに必要な情報を全て提供するよう，Google に命じていた。

それに従うならば，Google は，プレス出版社・通信社のコンテンツが表示されることによりフランスにおいて生じる全ての収入を，算定の基礎としなければならない。この収入の中には，(i) 保護対象コンテンツを表示する検索結果画面から直接生じる広告収入，(ii) Google のサービス上のリンクからユーザーが訪れたプレス出版社・通信社のサイトで表示される検索連動型広告について，Google が受け取る広告仲介手数料，(iii) 間接収入，つまり保護対象コンテンツが表示されることで魅力が高まり，そこにユーザーが集まって個人情報を提供した結果 Google の全サービスに生じた収入が含まれ，しかも，(i)～(iii) の額はそれぞれ明示されなければならないとされた。[88]ところが Google は，交渉においてこれを遵守せず，特に，(iii) について情報提供をしていなかった。こうして，Google は決定に違反したとされた。[89]

なお，決定20-MC-01の交渉期限内におこなわれた交渉だけでなく，期限後に個別のプレス出版社や APIG との間におこなわれた交渉（上記(4)(5)）においても，同じ問題があったとされている。[90]

以上が2021年7月12日競争委員会決定21-D-17の骨子である。これに対し，

---

(87) 決定21-D-17, 113～120頁（段落番号460～495）。
(88) 決定21-D-17, 130～131頁（段落番号560）。
(89) 決定21-D-17, 105～113頁（段落番号420～459）。
(90) 決定21-D-17, 113頁（段落番号459）。

253

Googleは不服を申し立てた。一方で，2019年に付託され決定20-MC-01に結実した手続もまだ終わってはおらず，本案に関する競争委員会の審査が続いていた。

3　続・隣接権料値切りと他サービスの契約押し付け（2021〜2022年）

(1) プレス隣接権協会（DVP）の設立

この間の2021年10月26日に，集中管理団体「プレス隣接権協会」（以下DVP）が創設された。DVPのレパートリーは，2024年11月現在，プレス出版物904点と，通信社48社の作成するニュース記事や写真等である[91]。

会長は，プレス隣接権の欧州指令化に尽力した，元欧州議員のジャン＝マリー・カヴァダ（Jean-Marie CAVADA）である。理事会メンバーにフランス通信社（AFP），スポーツ新聞のL'Equipe，フランス国営放送がおり，監事には民間放送局のM6，園芸など様々な趣味の雑誌を発行するRustica，反体制色の強い独立系ニュースサイトのMédiapartがいる[92]。

オンライン業界誌mindmediaの記事によれば，設立を主導したのは専門紙誌全国連合（FNPS）であった[93]。この団体は，農業関係の新聞・雑誌から労組の機関紙・機関誌まで，7分野の専門紙誌の業界団体が集まった連合であり[94]，構成員が発行する新聞・雑誌の中には，政治・一般報道（IPG）に関わるものもあれば，そうでないものもある。

そして，DVPの理事会には，競争委員会に手続付託した団体のうちの1つである雑誌出版社協会（SEPM）の4議席と，プレス通信社団体であるFFAPの3議席が確保されている（注92参照）。

このようにDVPには，Googleによる隣接権料支払拒絶に見舞われた2つの業態，すなわちプレス通信社とIPG認証のないプレス出版社がまとまって，Google等のオンライン公衆伝達サービスと交渉をするための団体という性格

---

(91) https://www.dvpresse.fr/repertoire-des-membres/
(92) https://www.dvpresse.fr/a-propos/gouvernance/
(93) https://www.mind.eu.com/media/medias-audiovisuel/droits-voisins-logc-a-designe-son-conseil-dadministration-et-son-conseil-de-surveillance/
(94) https://www.fnps.fr/les-syndicats/

第7章　プレス隣接権法とそのエンフォースメント

がある。Googleと一般報道プレス同盟（APIG）との間で2021年1月に枠組合意が成立した後も，スポーツ新聞 L'Equipe のような非 IPG の APIG 会員は，Google との契約締結に至っていなかった（注93の mindmedia ページ）。

なお，DVP 設立時点では，APIG もいずれ加わる可能性があったようである（注93の mindmedia ページ）。しかし，2024年11月現在も，APIG は DVP に加わってはいない。

DVP は設立以来，徴収について音楽著作権集中管理団体の SACEM から，また分配について複写権集中管理団体の CFC（本書第5章参照）から，専門的なノウハウの提供を受けている[95]。

時期がだいぶ後になるが，Google および Meta との枠組合意を終えた APIG も，残りのオンライン公衆伝達サービスとの交渉を SACEM に委託したことを，2023年10月頃に発表している[96]。

(2) フランス通信社（AFP）と Google との合意

AFP は，2021年7月12日競争委員会決定21-D-17の翌日に，Google との合意が近いことを発表していた[97]。しかし，合意が成立したのは2021年11月17日であった[98]。そして，その具体的内容は公表されていない。

Capital という経済分野のウェブメディアで2022年10月に公表された AFP 提供の記事によれば，それは5年契約であり，同じく5年にわたる2つの商業的な契約と同時になされたという[99]。なお，AFP は2021年12月6日に，Google France の支援を受けて「Objectif Désinfox」というフェイクニュース対策プロジェクトを立ち上げている[100]。

---

(95) https://www.dvpresse.fr/a-propos/missions/
(96) https://www.alliancepresse.fr/actualite/lalliance-de-la-presse-dinformation-generale-confie-a-la-sacem-la-negociation-de-nouvelles-remunerations-au-titre-du-droit-voisin/
(97) https://www.afp.com/fr/au-fil-de-lafp/lafp-et-google-proches-daboutir-un-accord-selon-les-deux-parties
(98) https://www.afp.com/fr/lagence/communiques-de-presse/lagence-france-presse-et-google-signent-un-accord-sur-les-droits-voisins なお，2022年4月21日に公表された AFP 年報2021年版（https://www.afp.com/fr/au-fil-de-lafp/le-rapport-annuel-2021-est-disponible-en-ligne より PDF 入手可能）には関連記事があるが，それにも，合意の具体的内容は書かれていない。
(99) https://www.capital.fr/entreprises-marches/quest-ce-que-news-showcase-le-nouveau-service-de-google-lance-en-france-1449546

255

第Ⅳ部　欧州デジタル単一市場指令の前と後

(3)競争委員会からの予備的評価と Google からの確約案の提示

　こうして，2021年末には，どのような規模あるいはジャンルのプレス出版社・通信社に対しても，APIG の会員社となって枠組合意の適用を受けるか，あるいは，自らのプレス出版物を DVP のレパートリーに加えて集中管理させるかの，いずれかの選択肢は必ず用意されるようになった。

　12月3日には，競争委員会にも動きがあった。保全措置決定20-MC-01対象事件の本案について，競争委員会の審査部門から Google と APIG・SEPM・AFP に，予備的評価の結果が伝えられたのである。審査部門は，以下の3点[101]について，競争上の懸念を指摘した。[102]

①不公正な取引条件

　まず，Google は，保護対象コンテンツの表示に関するプレス隣接権に基づく交渉と隣接権料の支払を拒否したり，低い金額しか呈示しなかったり，隣接権料の支払を Google の新サービスへのコンテンツ提供と結びつけたりすることにより，プレス出版社・通信社に対して，EU 機能条約102条 a)[103]号とフランス商法典 L. 420-2条にいう不公正な取引条件を課しており，これは支配的地位の濫用的利用にあたる可能性がある。

②差別的取扱

　次に，プレス隣接権法施行の時点で，全てのプレス出版社・通信社に対して各社の状況を検討せず一律に隣接権料の支払を拒んだことにより，Google は異なる状況にある経済主体を同一に取り扱ったと考えられ，そこに客観的な正当化根拠はない。従って Google は，フランス商法典 L. 420-2条および EU 機

---

(100) https://www.afp.com/fr/lagence/communiques-de-presse/la-coalition-objectif-desinfox-reunit-21-medias-francais-dont-lafp-avec-le-soutien-de-google-france

(101) 2022年6月21日競争委員会決定22-D-13，1頁。同，23～24頁（77～89段落）。https://www.autoritedelaconcurrence.fr/sites/default/files/integral_texts/2022-06/22d13.pdf 競争委員会決定の探し方は前掲注43）参照。

(102) 公正取引委員会サイト「国際関係」「海外当局の動き」「その他」2022年8月には，日本語の詳しい紹介がある。https://www.jftc.go.jp/kokusai/kaigaiugoki/sonota/2022others/202208others.html

(103) 102条 a) 号の筆者訳は以下の通り。「直接または間接に，購入または販売の価格をはじめとする不公正な取引条件を押し付けること」。

256

能条約102条 c) 号にいう差別的取扱をおこなった疑いがある。

③脱法行為

最後に，Google は当初，プレス出版社・通信社に無償ライセンス付与の選択肢があることに乗じて，Google のサービス上の保護対象コンテンツの表示に対して隣接権料を支払わないという仕組みを強制し，プレス隣接権法の規律を免れるために，その支配的地位を濫用的に利用している可能性がある。また，決定20-MC-01で保全措置が発せられた後に，Google News Showcase のような新サービスを供給することで，保護対象コンテンツの現状の利用に関する交渉を免れようとしたことにも，同様の懸念がある。

以上のような予備的評価を受けて，Google は12月9日に，確約案の初版を競争委員会に伝達した。それは12月15日から2022年1月31日まで，競争委員会によって市場テスト（利害関係者からのコメント募集）にかけられた。そこで集まった大量のコメントを反映し，数次の改訂を経て，5月9日に確約の最終版が完成した。

(4)雑誌出版社協会（SEPM）と Google との枠組合意

2022年4月14日には，SEPM も Google との間で枠組合意を成立させていた。当時 SEPM には80のプレス出版社が加わっており，440以上のプレス出版物がこの枠組合意に関係していた。Google からの支払は年額2000万ユーロ（約32億円）になるという。以上の情報は SEPM と Google の公式ウェブサイトには残っておらず，職業写真家組合と，経済分野のウェブメディア Stratégies による。

しかし，次でみる競争委員会決定22-D-13の翌6月22日の Google France ブ

---

(104) 102条 c) 号の筆者訳は以下の通り。「複数の取引相手のうちの一部に対して，他と同等の給付を得ているにもかかわらず不平等な条件を適用し，相手方に競争上不利な地位を強いること」。
(105) 決定22-D-13，25～26頁（90～102段落）。
(106) 12月15日付け競争委員会コミュニケ https://www.autoritedelaconcurrence.fr/fr/article/droits-voisins-google-propose-des-engagements
(107) 決定22-D-13，26～35頁（103～161段落）。コメントには，Google から課せられる守秘義務に関するもの（同30～31頁（131～134段落））や，間接収入（上記2(6)④）の定義に関するもの（同31頁（139段落））など，興味深いものが多いが，指摘にとどめざるを得ない。
(108) 決定22-D-13，35～36頁（162～163段落）。

第Ⅳ部　欧州デジタル単一市場指令の前と後

ログエントリーにも，当該決定までにSEPMと枠組合意が成立していたことは書かれている。それによれば，6月21日現在，GoogleはAPIGとSEPMの会員社の半分以上と契約を締結済みであり，その中には，AFP，全国紙，地方紙はもちろん，marie claireやCosmopolitanといった女性誌，Huffingtonpostのような独立系ニュースサイトも含まれているという。

SEPMとGoogleとの枠組合意によって，政治・一般報道（IPG）に属しない趣味の雑誌などのプレス出版社に，自らのプレス隣接権をDVPに集中管理させるか，SEPMとの枠組合意の下でGoogleと契約して個別管理するかの選択肢が生まれたことになる。

(5) 2022年6月21日競争委員会決定22-D-13（確約決定）の概要

競争委員会の本案手続に戻ろう。これまでみてきたように，Googleが確約案を練り上げつつあった期間に，全ての手続付託者との間に合意が成立した。それを受けて，AFPは2021年12月1日の決定，APIGは2022年5月22日の決定，そしてSEPMは同年6月14日の書状により，競争委員会への付託を取り下げた。[112]

2022年6月21日，競争委員会は決定22-D-13を下して，Googleの5月9日最終確約案をそのまま承認し，それを法的拘束力のあるものとした。[113]これによって，本案の手続は終了した。[114]

Googleの確約案は，決定22-D-13の52頁にあたる場所から始まる付録（頁番

---

(109) https://www.upp.photo/fr/news/accord-entre-google-et-la-presse-magazine-sur-les-droits-voisins-3022

(110) https://www.strategies.fr/actualites/medias/LQ487841C/les-editeurs-du-syndicat-de-la-presse-magazine-signent-un-accord-avec-google-pour-les-droits-voisins.html

(111) https://blog.google/intl/fr-fr/nouvelles-de-lentreprise/chez-google/google-a-signe-plus-de-150-contrats-portant-sur-les-droits-voisins-tandis-que-lautorite-de-la-concurrence-accepte-ses-engagements/

(112) 決定22-D-13，1頁。

(113) 日本語による詳細な紹介として，注102）の公正取引委員会のものの他，平和博氏の2022年6月23日ブログエントリー「罰金650億円でGoogleが学んだニュース使用料『誠意ある交渉』のやり方」がある。https://kaztaira.wordpress.com/2022/06/23/google_has_learned_how_to_negotiate_in_good_faith_with_publishers/

(114) 決定22-D-13，51頁。なお，この決定は，これまでの2つの競争委員会決定で対象となった3社に加えて，Googleグループの持株会社であるAlphabet Incをも対象としている。

号は1から振り直し）に掲載されている。付録1頁の段落番号（3）には，Googleが2021年7月12日競争委員会決定21-D-17（保全措置不遵守による制裁金支払命令）への不服申立を取り下げ，制裁金支払が確定したことが述べられている。

Googleは，全部で7条から成る確約をおこなった（付録2〜7頁，段落番号(10)〜(35)）。

そのうち6条までは，2020年4月9日競争委員会決定20-MC-01の1〜6条とほぼ同じなので，そちらを参照されたい。ただし，各条には，同決定以後の2年間に生じたことを反映して，具体的な説明がなされている。

例えば，確約1条（透明で客観的で非差別的な隣接権料に向けた誠実な交渉）については，プレス隣接権法施行時から存在した既存サービス（Search, Actualité, Discover）に関する隣接権料の交渉が，Google News Showcase（GNS）をはじめとする新サービスへのコンテンツ提供に関する交渉とは別個に，金額を特定しておこなわれるべきことが書かれている（付録2頁，段落番号（11））。

確約2条（GoogleによるCPI L. 218-4条所定の隣接権料算定根拠情報の提供）は2つの段階に分けられ，算定根拠情報のうち，基礎的な情報（確約の付属書（Annexe）1に定めるもの）は，交渉開始の申し出から数えて，個別のプレス隣接権者には10営業日以内，集中管理団体をはじめとする団体には15営業日以内に，提供しなければならないとされた（付録3頁，段落番号（16））。付属書1は2頁あり，既存サービスごとの保護対象コンテンツの表示数やクリック率など大量の情報が詳細に指定され，それらを定期的・継続的に提供しなければならないと書かれている。

確約4条（3ヵ月の交渉期限）については，Googleは交渉要求から3ヵ月以内に，確約1条の基準を満たす隣接権料の提案をしなければならないが，期限は両者の合意で延長することができると書かれている（付録4〜5頁，段落番号（24））。そして，期限後も合意が得られない場合に備えて，国際商工会議所（chambre de commerce Internationale）による仲裁の手続が用意されている（付録5〜6頁，段落番号（25）〜（28））。

GNSの問題は確約6条（交渉の存在および進捗と他の経済的関係との切り離し）にも反映され，そこには，確約1条および2条に基づく交渉をしているか否かが，GNSへのコンテンツ提供契約の締結可否を左右してはならないと書かれ

ている。

確約7条は，決定20-MC-01にはなかったもので，目立たないが重要である。それによれば，これまでになされた各社個別交渉による合意や，APIGなどの団体との合意を，それらに基づいて隣接権料を受け取った後であっても，確約の基準を満たす合意によって上書きできるというものである（付録7頁，段落番号（35））。

また，決定22-D-13によって，競争委員会からは独立した受託者が任命され，確約の履行を監視することとなった（付録7頁，段落番号（36）～（37））。受託者は交渉のペースメーカーとなる他，確約2条に従ってGoogleが広告収入などの機微な情報を開示する際に，専らその情報にアクセスする役割を担っている。また，Googleが交渉において受託者に協力することも，確約の一環となった（付録4頁，段落番号（18））。

確約の有効期限は，確約決定の日つまり2022年6月21日から5年間であり，競争委員会が改めて競争法上の分析をした上で，決定により1度だけ更新可能である（付録7～8頁，段落番号（38））。

4　確約不遵守とAIによる無断利用（2022年～現在）

(1) 受託者の任命と交渉の開始

2022年10月12日に，パリのAccuracy法律事務所が，競争委員会から受託者として任命された。[115]

すでにみた通り，この時期になると，かなりの数のプレス出版社・通信社がすでにGoogleと契約済みであった。受託者の任命後に，その関与の下で交渉を開始したプレス隣接権者は，後発組であったといえる。

それらは主に，プレス隣接権協会（DVP）の集中管理を選ばなかった非IPGの雑誌やオンラインメディアの出版社であり，若者向け文化・芸能情報ウェブメディアのkonbini.comを運営するKonbini SASがその例である。同社は受託者が決まる前日の10月11日に交渉開始の申し出をしている。その一方で，他

---

[115] https://www.autoritedelaconcurrence.fr/fr/communiques-de-presse/droits-voisins-le-cabinet-accuracy-ete-agree-par-lautorite-de-la-concurrence

第7章　プレス隣接権法とそのエンフォースメント

のプレス出版社の中には，2023年の5月になってから申し出ているところもあり，各社がそれぞれのペースで交渉をしている様子がわかる。[116]

(2)**Google News Showcase（GNS）のフランス版スタート**

2022年10月20日，GNSのサービスがフランスにおいて正式に開始した。このときに参加したプレス出版社の数は65であり，プレス出版物タイトルは，Le mondeやLe Figaroなどの有力紙を中心に130以上を数えた。[117]

ちなみに日本でのサービス開始は2021年9月16日である。[118]フランスでは，プレス隣接権料に関する交渉との関係で，立ち上げが遅れたものと思われる。

(3)**Googleの対話型生成AI供用とプレス隣接権者団体のオプトアウト**

Googleは2023年7月13日から，対話型生成AI「Bard」（2024年2月8日「Gemini」に改名）を供用していた。[119] AIモデルの学習，グラウンディング，ユーザーへの回答結果表示には，プレス隣接権で保護されるコンテンツが使用されていた。[120][121]しかし，プレス隣接権者の大部分は，そのことを知らなかった。[122]

フランスのプレス隣接権者は，CPI L. 211-3条1項8号によるL. 122-5-3条Ⅲ項の準用により，営利目的のテキスト・データマイニングのために保護対象コンテンツが複製・蓄積されることをオプトアウトできる。Googleには営利目的があり，AIによる学習はテキスト・データマイニングの一種と考えられている。そのため，Googleは2023年9月28日から，「Google Extended」というオプトアウト機能を供用した。Googleによれば，それ以後，学習とグ[123]

---

[116] 2024年3月15日競争委員会決定24-D-03，17〜18頁（66段落）の表。https://www.autoritedelaconcurrence.fr/sites/default/files/integral_texts/2024-03/24d03vf.pdf 競争委員会決定の探し方は前掲注43）参照。
[117] https://blog.google/intl/fr-fr/nouveautes-produits/explorez-obtenez-des-reponses/google-news-showcase-est-disponible-en-france/
[118] https://www.asahi.com/articles/ASP9J4HZ5P9JULFA00R.html
[119] 決定24-D-03，36頁（165段落）。
[120] 生成AIモデルをGoogle検索結果に紐付け，モデルがユーザーに示す回答を，正確で検証可能なものとすること。グラウンディングに用いられたウェブページへのリンクは，回答に表示される。https://cloud.google.com/vertex-ai/generative-ai/docs/grounding/overview?hl=ja
[121] 決定24-D-03，36頁以下（166段落）。
[122] 同37頁（167段落）。
[123] 決定24-D-03，39頁（170段落）。

261

ラウンディングにオプトアウトした権利者のコンテンツが用いられることはなくなった。しかし，オプトアウト以前に学習に用いられたコンテンツは削除できないため，そのままになっている[124]。また，競争委員会の審査結果は，オプトアウト後もコンテンツが引き続きグラウンディングに用いられている可能性を示している[125]。

　Googleと枠組合意のある団体のうち，一般報道プレス同盟（APIG）は2023年9月26日に早々にオプトアウト声明を発している[126]。一方，DVPは少し遅れて2023年12月20日に，オプトアウト声明を出している[127]。

(4) 職権による審査の着手

　Bard供用から1週間後の2023年7月20日，競争委員会は職権で，Googleが2022年6月21日の決定22–D–13で同意した確約を遵守しているか否かの審査に着手した。この事件も，持株会社のAlphabet Incを含む4社が対象である。

　繰り返しになるが，2019年にAPIG・雑誌出版社協会（SEPM）・フランス通信社（AFP）が付託した対競争委員会手続は，2022年6月21日競争委員会決定22–D–13（確約決定）によって終結していた。にもかかわらず，競争委員会は，新たな手続を開始したわけである。

(5) プレス隣接権協会（DVP）とGoogleとの合意

　競争委員会が動き出した後，夏のバカンスを挟んだ2023年10月17日には，DVPとGoogleが，プレス隣接権料について初めて合意に達した[128]。合意の具体的内容は公表されていない。

　これに関するGoogleの声明によれば，Googleはこの日現在で350以上のプレス出版社のウェブサイトについて合意を交わしており，これほどの数のサイトを隣接権料の支払対象としているプラットフォームは他にないという。また，

---

(124) 同40頁（174～175段落）。
(125) 同176段落。
(126) https://www.alliancepresse.fr/app/uploads/2023/10/cp-alliance-iag-opt-out-26092023.pdf
(127) https://www.dvpresse.fr/intelligence-artificielle-la-societe-des-droits-voisins-de-la-presse-dvp-exerce-son-droit-dopt-out/
(128) https://www.dvpresse.fr/la-societe-des-droits-voisins-de-la-presse-dvp-annonce-la-signature-du-n-premier-accord-avec-google/

第7章　プレス隣接権法とそのエンフォースメント

Googleは,「短い引用」を超える長さの保護対象コンテンツ（同社が「Extended News Previews」と呼ぶもの）だけが支払対象であり，記事標題へのリンクは入らない，という主張をしている。⁽¹²⁹⁾

(6) 2024年3月15日競争委員会決定24-D-03の概要

競争委員会は審査の結果，2024年3月15日に決定を下した。当該決定は，決定22-D-13で法的義務となったGoogleの7つの確約のうち，以下の4つに違反があったことを認めた。そして，Googleに制裁金2億5千万ユーロ（約400億円）の支払を命じた。⁽¹³⁰⁾

プレス隣接権者が要求してから3ヵ月以内に，透明で客観的かつ非差別的な基準に従って，誠実に隣接権料の交渉をすること（確約1条・4条）。

プレス隣接権者が隣接権料を透明に算出するために必要な情報を，Googleが提供すること（確約2条）。

プレス隣接権者がGoogleと交渉していることが，両者間の他の経済関係に影響を及ぼさないことを確保するために必要な措置を講じること（確約6条）。

「後発組」との間で，受託者に監視されつつなされた個別交渉において，Googleのどのような行為が，確約何条の違反とされたのであろうか。決定根拠の全てを網羅することはできないが，以下で代表的なものを紹介する。

①隣接権料算定根拠情報の不伝達

これについては，主要な論点が2つある。まず，記事標題のみ表示した検索結果の不算入である。

Ⅰ2でみたように，プレス隣接権法で，記事標題にリンクを貼ること自体は禁止できない。また，個々の孤立した言葉や，記事からの極めて短い抽出は，自由に利用できることが原則である。しかし，記事標題が十分に長く，読者か

---

(129) https://blog.google/intl/fr-fr/nouvelles-de-lentreprise/impact-initiatives/google-signe-un-accord-avec-la-societe-des-droits-voisins-de-la-presse/

(130) 決定24-D-03, 65頁。同決定の日本語による紹介として，まず公正取引委員会のものがある。https://www.jftc.go.jp/kokusai/kaigaiugoki/sonota/2024others/202406others.html また，平和博氏の2024年3月25日ブログエントリー「『生成AIでニュースにタダ乗り』相次ぐメディア訴訟と罰金410億円，その適正な対価とは？」がある。https://kaztaira.wordpress.com/2024/03/25/generative-ai-and-free-rides-to-news/

らみて記事内容を代替してしまうときはその限りではなく（CPI L. 211-3-1），隣接権料の支払が必要になる。記事標題が記事を代替するかどうかは，ケースバイケースで判断される。[131]以上が実定法と，これまでの競争委員会決定やその取消訴訟で示されたその解釈である。

　この状況下でGoogleは，検索結果画面に記事標題へのリンクのみが表示される場合を，隣接権料の算定根拠となる表示数から全て除くことを主張した。[132]記事標題のみの表示数は，2022年9月現在，全検索結果表示数の20～30％になる。それを一律に除くことは，隣接権料の計算に有意な影響を与える。[133]従ってGoogleの行為は確約1条違反であり，優越的地位の濫用的利用にあたる。それは同時に，確約2条にも違反する。[134]

　次に，間接収入の除外が挙げられる。競争委員会決定21-D-17のところ（2⑹④）で説明したように，Googleは保護対象コンテンツ表示画面や，リンク先画面における直接の広告料収入だけでなく，間接収入，すなわち，保護対象コンテンツが表示されることで魅力が高まり，そこにユーザーが集まって個人情報を提供した結果，Googleの全サービスに生じた収入も，隣接権料の算定根拠に含めなければならない。以上が，競争委員会のこれまでの決定における考え方である。Googleはそれに反し，このことは確約1条に違反する。[135]

②生成AIへの保護対象コンテンツの無断利用

　上記(3)でみた生成AIサービス「Bard（のちGemini）」をめぐるGoogleの行為，すなわち，学習・グラウンディング・検索結果表示への保護対象コンテンツの無断利用は，確約1条の「透明性」に違反する。[136]

　また，GoogleからAIオプトアウト機能の「Google Extended」が提供されるまでの間，プレス隣接権者がAIオプトアウトを望む場合は，自らのウェブページにGoogleのクローラーを避ける設定をおこなわなければならなかった。

---

(131) 決定24-D-03, 53頁（254段落）。
(132) 同15頁（56段落）。
(133) 同54頁（257段落）。
(134) 同53～54頁（253・255段落），同55～56頁（270・274段落）。
(135) 同50～53頁（特に251段落）。
(136) 同55頁（268段落）。

第7章　プレス隣接権法とそのエンフォースメント

この設定をすると，確かに AI からはオプトアウトできるが，そもそも保護対象コンテンツが Google Search にインデックス化されなくなるので，隣接権料の算定根拠がそれだけ減ってしまう。以上のことは，Google の他のサービスを利用するかどうかと，プレス隣接権料の交渉とを結び付けているので，確約6条にも違反する。[137]

③受託者への非協力

前述の通り，競争委員会決定21-D-17にいう確約の中には，Google が受託者に協力することも含まれる。しかし Google は，受託者への報酬の支払や必要な情報の提供において，遅延や不履行を繰り返し，これも確約違反である。[138]

以上が決定の根拠の要点である。Google は制裁金の支払について争わず，決定は確定した。

(7)決定24-D-03への Google 声明

Google France は公式ブログで，決定当日の3月15日に声明を発表した。[139]そこには，競争委員会との長年の対立を終結させるために争わなかったとしながらも，Google 側の言い分が書かれている。

そのうち重要な点は2つあり，まず，Google の収益に対するプレス出版物の貢献度について見解の相違である。Google は競争委員会に対して，プレス出版物がもたらす間接収入の計算方法を見直すことを約束しつつも，この点については引き続き検討を続ける構えを見せている。

また，CPI L. 218-4条2項に「政治・一般報道（IPG）への貢献度を考慮する」と書かれているにもかかわらず，IPG 以外のプレス隣接権者（趣味性の強い専門雑誌など）にも隣接権料を支払う必要はあるのか，という疑問を，ここでも繰り返している。

Google は，交渉の遅れが咎められていることに対しては，交渉の数が膨大で，誰にいくら払えばよいかの基準がはっきりしないことが原因であると主張

---

(137)　同57～58頁（特に286～289段落）。
(138)　同58～59頁。
(139)　https://blog.google/intl/fr-fr/nouvelles-de-lentreprise/chez-google/accord-regler-differend-qui-dure-depuis-trop-longtemps/

265

している。そして，デクレによる基準が作られることを望むとしている。

(8) 決定22-D-13への追加文書

決定24-D-03から約4ヵ月後の2024年7月5日には，決定22-D-13確約2条の付属書1（隣接権料の算定根拠としてGoogleが伝達すべき基礎的な情報の内訳）が改訂され，同決定の広報ウェブページに掲載された。[140]改訂前からすでに2頁あった付属書1は，改訂によって3頁強に増え，より詳細になっている。

III 立法者や政府の動き

ここまでは，4つの競争委員会決定の内容と，事件を付託した3団体そしてGoogleの動きを，2019年から現在に至るまでの足かけ6年間にわたり，時系列を追って眺めてきた。ここからは，2022年以降の立法者と政府の動きを，簡単に紹介する。

1 国民議会のレポート

2022年1月12日といえば，競争委員会決定22-D-13が準備され，Googleの確約案初版が市場テストにかかっていた頃である。この日，国会議員24名から成る情報委員会のレポートが，フランスの下院にあたる国民議会に提出された（『プレス分野の通信社，出版社および職業人のための隣接権の適用に関する情報レポート』[141]）。

情報委員会は，競争委員会決定21-D-17が出た翌日の2021年7月13日に，中道政党MODEMが主導して結成された（情報レポート7頁）。

情報レポートは全89頁から成り，その第1部には，デジタル化によるプレスの経済的危機（部数減に加えて広告収入の激減）と，そのことがもたらす民主主義の危機について記述がある（同13～28頁）。また，第3部には10の提言があり，

---

(140) https://www.autoritedelaconcurrence.fr/fr/decision/relative-des-pratiques-mises-en-oeuvre-par-google-dans-le-secteur-de-la-presse

(141) https://www.vie-publique.fr/rapport/283398-droit-voisin-au-benefice-des-agences-editeurs-professionnels-presse 以下「情報レポート」として，本文中に頁数を引用する。

そこには，EU諸国でDSM指令15条をまだ国内法化していない国にそれを促すこと（提言9）から，プレス隣接権集中管理団体の組織率を上げること（提言4），そして隣接権料のジャーナリストへの分配（提言8）まで，様々な提言がなされている（同73～75頁）。

また，その付録（同83～84頁）には，以下のことが記録されている。すなわち，2021年の春に準備されていたある法案の中に，プレス隣接権法の生みの親のダヴィッド・アスリーヌ議員が，CPI L. 218-4条の強化改正条項を盛り込んでいた。それは同条に4項を追加し，オンライン公衆伝達サービスにプレス隣接権料の算定根拠を提供させるための強制措置について定めていた。しかし，国民議会の文化教育委員会において，政府および当該法案の国民議会への報告者が，進行中の競争委員会の手続に支障をきたすおそれがある等の理由で当該改正条項に反対し，それは結局削除された。

このように，プレス隣接権法の強化改正の試みは，2022年からなされていた。それは，情報レポート提出から3年後の2025年に，実現するかもしれない（下記4・5，なお7も参照）。

2　競争委員会決定22-D-13に対する文化省歓迎声明

決定22-D-13直後の2022年7月13日，文化省はこれを歓迎する声明を発した。それは，全てのプレス隣接権者と全てのデジタル・プラットフォームの間で交渉が進むよう，また，プレス隣接権法の定める通り，隣接権料がジャーナリストに分配されるよう注視する，という内容である。[142]

3　ニュースの三部会（EGI）の発足

2023年10月3日は，競争委員会が決定24-D-03のための審査手続を開始してから約3ヵ月後，かつプレス隣接権協会（DVP）とGoogleが合意をする直前である。この日，マクロン大統領の任命により，「ニュースの三部会」（États

---

[142] https://www.culture.gouv.fr/presse/communiques-de-presse/Droits-voisins-la-ministre-de-la-Culture-se-felicite-de-la-decision-de-l-Autorite-de-la-concurrence

généraux de l'information, EGI）が発足した。EGI はメディア企業の経営者や当該分野の有識者から成る運営委員会と，同様の人々を構成員とする5つのワーキンググループから成り，事務局は文化省が担当している。このうち第3ワーキンググループ「ニュースメディアとジャーナリズムの未来」が，プレス隣接権と最も関係が深い。

　EGI はニュースメディアをめぐる様々な問題を包括的に検討する政府のプロジェクトであり，約1年をかけてフランス全土を回り，ニュース関係者・国会議員・市民への取材やインタビューを重ねて，報告書を準備した。インタビューされた国会議員の中には，中道政党 MODEM のローラン・エスケネ＝ゴックス（Laurent ESQUENET-GOXES）議員がいる。

4　プレス隣接権法補強法案の提出

　EGI が活発に活動していた2024年2月13日，エスケネ＝ゴックス議員を筆頭に20人を超える議員が，「プレス隣接権の実効性の強化に関する法案」（以下，プレス隣接権補強法案。第16立法期法案2169号）を，フランスの下院にあたる国民議会に提出した。

　この法案は前文で，2000年から2017年の間に，フランスの伝統的メディア（テレビ，新聞，ラジオ，広告看板，映画）の広告収入は激減し，その43％が失われてしまった（新聞の場合，下落幅は71％にも達した）ことを指摘する。そして，プレス隣接権はメディアの収入源の多様化策の1つであり，プレス出版社・通信社のコンテンツをもとにデジタル企業が得る収益の一部が，権利者に配分されるように設計されていると指摘する。これは，「デジタルの発展は，全ての人にとって有益で，全体の利益の観点に立つものでなければならない」とする「欧州の哲学」の反映であるとする。

　法案前文は，プレス隣接権法の施行がうまくいっていないことを認める。Google は，「その市場における支配的な地位ゆえに制裁を受けたに過ぎ」ず，他

---

(143)　https://etats-generaux-information.fr/presentation
(144)　https://etats-generaux-information.fr/groupes-de-travail/l-avenir-des-medias-d-information-et-du-journalisme
(145)　https://www.assemblee-nationale.fr/dyn/16/dossiers/alt/renforcer_droits_voisins_presse

のデジタル企業もなかなか交渉に応じないとする。

そして,「フランスの報道機関にとって年間数億ユーロに相当する資金源となり得る」と見積もるこの制度をうまく機能させるために,CPI L. 218-4条の改正を提案する。

プレス隣接権法補強法案は全2条から成る。その1条1号は,CPI L. 218-4条3項の最後に1つの文を追加し,オンライン公衆伝達サービスからプレス出版社・通信社に伝達されるべき情報のリストを,デクレで定める旨を規定する。また,同法案1条2号は,CPI L. 218-4条に4～6項を追加し,オンライン公衆伝達サービスが情報伝達を明示的・黙示的に拒否した場合の刑事罰(全世界の売上高の2％以下の罰金),交渉の申し出から6ヵ月以内に伝達しないと拒否とみなすこと,合意がまとまらない場合は競争委員会が間に入り,最終的に隣接権料の決定をおこなうことを定める。

DVPは,プレス隣接権法補強法案の提出を歓迎する声明を,2024年2月28日に発している。[146]

この法案はその後,審議された形跡がないが,その内容が次で紹介する法案の7条と重なるため,おそらく,こちらにまとめられたものと思われる。

5 メディア独立・ジャーナリスト保護強化法案7条

2024年7月24日に,左派議員のシルヴィー・ロベール(Sylvie ROBERT)氏と多数の議員が,「メディアの独立を強化し,ジャーナリストをよりよく保護するための法案」(以下,メディア独立・ジャーナリスト保護強化法案)[147]を,フランスの上院にあたる元老院に提出した。

この法案は全8条から成り,EGIとの関係はわかっていないが,問題意識は共通する。そして,その7条に,プレス隣接権法補強法案によく似た条文がある。

立法記録によると,メディア独立・ジャーナリスト保護強化法案提出当日に,

---

(146) https://www.dvpresse.fr/la-societe-des-droits-voisins-de-la-presse-dvp-salue-la-proposition-de-loi-portee-par-plusieurs-parlementaires-visant-a-renforcer-leffectivite-des-droits-voisins-de-la-presse/
(147) 立法記録は以下のウェブページにある。https://www.senat.fr/dossier-legislatif/ppl23-741.html

第Ⅳ部　欧州デジタル単一市場指令の前と後

元老院でロベール議員による提案理由説明がおこなわれた。その後，元老院文化教育通信スポーツ委員会での審議を経て，10月17日に元老院で採決され，法案は即日，第17立法期の議員立法にかかる法案464号として，国民議会に送られた。

　国民議会での審議を待つ最新の法案によると，7条は以下の内容から成っている。[148]

　その1号は審議の過程で削除された。その2号a）は，プレス隣接権法補強法案1条とほぼ同様の文言である。それは，CPI L. 218-4条3項の最後に2つの文を追加する。そこには，オンライン公衆伝達サービスからプレス出版社・通信社に伝達されるべき情報のリストをデクレで定め，このデクレが当該情報の正確性の基準をも定める旨が書かれている。

　メディア独立・ジャーナリスト保護強化法案7条2号b）は，CPI L. 218-4条に4項を追加し，オンライン公衆伝達サービスがデクレで定める情報の伝達を明示的・黙示的に拒否した場合には，商法典L. 464-1条に基づいて競争委員会に手続を付託しうること，そして，競争委員会は同法典L. 464-2条Ⅱに基づく履行強制金を命じ得ることが書かれている。このように，プレス隣接権法補強法案1項2号に比べれば，オンライン公衆伝達サービスへの圧力は，少し緩和されている。資料を精査する余裕はなかったが，おそらく，プレス隣接権者が競争委員会の強制力を利用しやすくすること（Googleのように優越的地位が明白なオンライン公衆伝達サービス以外と交渉するときも利用できること）が，立法の目的ではないかと思われる。

6　EGI 報告書

　バカンス明けの2024年9月12日に，EGIは1年弱の活動をまとめた報告書を公表した。[149] 351頁にわたってニュースメディアのあらゆる振興策を講じ，「2050年のニュースの世界」という未来予測で締め括るこの報告書を，詳細に紹介す

---

(148) https://www.assemblee-nationale.fr/dyn/17/textes/l17b0464_proposition-loi#D_Article_7
(149) https://etats-generaux-information.fr/la-restitution の最初のリンクから，全文をPDFで入手できる。

270

る余力はない。しかし，一連の対 Google 競争法事件についての記述（報告書188頁）と共に，プレス隣接権が広告減収を補う新たな収益源として位置付けられていることは，紹介しておきたい。

さらに，その全編にわたって，AI の正確性を支えているのはウェブ上にあるプレス出版物なのだから，プレス隣接権のケースをモデルとして，AI 企業からプレス出版社・通信社への収益の還元の仕組みを構築すべきだ，という主張がなされていることは，注目に値する（報告書207頁など）。

7　2024年10月17日の DVP 声明

2024年10月17日にメディア独立・ジャーナリスト保護強化法案が元老院で採択され，国民議会に送られた。この日に DVP は声明を発し，その中で，EGI 報告書に基づく政府提出法案が，2025年頭に文化省から上院に提出されることに言及している。(150) この法案についてそれ以上のことは判明していないが，議員立法である 4・5 の両法案とは異なることは確かである。

DVP はこの声明で，今後の立法に期待する点を，3つ挙げている。まず隣接権料の計算根拠の透明化である。それによれば，支払義務者の収入を，直接・間接の両方について，しっかり把握する必要があるという。次に，支払義務者が誠実に交渉し，返事の引き延ばしをしないようにすることである。そして最後に，権利者は政治・一般報道（IPG）に関するプレス出版社・通信社に限られない旨を，プレス出版・通信同数委員会（CPPAP）が明確に示すことである。

8　小括——プレス隣接権が軌道に乗り始めた理由

フランスでは，2010年代前半から新聞社など IPG のプレス出版社が，プレス隣接権の立法化に向けて動いていた。後半になると非 IPG（スポーツや趣味）のプレス出版社や通信社も加わって，DSM 指令にプレス隣接権条項を導入するのと同時並行してその国内法化を準備し，2019年の秋に，欧州で最初にプレ

---

(150) https://www.dvpresse.fr/dvp-se-rejouit-de-la-forte-mobilisation-des-parlementaires-et-soutient-linitiative-dun-projet-de-loi-pour-consolider-le-droit-voisin-des-editeurs-et-agences-de-presse/

ス隣接権法を立法した（Ⅰ）。

　続いて，同法施行直前のGoogleの交渉拒否をきっかけに競争法事件を付託し，以後足かけ6年の間に，競争当局から4つの決定を勝ちとった（最初の1つについては，Googleが取消訴訟を提起したが敗訴）。その間に進めたGoogleへの隣接権料要求交渉においては，IPGと非IPGとが，また出版社と通信社とが，分断されてしまいそうな場面があった。しかし，最も有利なIPGプレス出版社の業界団体が，対競争委員会手続から先に抜けることはなかった。一方，Googleから不利な取り扱いを受けた通信社と非IPGのプレス出版社は，プレス隣接権の集中管理団体DVPを創設して対抗した。その結果，2024年11月現在では，かなりの数のプレス出版社・通信社が，Googleから隣接権料を受け取っている（Ⅱ）。

　DVPの2024年6月25日の総会記録によると[151]，2023年の徴収額は，997万9643ユーロ（約15億9674万2880円）。総会当日の会員数は314社であったから，単純に頭割りにすると，1社あたり約476万7345円となる。実際には複写権管理団体のCFC（本書第5章参照）のノウハウを生かして，利用実績を反映した分配がなされるはずなので，これは目安の数字にすぎない。しかし，このぐらいの額が毎年分配されるとすれば，特に中小の雑誌社にとっては，意義が大きいのではないだろうか。しかも，契約済みのGoogleとMeta[152]に加えて，他のプラットフォームとも契約が進んでいけば，徴収・分配額は増えていくはずである。

　DVPの設立を主導した専門紙誌全国連合（FNPS）は，2024年12月5日に，会員向けオンラインセミナー「著作権料と隣接権料による増収」を開催する[153]。これも，プレス隣接権制度が非IPGのプレス出版社のために機能し始めたことの証左であろう。

　そして，2024年末の時点で，プレス隣接権を強化するために最低でも1つの議員立法が進められており，政府も2025年の初めに法案提出を準備していると

---

[151] https://www.dvpresse.fr/assemblee-generale-2024/の最初のリンクからPDFで入手できる「代表者による活動報告（Le rapport d'activité présenté par le gérant）」3頁。DVPは集中管理団体として法規制を受けるため，このように毎年，会計が公表される。プレス隣接権のエンフォースメントの様子を知るために，有用な資料であるといえる。
[152] https://www.dvpresse.fr/signature-avec-meta/によれば，2024年6月25日に契約した。
[153] https://www.fnps.fr/2024/12/05/revenus-dadv-dec24/

第7章　プレス隣接権法とそのエンフォースメント

みられる（Ⅲ）。CPI L. 218-4条3項に条文を付加し，オンライン公衆伝達サービスからプレス出版社・通信社に伝達されるべき情報のリストをデクレで定めることは，議員立法で条文化されており，Googleからも要望されているので，おそらく実現するであろう。こうした立法により，GoogleやMetaに続き，各種プラットフォームとプレス隣接権者の契約は，さらに進むものと思われる。

フランスにおいて，プレス隣接権がこのように軌道に乗り始めている理由は，どこにあるのだろうか。それは，プレス隣接権が欧州全体で作られ，また，IPGに限られない全てのプレス出版社とプレス通信社も権利者に加わったからではないかと，筆者は考える。

ナント大学名誉教授のリュカ氏は，2019年の論稿の最後に，アスリーヌ議員の元老院第二読会（上記Ⅰ1(5)）における演説を引用し，まとまることの大切さを説いている。リュカ氏によれば，DSM指令15条の実効性は，その旗振り役であったフランス政府の覚悟次第であるという。つまり，フランスと同水準の国内法化をするよう，他の加盟国にいかに働きかけられるかどうかによるという。リュカ氏は，ドイツやスペインの例を挙げ，単独国家の政府には無理だったが，欧州全域で取り組めば，Googleに対価を支払わせることは可能になると指摘している。プレス隣接権法と同様の法はすでにEUの22の国で作られており，フランスにおける現状に照らせば，この予言は実現したといえよう。

そして，プレス通信社とIPG以外のプレス出版社も権利者となったことで，数の力による対プラットフォームの交渉力がより強化された。このことのさらに背後にある思想は，以下のようなものではないかと筆者は考える。

IPGの代表例として，地方自治体からEUや外国まで，様々なレベルにおける選挙報道が挙げられる。他には，景況，紛争・戦争，気象・自然災害などに関する報道がありえよう。これらは確かに，人々が生きていくために必要な様々な判断に関わる。IPG認証は元々，郵便料金の割引の基準である（Ⅱ2(6)①）。

---

(154) LUCAS, op.cit., note 36, p. 53.
(155) Ibid. ; LUCAS, op. cit., note 29, p. 69. 井上・前掲注6）46～47頁（2017年）も，個別のプレス隣接権者が巨大プラットフォームにプレス隣接権料を支払わせるのは難しいが，EU全体で成立したプレス隣接権を背景に，集中管理の仕組みを用いれば，交渉力の差が埋まるであろう，と指摘している。ただし，集中管理団体の独占により，プレス隣接権料の価格が高騰することを警戒している。
(156) プレス隣接権協会（DVP）調べ。https://www.dvpresse.fr/espace-juridique/les-droits-voisins-de-la-presse-dans-le-monde/

273

そして，認証を得た新聞や雑誌が，スポーツ新聞や趣味の雑誌よりも安価で郵送されることは，郵便局が公共事業体であることからも，正当化が可能であろう。

　しかし，人生は必要なことだけでできているわけではない。人々は，プラットフォームを通じて日々の楽しみのための情報も得ており，そうした情報にも，質のよいものと悪いものとが存在する。各種プラットフォームが人を惹き付け，広告収入を上げているのは，オンライン上に，取材費用をかけて，あるいは深い知識をもとに提供された，あらゆる分野における質のよいコンテンツがあるおかげである。

　繰り返しになるが，フランスのIPG認証制度は，IPGと非IPGのプレス出版物に序列を設けるものではない。プレス出版物の質を担保するためになされる人的・物的な投資という点では，両者の間には何の違いもない。プラットフォームからプレス隣接権者への利益還元から，非IPGのプレス出版社を締め出す理由はない。

　さらに，非IPGのプレス出版社の背後には，人生の楽しみの様々な分野における専門記者，写真家その他の著作者がいる。IPGのプレス出版社だけが隣接権料を受け取れる場合と比べれば，関係する著作者の数は大きく違うであろう――。

　なお，2024年6月6日に，IPG出版社団体のAPIGと非IPG出版社を多く抱える団体のSEPMが，AIに関する共同宣言を発している[157]。EGI報告書（Ⅲ6）では，AI企業からプレス出版社・通信社への収益の還元の仕組みを構築するにあたって，プレス隣接権のケースをモデルとすべきだ，という主張がなされていた。フランスのプレス業界が，IPG認証による分断を乗り越えて手を取り合うのは，AI時代を見据えた戦略なのかもしれない。

おわりに――日本法への示唆

　日本法にも著作隣接権（著作権法89条以下）があり，プレス出版社・通信社の隣接権を創設することは，法技術的には可能である。実際，2014年に漫画の電

---

(157) https://www.alliancepresse.fr/app/uploads/2024/06/cp-lapig-et-le-sepm-appellent-les-entreprises-dia-geeneerative-ae-neegocier-lutilisation-des-contenus-de-presse-def.pdf

子出版に対応する法改正がなされた際，出版社への隣接権付与が検討されたこともあった。しかし結局，出版権での対応が選択されたという。[158]

日本法においては，新聞・雑誌の記事・写真は職務著作（著作権法15条１項）の典型例であり，編集著作物としての紙面も職務著作となって，雇用主が著作者となる。著作者としての新聞社は本来，プレス隣接権がなくても，記事や写真等の著作権で，検索結果への無断表示に対抗できるはずであった。しかし2018年改正で著作権法に47条の５第１項（電子計算機による情報処理及びその結果の提供に付随する軽微利用等に関する権利制限）が導入されるのを，日本のプレスは止めることはできなかった。その結果，記事の一部（スニペット）や縮小された写真は，同条にいう「軽微利用」にあたるとされて，Googleによって無断かつ無償で検索結果やその他のサービス画面に表示されている。

日本では，Google News Initiative（Ⅱ2(3)）の恩恵を受けられる新聞社や通信社がGoogleによって選別され，分厚い守秘義務の壁によって分断されつつ，１社ごとにGoogle News Showcase（GNS）契約を結んで，そのライセンス料を受け取っていると思われる。[159]これは，フランスでいえば，IPGのプレス出版社とGoogleの個別合意（Ⅱ2(4)）に近いが，それは後に2022年６月21日競争委員会決定22-D-13で競争法違反とされたものである。GoogleがGNS契約を解除すればなくなってしまうライセンス料は，プレス隣接権を根拠に，Googleが営業を続ける限り徴収可能な隣接権料とは異なるからである。

フランスのCPI L. 211-3-1条２号３文にいう「代替性の基準」（Ⅰ2参照）を，著作権法47条の５第１項柱書但書の「著作権者の利益を不当に害する」の解釈論や，同条改廃の立法論につなげられないかという着想はあるものの，ここで詳細を論じる余裕はない。

ここではむしろ，以下のことを指摘しておきたい。数多くのプレス出版社・通信社が分断を超えてまとまり，オランドからマクロンまで時々の政権が，思

---

(158) 井上・前掲注６）47頁。
(159) 2020年12月５日の朝日新聞には，Googleが同月３日に，日本の新聞社にもニュースの利用対価を支払う意思を表明したように報じられているが，情報の出所は明記されていない。2021年２月11日の読売新聞も，GNSのサービスをめぐって，日本の複数の報道機関との間で，ニュースの対価支払に関する合意（媒体名未公表，開始時期未定）が成立したことを，情報の出所を示さずに報じている。

想的な左右の別を超えてプレス出版社・通信社の側に着いたのは，フランスの多くの人々が，費用と時間をかけて作られる，あらゆる分野の良質なコンテンツに対する信頼や期待を共有しているからであろう。この信頼や期待こそが，日本法，というより日本社会にとって示唆に富んでいる。

さらに，プレス通信社・出版社の利益確保の先にあるものが，最も日本法に示唆を与える。それは，プラットフォームから支払われた隣接権料の，職業ジャーナリストやその他の著作者への配分である。

このうち職業ジャーナリストの法的地位（statut）は，2009年6月12日のいわゆる HADOPI 法で大改正され，集団的交渉の義務付けなど，著作権法と労働法が交錯する複雑な制度に服するようになっている。また，職業ジャーナリストに比べて法的地位が不明確な「その他の著作者」については，プレス隣接権法第二読会時の修正で，国が集団的交渉の手助けをするための制度が創設された。

DSM 指令18条以下では，著作者の報酬は原則として著作物の利用に比例しなければならないこと（比例報酬原則）と，著作物利用者の会計報告義務が定められた。比例報酬原則は，創作者の所有権を保護するフランス著作権法の根幹をなす考え方であり（本書第1章参照），会計報告義務はその実効性を担保する。それは今や，プレス隣接権と同様に，著作者の権利に関する欧州全体のルールになった。そして，投資の保護としてプレス隣接権を導入しつつも，DSM 指令15条5項とその国内法化である CPI L. 218-5 条があることにより，プレス隣接権の対価をプレス出版社・通信社が総取りすることは許されていない。

現に AFP は，2022年5月17日から，先陣を切って所属ジャーナリストへの分配（年額275ユーロ，約44,000円）を開始している。この額も，プレス隣接権料の徴収額に連動して，これから増えていくであろう。

学説においても，リュカ氏は，プレス通信社・出版社の著作隣接権はあくま

---

(160) BINCTIN, N., *Droit de la propriété intellectuelle*, 7ᵉ éd., LGDJ, 2022, p. 104（nº 102）; LUCAS, op. cit., note 29, p. 68.
(161) 現在，絵本作家・漫画家等が statut を求める運動を展開している。https://ligue.auteurs.pro/documents/statut/
(162) https://www.afp.com/fr/au-fil-de-lafp/lafp-premier-media-en-france-reverser-des-droits-voisins-ses-journalistes

第7章　プレス隣接権法とそのエンフォースメント

で投資の保護のために設けられたものであると位置付ける。しかし，プレス通信社・出版社は創作の補助者であり，プレス隣接権法は創作の補助者の保護であるから正当化しうるとして，それを消極的に支持している[163]。このように，どこまでも創作者への配分を確保するフランス法の考え方は，著作者との契約の法的規律を丸ごと欠く日本法の対極をなすものであり，大きな示唆をもたらすと考える。

　2000年代の米国DMCA法や欧州電子商取引指令による法的優遇や，いわゆるネットワーク効果により，プラットフォームは強大な経済力を蓄えるに至った。最近になって，その力を牽制する様々な動きが，世界中で起きている。そこでは，競争法の役割が大きい[164]。「場の提供」や「情報の仲介」をしているにすぎないプラットフォームが，そこで取引される商品やコンテンツの作り手に比して圧倒的に優位に立つことは，価値の源泉のありかを考えると，正常な事態ではない。そして，異常を元に戻すための法的手段は，競争法以外にいくつかあってもよいのではないか[165]。

　比例報酬原則と会計報告義務を持つ著作権法は，著作物の価値に応じてそれを生み出した著作者への分配を確保し，著作物利用の場を支配する者との間に，経済力のあるべき分散をもたらす。著作権法は，それが著作者の権利を保護するときには，実は競争法と同じ方向を向くように思われる。

---

(163) LUCAS, op.cit., note 29, p. 64. なお，「個々の言葉と短い抽出」を権利制限の対象とするDSM指令15条4項は，投資保護の理屈からすれば不要のはずであり，欧州議会における妥協の産物であるとする（Ibid., p. 66）。

(164) 日本では，公正取引委員会の「人材と競争政策に関する検討会」（https://www.jftc.go.jp/cprc/conference/jinzai.html）や，「デジタル・プラットフォーマーを巡る取引環境整備に関する検討会」（https://www.jftc.go.jp/soshiki/kyotsukoukai/kenkyukai/platform/）の活動がある。2024年11月1から施行されたいわゆるフリーランス保護法も，問題意識にはこれらと通底するものがある。

(165) 一方で，井奈波・前掲注3）35頁は，著作権法47条の5第1項は「情報伝達の円滑」の観点から「合理的」であるが，「経済的価値の偏在があるとすれば，著作権法とは別の視点から，是正の余地がありうる」とする。

索　引　*は人名

あ 行

*アスリーヌ，ダヴィッド（ASSOULINE, David）　236
アン女王法　16
一元論　38
インターネット上の技術的仲介者の責任　224
映画・視聴覚金融株式会社　155
映画二次利用のタイミング規制（chronologie des médias）　152
オプトアウト　261
オンライン公衆伝達サービス　254
オンラインの侵害の準拠法　228

か 行

会計報告義務　276
外的形式（forme externe）　40
街頭撮影の自由　110
*カヴァダ，ジャン＝マリー（CAVADA, Jean-Marie）　254
拡大集中許諾制度　195
確約（競争法）　257
価値の移動　158
鑑賞者（amateur）　41
間接収入　253
環太平洋パートナーシップ協定→TPP
強制許諾　196
競争委員会　243
グーグル・サジェスト　226
グラウンディング　261
厳格解釈（権利制限規定の）　113
検索エンジン　231
公共の利益（intérêt public）　10
公衆伝達権　214
公衆の利益（intérêt du public）　16
公貸権　213
公表権　55
国際著作権法学会→ALAI
孤児著作物　221
コピー　171
コモンロー・コピーライト　17

さ 行

裁判管轄（国際私法）　227
三振ルール（réponse graduée）　164
自然法　18
実益封領（domaine utile）　19
私的コピー報酬制度　181
私的録音録画報酬制度　179
自由主義　28
譲渡権の消尽　212
消費者　42
職業ジャーナリストの法的地位　276
職務上の著作物の著作権（フランス法）　232
職務著作（日本法）　275
書籍の再販売価格の規制　177
書店の特権　12
スタチュートリー・コピーライト　16
ステーショナーズ・コピーライト　15
スニペット　275
「スモールステップ」方針　210
政治・一般報道　233
世界人権宣言　3
世界知的所有権機関→WIPO
絶版書籍のデジタル利用　221
創作者　41
尊重要求権（droit au respect）　54

た 行

代替性の基準　275
対話型生成 AI　261
卓越封領（domaine éminent）　19
知的所有権法典　112
知的所有権の貿易関連の側面に関する協定
　　→TRIPs協定
著作者死後に著作者人格権を有する者　52
著作者自然人の原則　210
著作物利用者　42
電子計算機による情報処理及びその結果の提供に付随する軽微利用等に関する権利制限　275
同業組合　9
独占　37

な 行

内国民待遇　90
内的形式（forme interne）　40
二元論　38
ニュースアグリゲーションサービス　231
ニュースの三部会　267
ノーティス・アンド・ステイダウン　225

は 行

背景理論（ゴティエ説）　123
排他権の限界説（キャロン説）　122
ハイパーリンク　215
パノラマの例外　134
バリュー・ギャップ　225
比例報酬原則　276
フィルタリング　225
「フォロー・ザ・マネー」アプローチ　167
複写（reprographie）　171
複写権法定集中管理制度　193
複製（reproduction）　171
付随理論（判例）　141
不正商品問題　94

フランス国立図書館フランソワ・ミッテラン館　200
フランス人権宣言　85
プレス出版物　235
プレス隣接権協会　254
プレス隣接権補強法案　268
プレス隣接権法　238
文化活動の支援　184
文学的美術的所有権　25
文化的利益　43
文化的例外　149
ベルヌ条約　90
ベルヌプラスアプローチ　95
保全措置（競争法）　244
「本は他の商品（あるいは製品）とは違う」　178

ま 行

無体所有権（ローマ時代）　8
明瞭性基準（デボワ説）　114
メディア独立・ジャーナリスト保護強化法案　269

や 行

＊ユゴー，ヴィクトル（HUGO, Victor-Marie）　84
用途権（droit de destination）　172

ら 行

＊ラング，ジャック（LANG, Jack）　177
＊ル・シャプリエ（LE CHAPELIER, Isaac René Guy）　32
＊ルイ16世（Louis XVI）　18
＊ルスキュール，ピエール（LESCURE, Pierre）　147

数字・欧文

1791年1月13-19日法　109
1793年7月19-24日法　109

索　引

1957年3月11日法　　112
1985年7月3日法　　112
ALAI　90
DSM 指令15条　　236
Google News Showcase　　248

Google 八分　　233
TPP　96
TRIPs 協定　　94
UGC プラットフォーム　　218
WIPO　93

※見出し語の文脈をカッコ書きで補った。
　また，訳に注意を要する語には原語を併記した。

●細目次

はしがき

第Ⅰ部 文学的美術的所有権の500年史

第1章 フィリップ・ゴドラ「著作者人格権の一般理論──フランス法を例に」
序論
Ⅰ 著作者人格権を内包する所有権の一般理論はいかに形成されたか
  1 排他権の誕生
   (1)利用の独占権という概念
   (2)所有権という問題
  2 自由主義に直面する「独占」
   (1)革命家たちのジレンマ
   (2)著作者人格権の出現
Ⅱ 著作者の知的所有権の中核をなす著作者人格権
  1 著作者人格権の射程
   (1)著作者人格権により承認される複合的利益
    ①保護される利益の性質
    ②保護される利益の構造
   (2)著作者人格権の法的特質
    ①著作者人格権の機能
    ②著作者人格権という制度
  2 著作者人格権の構成要素
   (1)文化的な結びつきの真正さを保証する属性
   (2)価値のヒエラルキーを保証する属性
結論

第Ⅱ部 19世紀以降のフランス著作権法

第2章 ユゴー・国際著作権法学会（ALAI）・ベルヌ条約
はじめに
  1 文豪ヴィクトル・ユゴーと著作権法
   (1)ヴィクトル・ユゴー
   (2)フランス人権宣言と著作権法

(3)文芸家協会（SGDL）の設立とユゴー
　2　ベルヌ条約の誕生まで
　(1)1878年の国際著作権会議（CLI）
　(2)ベルヌ条約の誕生
　3　著作権の国際条約とALAIの役割
　(1)ベルヌ条約の改正
　(2)著作権法とTRIPs協定
　(3)WIPO著作権条約
　(4)WTOの行き詰まりとTPP
　(5)著作権をめぐる今日の国際情勢とALAI
おわりに

第3章　美術や建築の写り込み・写し込み──判例による権利制限と近時の立法
はじめに
　1　旧法下における付随理論の誕生
　2　1957年法における付随理論の立法の見送り
　(1)41条とその厳格解釈
　(2)付随理論の位置付け
　3　1957年法下の判例法理としての付随理論
　4　非公開の場所における写し込みへの拡大適用
　5　EC情報社会指令の国内法化と排他権の限界説の登場
　6　テロー広場事件・Être et avoir事件破毀院判決とその後の展開
　(1)テロー広場事件（破毀院2005年3月15日判決）
　(2)Être et avoir事件（破毀院2011年5月12日判決）
　(3)両事件への学説からの反響
　(4)Aufeminin.com事件（破毀院2012年7月12日判決）
　7　2016年の2つの立法
　(1)インターネット上の画像検索結果における表示
　(2)パノラマの例外
　8　今日における付随理論の守備範囲──近時の立法の適用のない場合
　(1)公開の場所における撮影
　(2)屋内における美術著作物の写し込み
おわりに

細目次

第Ⅲ部　現代フランスの文化政策と著作権法——本の世界を中心に

第4章　文化的例外の第二幕——2013年ルスキュール報告書の序文全訳と解題

はじめに
Ⅰ 「総括」の序文
Ⅱ 「総括」の見出し，資料，提言
　A　オンライン上の作品や文化的供給物への公衆アクセス（6頁）
　　1　作品をデジタル環境でより利用しやすくすることで，作品の供給を活発化する（8頁）
　　　a　作品のデジタル利用を促進する（8頁）
　　　b　映画二次利用のタイミング規制を緩和する（9頁）
　　2　革新的で文化多様性のある一連の文化的サービスが発展するよう支援する（10頁）
　　　a　競争の歪みを正す（11頁）
　　　b　各種支援制度をデジタル時代の課題に合わせる（12頁）
　　　c　オンライン上の文化供給が適切に規制されるようにする（13頁）
　　　d　文化的例外を保ち，現代化する（14頁）
　　3　低価格で使いやすい供給物を，公衆の権利を尊重しつつ供給する（15頁）
　　　a　無料ないし低価格の供給物が現われるようにする（15頁）
　　　b　ユーザーの使い勝手を改善し，ユーザーの権利を保障する（17頁）
　B　創作者の報酬と創作への資金供給（18頁）
　　1　創作者に作品のデジタル利用に伴う報酬を保障する（19頁）
　　　a　価値の配分を秩序付ける（19頁）
　　　b　私的コピー報酬制度を強化し，作品利用方法の変化を先取りする（22頁）
　　　c　検索エンジンへのヒットに対する報酬請求権の創設につき省察を深める（24頁）
　　2　創作への資金供給にデジタル企業群をより貢献させる（25頁）
　　　a　映画および視聴覚支援会計を現代化し，映画を伝播し伝達する新たな企業群を取り込む（25頁）
　　　b　電気通信事業者の貢献を再考する（26頁）
　　　c　インターネット接続機器のメーカーや輸入者の力を借りる（27頁）
　　3　新たな創作形式と新たな資金供給方法を支援する（29頁）
　C　知的所有権の保護とアップデート（30頁）
　　1　違法コピーとの闘いを方向転換し，営利目的侵害を対象とする（30頁）
　　　a　非商業的交換に関する考察を深める（31頁）

285

b　三振ルール制度を緩和する（32頁）
　　　c　営利目的の侵害との闘いを強化する（34頁）
　　2　知的所有権をデジタルの作法と調和させる（36頁）
　　　a　著作権の例外規定を現代に合わせる（36頁）
　　　b　デジタル・パブリック・ドメインを守り，活用する（38頁）
　　　c　自由ライセンスをより広く承認する（38頁）
　　3　メタデータへのアクセスを容易にする（39頁）

第5章　図書館利用者によるコピー——私的コピー報酬と複写権法定集中管理との併存
はじめに
　1　利用者による私的コピー
　　(1)権利制限規定の適用範囲
　　(2)私的コピー報酬制度
　　　①「ラング法」としての私的録音録画報酬制度とその法的性質
　　　②制度の骨格，2001年改正による適用範囲の拡張，紛争とその沈静化
　　　③文化財源および雇用創出としての私的コピー報酬制度
　2　図書館による私的ではないコピー
　　(1)図書館内に設置されたコピー機を用いた複写は私的コピーか
　　(2)複写権の法定集中管理制度
　　　①「泥棒コピー」と1976年の予算法律——1995年法の立法過程その1
　　　②任意の集中管理とその限界——1995年法の立法過程その2
　　　③複写権法定集中管理制度の概要——アナログコピーについて
　　　④デジタルコピー・共有とCFC
　　　⑤複写権の法定集中管理の理論的性格と図書館との関係
　　　⑥複写権法定集中管理の定着と初期の批判的見解
　3　大学図書館や公共図書館における運用
　　(1)2001～2002年のコピー
　　(2)2022年のスマホ撮影
おわりに

　第Ⅳ部　欧州デジタル単一市場指令の前と後

第6章　指令を準備した判例たち
　　　——アンドレ・リュカ「フランスと欧州連合における近年の重要な著作権判例に関する考察」

    1　著作者の概念
    2　財産的権利
     (1)譲渡権
     (2)公貸権
     (3)公衆伝達権
    3　著作者人格権
    4　財産的権利の利用
    5　権利の防衛
     (1)インターネット上の技術的仲介者の責任
     (2)国際私法

  第7章　プレス隣接権法とそのエンフォースメント
　　　　──フランス・プレスとGoogleの闘争
   はじめに
   I　プレス隣接権法の制定過程と概要
    1　制定経緯
     (1)前史──幻のフランス国内立法
     (2)欧州DSM指令案の公表
     (3)プレス隣接権法案の提出と元老院第一読会
     (4)DSM指令の成立と発効
     (5)プレス隣接権法案の国民議会第一読会通過とDSM指令の発効
    2　プレス隣接権法の概要
   II　Googleによる抵抗とプレス隣接権法のエンフォースメント──4つの競争委員会決定
    1　隣接権料交渉の拒否（2019～2020年）
     (1)Googleの表示ポリシー変更
     (2)競争委員会付託
     (3)2020年4月9日競争委員会決定20-MC-01の概要
    2　隣接権料値切りと他サービスの契約押し付け（2020～2021年）
     (1)交渉の難航と手続付託
     (2)取消訴訟
     (3)Google News Showcaseのドイツ・ブラジルにおけるサービス開始
     (4)IPGに該当するプレス出版社との個別交渉
     (5)APIGとの枠組合意
     (6)2021年7月12日競争委員会決定21-D-17の概要

　　　　①政治・一般報道（IPG）とそれ以外の差別
　　　　②プレス通信社に対する差別
　　　　③ Google News Showcase の押し付け
　　　　④隣接権料の算定根拠からの間接収入の除外
　　3　続・隣接権料値切りと他サービスの契約押し付け（2021〜2022年）
　　　(1)プレス隣接権協会（DVP）の設立
　　　(2)フランス通信社（AFP）と Google との合意
　　　(3)競争委員会からの予備的評価と Google からの確約案の提示
　　　　①不公正な取引条件
　　　　②差別的取扱
　　　　③脱法行為
　　　(4)雑誌出版社協会（SEPM）と Google との枠組合意
　　　(5)2022年6月21日競争委員会決定22-D-13（確約決定）の概要
　　4　確約不遵守と AI による無断利用（2022年〜現在）
　　　(1)受託者の任命と交渉の開始
　　　(2)Google News Showcase（GNS）のフランス版スタート
　　　(3)Google の対話型生成 AI 供用とプレス隣接権者団体のオプトアウト
　　　(4)職権による審査の着手
　　　(5)プレス隣接権協会（DVP）と Google との合意
　　　(6)2024年3月15日競争委員会決定24-D-03の概要
　　　　①隣接権料算定根拠情報の不伝達
　　　　②生成 AI への保護対象コンテンツの無断利用
　　　　③受託者への非協力
　　　(7)決定24-D-03への Google 声明
　　　(8)決定22-D-13への追加文書
　Ⅲ　立法者や政府の動き
　　1　国民議会のレポート
　　2　競争委員会決定22-D-13に対する文化省歓迎声明
　　3　ニュースの三部会（EGI）の発足
　　4　プレス隣接権法補強法案の提出
　　5　メディア独立・ジャーナリスト保護強化法案7条
　　6　EGI 報告書
　　7　2024年10月17日の DVP 声明
　　8　小括——プレス隣接権が軌道に乗り始めた理由
おわりに——日本法への示唆

《編著者・訳者紹介》
長塚真琴（ながつか・まこと）

- 1968年　東京都生まれ
- 1991年　一橋大学法学部卒業
- 1996年　一橋大学大学院法学研究科博士後期課程単位修得退学　修士（法学）
  小樽商科大学商学部助教授，獨協大学法学部准教授を経て，
- 現　在　一橋大学大学院法学研究科教授
- 主　著　『著作権法コンメンタール 第3版』（分担執筆，勁草書房，近刊）
  Lettre du Japon : La réforme de la loi sur le droit d'auteur en 2018 et à venir, *Propriétés Intellectuelles*, n° 73, 2019

《原著者紹介》
Philippe GAUDRAT（フィリップ・ゴドラ）

- 1949年　パリ生まれ
- 1979年　パリ第二大学法学博士課程修了　国家博士号取得
  パリ第九大学助教授，ポワティエ大学法学部教授を経て
- 現　在　ポワティエ大学名誉教授
- 主　著　Propriété littéraire et artistique. *Répertoire de droit civil* [*Encyclopédie juridique Dalloz*], 2005, mise à jour 2022.

André LUCAS（アンドレ・リュカ）

- 1946年　ナント生まれ
- 1973年　ナント大学法学博士課程修了　国家博士号取得
  ナント大学法学部助手，講師，助教授，ボルドー大学法学部教授，ナント大学法学部教授を経て
- 現　在　ナント大学名誉教授
- 主　著　*Traité de la propriété littéraire et artistique* (en collaboration avec A. Lucas-Schloetter et C. Bernault), LexisNexis, 6ᵉ éd. à paraître.

フランス著作権法と文化政策
　　　文学的美術的所有権をめぐる論考

| 2025年3月31日　初版第1刷発行 | 〈検印省略〉 |

定価はカバーに
表示しています

編著者　　長　塚　真　琴
発行者　　杉　田　啓　三
印刷者　　藤　森　英　夫

発行所　株式会社　ミネルヴァ書房
607-8494　京都市山科区日ノ岡堤谷町1
電話代表　(075)581-5191
振替口座　01020-0-8076

Ⓒ長塚ほか, 2025　　　　　　　　　　　亜細亜印刷

ISBN978-4-623-09909-2
Printed in Japan

城野一憲 著
憲法から始める法学入門
A5・248頁
本体2,600円

吉冨康成 編著
インターネットはなぜ人権侵害の温床になるのか
四六・144頁
本体1,600円

山田健太 著
言論の自由
四六・320頁
本体2,800円

深田三徳ほか 編著
よくわかる法哲学・法思想［第2版］
B5・224頁
本体2,600円

中央大学国際情報学部 編
国際情報学入門
A5・308頁
本体3,000円

KBCグループホールディングス 編
ローカル局の戦後史
四六・298頁
本体2,500円

柴山哲也 著
いま、解読する戦後ジャーナリズム秘史
四六・344頁
本体3,000円

津田正太郎ほか 編著
ソーシャルメディア時代の「大衆社会」論
四六・320頁
本体3,500円

鈴木秀美ほか 編著
よくわかるメディア法［第2版］
B5・260頁
本体2,800円

小川浩三ほか 編著
キーコンセプト法学史
A5・456頁
本体3,500円

ミネルヴァ書房
https://www.minervashobo.co.jp/